U0590897

教师发展丛书

◎ 严先元 严虹焰

编著

课程的

课堂教学 是什么样子

教师怎样让师德师风落地生根

教师怎样引导学生用好信息技术

教师如何进行教育评价

新课程更新学习方式

教师的课堂教学是什么样

教师怎样做教育行动研究

教师怎样做教学诊断

教师怎样进行校本研修

教师怎样设计一堂好课

教师怎样进行课堂教学质量的管理

东北师范大学出版社

长 春

图书在版编目(CIP)数据

新课程的课堂教学是什么样子 / 严先元,严虹焰编
著. —长春：东北师范大学出版社，2020.7
（新时代教师发展丛书/严先元主编）
ISBN 978 - 7 - 5681 - 7011 - 6

Ⅰ. ①新… Ⅱ. ①严… ②严… Ⅲ. ①课堂教学—教
学研究—中小学 Ⅳ. ①G632.421

中国版本图书馆 CIP 数据核字（2020）第130051号

□责任编辑:牛会玲　□封面设计:隋福成
□责任校对:李　杭　□责任印制:许　冰

东北师范大学出版社出版发行
长春净月经济开发区金宝街 118 号(邮政编码:130117)
电话:0431-84568164
网址:http://www.nenup.com
东北师范大学音像出版社制版
辽宁新华印务有限公司印装
沈阳市张士经济技术开发区
中央大街六号路 14 甲－3 号(邮政编码:110021)
2020 年 7 月第 1 版　2020 年 7 月第 2 次印刷
幅面尺寸:169 mm×239 mm　印张:16　字数:229 千

定价:91.00 元

总　序

教师是立教之本、兴教之源。教师作为教育发展"第一资源"的价值判断，确定了教师在实现中华民族伟大复兴中国梦进程中的重要作用。中共中央、国务院在《关于全面深化新时代教师队伍建设改革的意见》中明确指出："教师承担着传播知识、传播思想、传播真理的历史使命，肩负着塑造灵魂、塑造生命、塑造人的时代重任，是教育发展的第一资源，是国家富强、民族振兴、人民幸福的重要基石。"这不仅强调了教师与现代化国家的共生关系，更突出了建设高素质、专业化、创新型教师队伍与建设具有中国特色社会主义现代化强国之间的密切关联。

党的十九大报告指出，使命呼唤担当，使命引领未来。建设高素质、专业化、创新型教师队伍任重道远。我国有研究者指出，建设这样一支队伍主要有三条基本途径：一是个体内在路径，二是制度外部路径，三是文化融合路径。① 本书在这三个方面都有涉及，但更多地聚焦于教师主体性实践的个体内在路径，对当前广大教师来说，这可能是更适切的。

关于本丛书内容选择，主要出于以下考虑：习近平总书记曾在《求是》杂志发表《一个国家、一个民族不能没有灵魂》的重要文章，他引用《左传·襄公二十四年》中的话"太上有立德，其次有立功，其次有立言"，教导我们要"立德""立功""立言"，才能创不朽之业。本丛书重视通过"以德立身、以德立学、以德立教、以德育德"，促进师德修养提升，不仅有专册论述，而且在各册中突出价值定位和价值引领。由于教师的"建功立业"在时间和精力上大多用于"教学活动"，特别是用在"提高教学质量的主阵地——

---

① 朱旭东，宋萑，等. 新时代中国教师队伍建设的顶层设计［M］. 北京：北京师范大学出版社，2018：8-9.

课堂教学"上，因此我们针对教学诊断、教育评价、教育行动研究、校本研修等都做了分册撰述。同时，根据教师专业的特质，教师发展必须以"实践性知识"作为支撑，我们也从校本研修、行动研究、技术促进学习和提高信息素养等方面做了一些专门的讨论，希望教师以"立言"的形式进行创新探索，积淀经验成果，实现交流互动。

建设教育强国是中华民族伟大复兴的基础工程，我们每一位教师都为投身这伟大斗争、伟大工程、伟大事业、伟大梦想而深受鼓舞。我们深信，经过奋发努力，"教师综合素质、专业化水平和创新能力大幅提升，培养造就数以百万计的骨干教师、数以十万计的卓越教师、数以万计的教育家型教师"，"广大教师在岗位上有幸福感、事业上有成就感、社会上有荣誉感，教师成为让人羡慕的职业"的目标一定能实现。

为此，我们期待着本套丛书的出版能够为广大基层教师的教育教学工作带来一定的帮助。

2020 年 7 月

前　言

　　我国基础教育课程改革正在健康、有序地推进中，今后几年的基础教育课程改革不仅要在面上开展，而且要向深度进军。教学领域的系统改革正在召唤我们每位教师的加入。

　　课程是教育思想、教育目标和教育内容的载体，集中体现了国家意志和社会主义核心价值观，是学校教育教学活动的基本依据，直接影响人才的培养。而任何课程都要通过教学实施才能实现"从修辞的世界走向人的精神世界"。新课程的全面实施使学校与新课程一起发展，也使教师与新课程一起成长。加拿大著名课程理论家富兰认为，教师在课程变革中的"转变"至少包括使用新教材、运用新的教学策略（手段）、拥有新的教学观念这三个高低有别的层次和类型。迪南·汤普生在提出"真确式教师改变"这一概念时，也把"材料和活动的改变""教师行为的改变""包括价值、信念、情感和伦理在内的意识形态和教学思想的改变"纳入了他的概念框架。就课堂教学而言，从 17 世纪夸美纽斯倡导班级授课制以来，已经在教学的结构、方法、组织形式等方面积淀了大量的认识成果和实践经验，本书对这些思想资料进行了一定的梳理和介绍，目的是为大家提供借鉴。

　　2019 年 6 月 23 日，《中共中央　国务院关于深化教育教学改革全面提高义务教育质量的意见》强调："强化课堂主阵地作用，切实提高课堂教学质量。"我们根据国家提出的"坚持立德树人，着力培养担当民族复兴大任的时代新人"和"坚持'五育'并举，全面发展素质教育"的要求，对课堂教学的价值取向、道德取向、文化取向以及课堂教学的新发展做了一些简要的阐述，期望同各位教师一起进行实践探索。

目 录 Content

第一章

课堂教学的取向

课堂教学的取向，主要是指其实践活动的指导性、方向性所遵循的自觉意识，是贯穿整个课堂教学过程的内在运作逻辑。这种"取向"虽有时隐而不彰，但又无处不在。

课堂教学的取向，主要是指其实践活动的指导性、方向性所遵循的自觉意识，是贯穿整个课堂教学过程的内在运作逻辑。这种"取向"虽有时隐而不彰，但又无处不在。

一、 课堂教学的价值取向

教育是一种引导人前进并促进人发展的社会实践活动，它自诞生之日起就被赋予了传承知识、承载价值、引领生活、追求理想的神圣使命。它引导学生求真、寻善、向美，促进其生命不断成长，使他们不断超越现实并生成新的自我。[①] 以课堂教学为基本组织形式的教学，是一种关涉价值的活动，只有在教学目标、教学内容、教与学的活动方式和教学评价等方面凸显了其价值意义时，才能称得上是真正的"深度教学"。

（一）深入认识价值观培育的意义

按照马克思的论述，"价值"是主客体关系的反映，是客观事物满足人的需要时所产生的一种意义评价。因此，"价值"一词在不同层次与含义上被使用着。在经济学领域中，"价值"指的是"物的价值"或"客体的价值"，主要反映物品或社会服务本身对于占有或消费它们的人的有用性程度。而在伦理学和教育学领域中，"价值"指的是"人的价值"或"主体的价值"，是人们在行动时所应该坚持和体现的正确原则，同时是人们评价他人行为"好坏""对错"或"高尚与低俗"的重要标准。"价值教育"（value education）是关于人们什么样的行为才是"正当的""对的""好的"或"高尚的"的教育，是有关人们行为正当性原则的教育，因此也是有关培养正直的、真正的、有良好品格的人的教育。价值教育既是价值观教育的具体化，又是帮助人们，

---

① 张传燧，赵荷花. 教育到底应如何面对生活 [J]. 教育研究，2007（08）.

特别是青少年学生建立正确价值观念的基础。①

1. 立德树人的根本诉求

立德树人是学校教育的根本任务。立德是树人的前提和基础，树人是立德的目标和追求。社会主义核心价值观，融国家层面的价值目标、社会层面的价值取向和个人层面的价值准则为一体，确立了立德树人的价值根据和价值标准，明确了新历史时期"德"的科学内涵。培育和弘扬社会主义核心价值观，是新时期赋予立德树人的新要求、新任务，也是新时期立德树人的必由之路。②

我国经济社会的深刻变革，推动了新的社会关系和社会交往的逐渐形成，以"五伦"为基础的家庭伦理开始转向以平等和公正为基础的公共伦理。这一由私人道德到公共道德的焦点转换，成了提出和实现"立德树人"不可或缺的社会和时代内涵，也为学校教育提出了新的挑战。鉴于此，十八届三中全会将"社会主义核心价值观"明确为"富强、民主、文明、和谐，自由、平等、公正、法治，爱国、敬业、诚信、友善"，这 24 个字几乎涵盖了现代中国人所公认的公共领域的全部美德。③

2. 现实生活的紧迫需要

新世纪，新阶段，我国儿童和青少年的生存环境发生了很大的变化。经济全球化的大环境，市场经济的社会环境，数字化的生活环境，个性化的学习环境，多样化的家庭环境等，都促使学校教育必须直面社会开放和价值多元的现实情况。

价值观和信仰的多元、多样、多变，已成为制约学校道德教育变革的文化事实与文化生态。对正处于中国特色社会主义伟大实践关键阶段的我国来说，树立一种"合乎最广大人民群众的最大利益"的核心价值观念，是我们在这个时代"最根本的、最高的、统率一切的价值取向、价值标准、价值原则"。要完成这一使命，我们必须引导学生对多元文化与价值进行分析、比较

---

① 石中英. 关于当前我国中小学价值教育几个问题的思考 [J]. 人民教育，2010 (08).
② 吴潜涛. 围绕立德树人培育和弘扬社会主义核心价值观 [N]. 中国教育报，2014-03-17.
③ 王晓莉. "立德树人"何以可能：从道德教育角度的审思与建议 [J]. 全球教育展望，2014 (02).

与鉴别，这样才能使其自主建构符合主体需要与时代要求的价值观、道德观。①

3. 深度教学的应然走向

随着教学改革的深化，走向知识的"意义世界"已经成了教学的必然追求，因此深度教学应运而生。深度教学强调知识处理的充分广度、充分深度以及充分关联度，突显知识的丰富性、沉浸性和层进性。深度教学通过突出知识学习的文化敏感性和包容性，促使学生进行反思学习并形成批判性思维，实现知识的意义生成和多样价值。相应地，学生的深度学习注重沉浸于知识情境和学习情境的学习，强调批判性思维，能实现知识的内在价值。②

知识的"教育立场"注重把握知识的文化性和价值性，它超越了单一的"工具理性"观念，把知识与人类的境遇、命运和幸福关联了起来。研究指出，知识具有三个不可分割的组成部分：符号表征、逻辑形式、意义（即价值）。在知识的内在结构中，符号是知识外在表达的存在形式，逻辑形式是知识构成的规则或法则，意义是知识的内核，是内隐于符号中的规律系统和价值系统。只有把握住符号、逻辑形式、意义之间的内在关联，才能从整体上理解知识和掌握知识。③ 因此，走向建构人的意义（价值）世界的深度教学，已经成了教学改革的应然走向。

（二）精心选择价值观培育的载体

新课程改革强调使学生形成积极主动的学习态度，使其获得基础知识与基本技能的过程同时成为学会学习和形成正确价值观的过程。这是一种培养"完整的人"的取向，即"把一个人在体力、智力、情绪、伦理各方面的因素综合起来，使他成为一个完善的人"，这是学校的中心职责。"学校必须是'有教育意义的'，因为它们必须成为我们弄清楚如何实现人道、亲切、优美

① 戚万学. 多元文化背景中道德教育的文化自觉 [J]. 人民教育，2011（22）.
② 郭元祥. 论深度教学：源起、基础与理念 [J]. 教育研究与实验，2017（03）.
③ 郭元祥. 知识的性质、结构与深度教学 [J]. 课程·教材·教法，2009（11）.

和共同利益等学校和社会中通常缺乏的价值观的主要基地之一。① 就教学而言，任何'教学事实'的背后，或支撑起'教学事实'的，都是教学生活中的人的价值选择。"②

1. 课程内容的价值负载

课程内容的确定，是根据特定的教育价值观及相应的课程目标，从学科知识、当代社会生活经验或学习者的经验中，选择课程要素的过程。这些要素包括概念、原理、技能、方法、价值等。我们知道，当代知识哲学研究早已廓清了知识价值中立的迷雾，而课程社会学则指出，课程内容的价值特征不仅反映出了主流的意识形态，而且筛选出了符合主流意识形态的知识作为课程内容，这就是波普尔所说的"合法知识"。一般来说，课程所确定的目标与内容都会体现在课程标准中，教师会据此将其付诸教学实施。我国 2011 年新修订的义务教育课程标准，突出了教育改革与发展的战略主题和德育的时代精神，注重将科学发展观和社会主义核心价值体系有机地融入学科内容，这就使得课程内容的价值负载和价值定位更加明晰，深植于课程与教材中的观点、立场与方法也更具有鲜活性和亲和力。可以肯定的是，课程内在的思想道德意蕴和文化采择倾向，会对教师实施课程的文化自觉和学生学习知识的价值领悟，提供资源上的支持和机制上的保证。

从学科教学的角度来说，任何学科对学生的发展价值，除了使其获得某一领域的知识以外，更深的层次，还应为学生的发展提供唯有学习这个学科才可能获得的价值理念、经历、体验、独特视角、路径以及个同的思维方式。这就需要教师把备课的重点从一般的授课内容转向对授课内容价值的思考，尤其要从学科的独特价值出发，把教学目标的设定当作教学的价值定位和价值承诺。③

---

① 克里夫·贝克. 优化学校教育：一种价值的观点 [M]. 戚万学，等译. 上海：华东师范大学出版社，2003.

② 李森，潘光文. 教学论研究的事实与价值之思 [J]. 西南大学学报（社会科学版），2008（06）.

③ 成尚荣. 把价值关怀贯穿有效教学全过程 [N]. 中国教育报，2008-10-17.

2．教学活动的价值濡养

英国道德教育专家泰勒在其 1996 年的研究中指出：价值观教育得以实现的形式，比价值观教育的内容本身更为重要，事情怎么说的、做的，要比说了、做了什么更有影响力。事实上，为了达到某种目的所采用的手段，就昭示了一定的价值信仰和价值选择。

教学活动过程作为师生交流互动、共同发展的过程，有着一些不同于一般人际交往的地方。教学活动是一种以促进学生的发展为目的，以人类的文明成果（课程）为中介的社会性的相互作用，道德的产生和发展也正是这种交往的性质（民主、平等、友善、关爱、相互尊重、真诚合作等）孕育的。教学中的对话更是一种"融教学价值观、知识观与方法论于一体的教学哲学"。对话教学是师生基于关系价值和关系认知，整合反思与互动，在尊重差异的前提下合作创造知识和生活的话语实践。该实践旨在发展学生的批判意识、自由思想、独立人格，并建立起关心伦理和民主的社区。[①] 在对话性教育共同体中，价值、善良、真理等渗透在教育的各个方面，展现着自己的视野。当教育者进入教育生活中时，他的成长视野与教育中的价值相遇，这使得他会向着价值去创造自己的精神。[②] 至于练习、作业等对学生道德意志的磨砺、责任意识的培养，更是显而易见的。

3．学习环境的价值涵育

我国有些研究者认为，德育或价值观教育，不仅仅是由人来做或负责的，它也是受某种超主体的匿名过程约束或推进的。或者说，道德教育过程从根本上说是一个社会过程，[③] 即杜时忠教授所说的"制度德性"的教化。教学的制度安排构成一定的制度环境，从规范到守则，都要受一定的伦理价值观念的支配。制度不过是一定伦理价值观念的实体化，是结构化、程序化的伦理精神，体现着"'驱恶'扬善"的价值评价功能，并且接受道德的监督与评价。[④] 我国的学生守则和中小学生行为规范，就明确地表达了一系列的价值观

---

① 张华. 对话教学：涵义与价值 [J]. 全球教育展望，2008（06）.
② 金生鈜. 规训与教化 [M]. 北京：教育科学出版社，2004：201.
③ 康永久. 制度情境：隐形的德育力量 [J]. 中小学德育，2013（03）.
④ 冯永刚. 制度道德教育论 [M]. 北京：北京师范大学出版社，2011：64.

念和道德要求，如文明、守礼、友善、尊重、诚信、负责、勤奋、自觉等。这些规定明确了是非、美丑、善恶的衡量标准和评价准则，规定了个体权益和责任的边界，为个体提供了"何者可为，何者不可为"的界限，有利于价值观的内化与践行。

学习环境还包括教学的纪律秩序、教师的管理行为、群体的心理气氛以及舆论风气等，它们无一不对价值观的涵育起着重要的作用。

（三）有效运用价值观培育的方式

杜威指出："只要人继续是一个人，其情感、欲望、意向和选择就总是有的，所以只要人继续是一个人，就总是要有关于价值的观念、判断和信仰。"这是人的本性，但是我们本性的这些表现却需要有人来指导，而这些指导必须通过知识才能进行。[①] 匈牙利文化社会学家维坦依也认为："在价值王国里发生的经常性的运动和变化，要求有人的积极干预，还要求人的行动是有利于价值实现的。"[②]

1. 诱导价值发现

教学的内容、形式和方法中蕴藏着丰富的价值教育资源，这些价值教育资源需要我们揭示其意义，体认其价值。"价值发现"是一种在教育的全过程中，通过教学与各种教育活动发现显明的、蕴含的以及遮蔽的各种价值的方法。发现就是"解蔽""去蔽"，解科学世界之蔽、知性思维之蔽，亦解政治、经济、文化、种族、地域等之蔽，解人不去探究"为何而生"之蔽。发现也是证实、求证，向自己的良知求证，向智者求证，向书籍、知识求证，向不同的历史与文化求证，向生活中的人和世界上的人求证，向环境、自然求证。[③]

价值发现要求教育中的人，通过交往、了解、关心、体验和设想等方式，

① 约翰·杜威. 确定性的寻求：关于知行关系的研究 [M]. 傅统先，译. 上海：上海人民出版社，2005：230.

② 维坦依. 文化学与价值学导论 [M]. 徐志宏，译. 北京：中国人民大学出版社，1992：108.

③ 吴亚林. 价值与教育 [M]. 北京：北京师范大学出版社，2009：268.

能由自己或自己的生活推及身边的人、陌生人和遥远的人，由人的生活推及与人类生活息息相关的动物、植物、资源、环境、生态，由现实生活推及知识世界、审美世界和精神世界。

事例点击

一位生物学教师在讲"人的生殖和发育"的第一节"精卵结合孕育新生命"时，设置了这样一道思考题："父方提供的精子可达几亿个，完成受精作用的精子往往只有一个，你有何感想?"经过思考和讨论，学生认识到受精的过程就是一个优胜劣汰的过程，生命来之不易，我们应该感到幸运，应该珍惜。每个人都是非常优秀的，因为他（她）不是百里挑一，也不是万里挑一，而是几亿中挑一的。

2. 重视价值引导

荷兰阿姆斯特丹大学学者威尔·维格勒斯在比较研究英、美、荷等国价值教育的思想和实践时指出，教师在教学过程中不可能是保持价值中立的，鼓励一些价值观是教师的职业特征。在课堂与学生价值观相互反映的过程中，教师既是参与者，又是教练，他们的价值观涌入了教育材料和教育关系之中，从而构成了教育。这就是莫尼卡·泰勒所说的："教师自然充当了一种'道德的媒介'。教师教授学生的方式方法，教师个人的衣着打扮、惯用语言以及他们在工作中的努力程度，都暗含了一些价值观念。"[1] 从当前的实际情况看，在多元文化的冲击下，人类原有的相对稳定的价值体系与行为方式已逐渐趋于多元化、离散化、冲突化。因此，教师要担负起"使文化功能和灵魂的铸造功能融合起来"[2] 的重任，重视教学中的价值引导、价值启发、价值辨析。

教育者在教学中对学生的价值引导要注重运用"启发"的方法，即"价值启蒙"。价值启蒙意味着教育者肩负了必要的价值引导责任。我们的教育实践活动总是或明或暗地包含着一种价值引导，是投射并蕴含教育者主观意趣的引导活动，这种主观意趣内含着教育者自身的价值选择和价值预设。教育者

① 莫尼卡·泰勒. 价值观教育与教育中的价值观（中）[J]. 教育研究，2003（06）.
② 杨韶刚. 多元、多样、多变时代的道德心理学思考 [J]. 中国德育，2006（12）.

在教学中的价值引导实际上是为了有效地启迪、敞开学生的价值世界，提高他们的价值判断、选择意识与能力，打通他们通向可能生活的价值路径，让他们能从容地面对开放的、无限沟通的社会生活空间，自主地建构个人的价值世界，成为生活的主体。[①]

事例点击

在讲述高二化学学科中的重要内容"合成氨"时，上海继光中学化学教师陈寅没有使用传统的授课方式，而是花了整整一节课的时间为学生讲述了合成氨技术的发明者哈伯的故事。

"如果没有哈伯在1909年发明的合成氨技术，那么世界粮食的产量至少要减少一半，他的发明使数千万甚至数亿人免于饥饿。但是在第二次世界大战中，哈伯却利用自己的专业知识为德国军方研制化学武器，他也因此受到了各国科学家的指责。直到晚年哈伯才幡然醒悟：对科学家来说，良知最重要。"

结束时陈寅老师对学生们说："哈伯的人生很可能就是你们的人生，物质本身没有好坏，全在于使用它的人。"此时教室里鸦雀无声，学生们都陷入了思考。没有过多的强调和注解，但教师所要传达的价值观已深深地印刻到了学生们的心中。

3. 凝聚价值共识

凝聚价值共识就是在坚持"理性判断标准一致"的原则下，努力寻求彼此理解和"视域融合"，[②] 这无疑应依靠一种"认同"的机制。卡斯特认为，认同是在文化物质或相关的整套文化物质的基础上建构意义的过程。[③] 实现价值认同绝非是只允许一种声音或用灌注的办法来得出唯一的答案，因为价值并不是自在的，而是在效用中呈现的，是被主观赋予了"视点""标尺"，因

① 唐凯麟，刘铁芳. 价值启蒙与生活养成：开放社会中的德性养成教育 [J]. 教育科学研究，2005（02）.

② 严从根."重叠共识"的"重叠共识"：德育改革的合理性诉求 [J]. 全球教育展望，2009（07）.

③ 曼纽尔·卡斯特. 认同的力量 [J]. 夏铸九，等译. 北京：社会科学文献出版社，2003.

此，价值逻辑一开始就是多元价值的逻辑。价值逻辑鼓励并支持特定视角的正当性，主张采用"深度对话"和"批判性思维"。"深度对话"就是进入其他视角，在相互改变后重返自己的视角；"批判性思维"就是将我们的无意识假定提升到有意识的水平，以便我们能理性地对它们进行反思和取舍，然后根据每个论断的具体背景，确切地了解其真正意旨是什么。[①] 认同的具体方式就是"价值商谈"：承认对价值多元、开放的理解，在平等的协商中求得在某种范围内的共识。

事例点击

写作课上的价值对话

高三语文教师崔蓉曾让学生以"走进阳光"为题写一篇作文，写作材料是一首小诗，大意是，不要因为有阴影就抗拒阳光，要做一个走进阳光的人，即使有阴影，但向阳的一面总是反射着亮光。

学生们完成的作文让崔蓉大吃一惊。

一个学生写道："在灿烂的阳光下，阴影是那么显眼。在君不见'小悦悦'事件中，18个路人或围观或路过，竟无一施以援手……我诅咒这阳光，我宁愿长居于黑暗，这样，至少我所看见的世界表里如一。"

从写作技巧上看，这篇文章很规范，但这个学生只看到了阴暗，没有看见阳光。"一叶障目，不知世态，以为自己看到的负面新闻报道就是世界的全部，他没有自己的独立思考啊！"崔蓉老师紧拧着眉，手敲击着办公桌，"这篇作文的'病根'不在于写作技巧，而在于思想，在于看问题的角度"。

崔老师说，看事情的角度，能决定你将来成为什么样的人。

第二天，崔蓉老师特地组织了一节作文讲评课。

她问学生："很多同学的作文中都提到了'小悦悦'事件，认为这件事凸显了人性的冷漠和丑恶，那么，你们是怎么了解到'小悦悦'事件的呢？"

学生回答："是从报纸和网上的新闻中了解到的。"

"好！请大家再想想，为什么这件事会成为新闻？"

---

① L. 斯维德勒. 全球对话的时代 [M]. 刘利华，译. 北京：中国社会科学出版社. 2006：330.

学生答得飞快："当然是因为它有新闻价值啊！"

崔蓉老师笑了："新闻价值是什么？有一句俗话说，狗咬人不是新闻，人咬狗才是新闻，这句话是什么意思？"

沉思了一会儿，一个学生站起来说："因为狗咬人是常见的现象，不具有新闻价值，而人咬狗不常见，所以它能引发社会效应，这就具有了新闻价值。"

崔老师拍拍他的肩膀说："你说得很对。那么，我们现在回过头来想一想，'小悦悦'事件为什么能成为新闻？"这个学生很快答道："因为'小悦悦'事件有新闻价值——"他忽然停住，望着崔老师不好意思地笑了，补充道："这个新闻的价值就在于，这个事件不是一个普遍现象，但反映出了社会上一小部分人的典型思想，能够引起大家的义愤，造成一定的社会影响，对吗？"

另一个学生表示赞同："没错！'小悦悦'事件在折射出部分人的自私与冷漠之余，更彰显了不计私利救助小悦悦的陈贤妹以及更多为小悦悦后续治疗劳心劳力的善心人。这个事件的负面影响肯定是有的，但其正面影响更大。"

崔老师欣慰地笑了，说："很好，我们不要遇事只会激动地批判，而是要像这样，冷静、全面、深刻地对事件进行思考，这样才能做出理性的经得起推敲的评价。"

下课后，崔蓉老师让学生重写"走进阳光"这篇话题作文。

相比第一次，学生们第二次写的作文有了很大进步，虽然写作水平参差不齐，但在立意上，少了一些偏激，多了几分理性的思考。

二、 课堂教学的道德取向

根据道德教育在学校教育中的特点和规律，我国著名教育学家朱小蔓教授提出了一个"德育统摄性"的概念。朱小蔓说："现代学校教育立足于完整生命的塑造和健全人格的培养，道德教育是主宰、凝聚和支撑学生整个生命成长进而使其获得幸福人生的决定性因素。倘若缺失了德性的生长，那么人生命中其他部分的发展也会受到限制。教育中人生命的完整性规定了道德教育的统摄性，居于统摄地位的道德教育必然是以渗透的方式作用于人的生命中的，而并非依赖于独立时空的。"①

（一）发挥德育的统摄作用

朱小蔓教授所讲的德育"统摄性"，是立足于"道德教育固有的渗透性和全时空性"这一特征的。苏联著名伦理学家德罗布尼斯基在《道德的概念》一书中曾深刻地指出：不要把道德从人的活动中分离出来，道德不是区别于社会现象中其他现象的特殊现象。我们不能限定道德的空间范围，道德渗透在社会生活的一切领域，无时不在，无处不在。从这个意义上说，不存在独立自主的道德活动，它是包含在人类各种活动体系之中的。所以，道德教育随时都可以发生，并不是只发生于单独的实体化的德育教育过程中。②

从培养"完整的人"的角度分析，因为学生是活生生的人，所以不可能拆开来被教育；教育者也是活生生的人，同样不可能在与学生共同进行的不同活动中，只在某一个方面对他们产生影响。"分而治之"是学校行政分工所产生的结果，③ 因此，必须让德育成为学校全部工作的"灵魂"，而不能只是虚有其表。

1. 推进课程育人

德育的实施路径，实际上就是通过某种渠道与载体来培养学生的道德品质。德育是一种有目的、有计划的教育活动，我们必须重视学校作为学习共同体在德育教育中发挥的作用。学校通过课程、环境、管理和服务，能为学

---

① 朱小蔓. 关注心灵成长的教育：道德与情感教育的哲思 [M]. 北京：北京师范大学出版社，2012：10.

② 朱小蔓. 关注心灵成长的教育：道德与情感教育的哲思 [M]. 北京：北京师范大学出版社，2012：103.

③ 叶澜. 课堂教学过程再认识：功夫重在论外 [J]. 课程·教材·教法，2013（05）.

生的道德探究提供奠基性的素材和统整力量，也能为学生持续地过滤社会价值信息，优化教育情境，将基于核心价值观的品格教育弥散于学生在学校学习的一切时间之中。[①]

在新形势下，党中央提出要推进"课程育人""实践育人""文化育人""环境育人"，这对我们确定德育的实施路径具有极其重要的指导意义。

推进立德树人工作，关键是要找准切入点。课程是教育思想、教育目标和教育内容的主要载体，集中体现了国家意志和社会主义核心价值观，是学校教育教学活动的基本依据，在人才培养中发挥着核心作用。由于人才培养的规律性、关联性很强，在《教育部关于全面深化课程改革 落实立德树人根本任务的意见》中提出，要通过"五个统筹"构建全方位立体化的全程育人、全科育人、全员育人体系。

在推进课程育人的过程中，我们还必须更加注重课程内容的德育功能。要充分发挥课程内容中"公共知识"对人的发展的奠基作用，揭示其价值承载和深植于其中的观点、立场和方法，推动学生道德思维的发展。我们要充分彰显"学科知识"独特的育人价值，丰富学生对所处的变化着的世界的认识，为他们在这个世界上形成、实现自己的意愿提供不同的路径和独特的视角，让学生在学习该学科时能掌握发现问题的方法和思维策略以及特有的运算符号和逻辑，为他们提供一种只有在这个学科的学习中才可能获得的经历和体验，提升他们独特的学科美的发现、欣赏和表现能力。[②]

我们必须认识到，在我们这个时代，在没有好的教养、扎实的知识基础、丰富的智力素养和多方面的智力兴趣的情况下，要把一个人提高到道德尊严感的高度，是不可思议的。

2. 培育核心素养

要发挥德育的统摄作用，就必须确定应该培养人什么样的品质，且这些品质必须可以通过跨领域、跨学科的教育活动来形成和发展。《教育部关于全面深化课程改革 落实立德树人根本任务的意见》中提出了"学生核心素养

① 朱小蔓. 关注心灵成长的教育：道德与情感教育的哲思 ［M］. 北京：北京师范大学出版社，2012：24.

② 叶澜."新基础教育"发展性研究报告集 ［M］. 北京：中国轻工业出版社，2004：21.

体系"这一概念，明确了学生应具备的适应终身发展和社会发展需要的必备品格和关键能力，其中突出强调了个人修养、社会关爱、家国情怀，非常注重学生的自主发展、合作参与、创新实践。核心素养正是知识、能力、态度和价值观等方面的融合，其中既包括问题解决、探究能力、批判性思维等"认知性素养"，又包括自我管理、组织能力、人际交往等"非认识性素养"，它具有整体性、综合性、系统性的特征。① 核心素养体系的建构，是顺应国际教育改革趋势，增强国家核心竞争力，提升我国人才培养质量的关键环节。

核心素养体系与社会主义核心价值体系在国家层面、社会层面、公民层面目标统一，也与完善中华优秀传统文化教育的内容要求一致。例如，开展以"天下兴亡、匹夫有责"为重点的家国情怀教育，开展以"仁爱共济、立己达人"为重点的社会关爱教育，开展以"正心笃志、崇德弘毅"为重点的人格修养教育，都集中体现了德育内容的精髓。从目前各学校德育教育的教学目标和教学内容来看，都是围绕核心素养并根据学校的教学实际提出的。所有人都需要的共同素养可分为核心素养以及由核心素养延伸出来的素养。

3. 重视能力发展

"德育为先、能力为重、全面发展"是我国实施素质教育的要求。我们知道，能力是潜藏于个体身上，能通过某种活动表现出来的个性特征。它是一个人的素质中最活跃、最能动的因子，也是知识的一种"活化"状态，只有具备了能力，才能用知识解决各种情境中的问题，也才能使各种知识、态度、方法得以"迁移"。道德学习也不例外。

对于道德能力的结构，我国学者从意识的角度把它分为道德认识能力、道德意应能力、道德控制能力、道德决策能力等几种。② 就具体的道德教育实践而言，我们也可把以上概括性的表述更直白地解读为：①道德判断能力，主要是分辨是非、善恶、美丑的能力；②道德移情能力，主要表现为产生同情、体察、关心等情感反应的能力；③道德自控能力，主要表现在道德行为的自觉性、意志控制和持久性等方面；④道德行为能力，主要表现为能选择

---

① 施久铭.核心素养：为了培养"全面发展的人"[J].人民教育，2014（10）.

② 鲁洁，王逢贤.德育新论［M］.南京：江苏教育出版社，2002：200-209.

正确的行为策略和行为方式。还有道德信息的选择能力、道德推理能力等。

（二）教学是一项道德事业

世界教育史专家康纳尔说：在 20 世纪的课堂内，出现了一个持续而稳定的运动，即教学过程向教育过程的转化。学校从教学过程到教育过程的转变，是一个人性化的过程，这一转变过程将重点由教书转至育人。诺丁斯说过："有伦理上考虑的教师将教育视为道德事业。"[①] 教学工作是教师最经常、最基本的工作，教师的教学怎样能更好地达到育人的目的呢？教师应当如何真正做到把教学当作一项"道德事业"来实施呢？

1. 认识"教学的教育性"和"教育的教学性"

关于道德、道德教育与教学的关系，经典教育学的奠基人赫尔巴特认为：道德普遍地被认为是人类的最高目的，因此也是教育的最高目的。教学中的最高、最后的目的包含在"德行"这一概念之中。赫尔巴特在《普通教育学》的开篇中写道："我得立刻承认，不存在'无教学的教育'这一概念，正如反过来，我不承认有'无教育的教学'这一概念一样。"[②] 他认为，教育性教学才是真正的教学，教学是教育的主要途径。无论是"教学性教育"还是"教育性教学"，都体现出了通过各种课程教学的实施进行道德教育的思想。为什么"教学具有教育性"呢？

"教学具有教育性"至少有以下两个方面的含义：① 教学的全过程以及教学过程的各个方面都具有教育性。教学的全过程是从教学时间的延续性来说的，教育性贯穿教学活动的始终；教学过程的各个方面是从空间意义上说的，即教育性体现在教学活动的各个方面。② "教学具有教育性"从教育影响的性质来说，既有积极的一面，又有消极的一面；从教育影响的方式来说，有些是显性的，有些是隐性的；从教学活动参与者对教育性的认识来说，有些是认识到的、自觉的，有些是没有认识到、不自觉的。因此，我们应当努力提

---

① 内尔·诺丁斯. 学会关心：教育的另一种模式 [M]. 北京：教育科学出版社，2003.

② 赫尔巴特. 赫尔巴特文集（三）[M]. 李其龙，等译. 杭州：浙江教育出版社，2002.

高自己的教育自觉性，善于发掘、利用教育自觉性积极的影响，防止、克服其负面的、消极的影响。

那么，"教育的教学性"又是基于什么呢？

德育是以思想道德这种"精神"来影响人的，而"精神"不能离开物质载体而单独存在。课程知识，即教学中传授和学习的知识，就是这样的载体，课程知识的教学就是实施德育的一种活动形式。教学能作为实施德育的基本形式，是因为学校以教学为主，学生在学校有 80％ 以上的时间是在教学活动中度过的。作为德育组织形式的教学，其参与的教师不限于"专门的"或专职的德育教师，所有任课教师都应承担德育教育责任。从这个意义上说，每位教师都是德育教师。

2. 教学是一项"道德事业"体现在哪些方面

教学是一项"道德事业"，我们可以从教学的目的、教学的内容以及教学的方法和形式方面来把握。

从教学的目的来看，教学的根本意义是"育人"，是为了促进学生的发展，因此，我们应当把教学视为一种向善之事、精神之事、"成人"之事。宋代心学代表陆九渊曾经针对当时人们为进科举求取功名的读书态度，尖锐地指出："凡欲为学，当先识义利、公私之辨。今所学果为何事？人生天地间，为人自当尽人道，学者所以为学，学为人而已，非有为也。"这句话表明了他对读书、为学的根本态度，即"学为人而已"，做人才是学习的要义，更是天地间的第一等要事。这正如诺丁斯所说："学校的主要目标应该是将学生培养成健康、有能力、有道德的人。这是一项伟大的任务，其他所有任务都应该为此服务。"[①]

从教学内容来看，一般来说，教学内容都具有教育性，学科内容中包含的观点、立场、方法都具有思想道德意义。自然科学知识是价值中立的，但它在转换为课程知识的过程中，经过教育的处理后就被赋予了一定的教育价值。也许有些教学内容看上去与价值无涉，但可能蕴含着隐性价值。对于教学教育性的表现，班华教授曾大体上将其概括为四个方面：作为教学内容的

---

① 诺丁斯. 学会关心：教育的另一种模式［M］. 北京：教育科学出版社，2003.

学科知识，对学生思想品德的形成具有奠定科学知识基础和智力支持的作用；良好的教学组织形式、教学方法、师生关系、课堂氛围等，对学生良好品德的形成具有熏陶感染的作用；学生学习活动的本身，对其优良品质的发展具有锻炼作用；教师的人格，对学生的发展具有榜样示范作用。

从教学的方法和形式来看，教育是一种道德性的实践，教育和教学都是道德事业，不仅具有道德目的，而且必须以道德的方式进行，因此教师是道德的主体。教师的教育实践是道德性的实践，教师的日常教育行为必须有道德原则的约束，且必须符合道德要求，承担道德责任。① 因此，不仅是教学内容，而且是教学的全过程，都应该具有教育性，使教学成为道德事业。不管是教学的意向，还是师生双边互动的形式或教学的具体内容，都必须符合一定文化体系中伦理规范的要求。教师要采取学生在道德上能够接受的方式来进行教学，正如雅斯贝尔斯所说的："以正确的方式传授知识和技能，其本身就已经是一种对整个人的精神教育。"杜威也说过："每一门学科、每一种教学方法、学校中的每一偶发事件，都孕育着培养道德的可能性。"教师的任务是思考如何提高在教学活动中做好道德教育的自觉性。

3. 坚持教学与德育的融合

教学包括"教书"与"育人"，它们是同一教学过程的两个方面，而并非"把德育渗透于教学"的意思。杜威认为："学校中智力训练和道德训练之间非常可悲的分割，以及获得知识和性格成长之间的可悲分离，不过是没有把学校看作和建成本身就具有社会生活的社会机构的一种表现。"②

德育与教学的融合并不意味着德育不能有专门的教学时间、专门的课程，我们更加注重和希望的是德育与整体教育相融合，与学生的全部学校生活相融合。这样，德育就拥有了更广阔的空间和更充足的时间，并且有可能做到全方位育人、全员育人、全程育人。当然，这既是一个目标，又是一个过程。③

---

① 金生鈜. 何为好教师：论教师的道德 [J]. 中国教师，2008 (01).

② 杜威. 学校与社会·明日之学校 [M]. 赵祥麟，任钟印，吴志宏，译. 北京：人民教育出版社，1994.

③ 班华. 让教学成为道德事业 [J]. 教育研究，2007 (02).

（三）师德崇高性的影响力

经典教育学的奠基人赫尔巴特说过："教育者本身对于学生来说是一个丰富而直接的经验对象。"教师其实并不代表他自己，而是代表"人们所能感受到并想到的全部力量"。教师对学生的影响是以每一句话、每一个目光在进行的，如果一个教师自己没有健全的人格，那么他就不可能成为学生健康成长的精神之源。在赫尔巴特的理论中，教师的人格是教育学生最重要的方法，教师只有具备健全的人格，才能担负起教育学生与训练学生的职责。

1. 师德的崇高性与伦理要求

当今社会中，"教育崇善""呼唤教育的伦理精神""追寻教学道德"已经成为人们急切的期盼。教师的道德修养关系到教学崇高目的的实现，也关系到教学能否成为"道德事业"。事实上，在课堂教学中，教师的价值倾向、道德意识、思想境界、文明行为，教师主导下的课堂规范、人际关系、精神生活、学习方式，无不与师德修养息息相关。师德是课堂教学实现育人功能的决定性因素。

在人类道德史上，教师的职业道德代表着当时社会道德的最高水准，是社会成员道德涵养的最高层次。崇高的教师职业道德曾激励了无数的人选择从事教师这个"太阳底下最光辉的事业"。师德的发展和师德的建设离不开师德的崇高性，教育工作者承担了维护最高道德标准的责任。我国学者认为，否定师德崇高性有悖于教育的真义。对于教师而言，"向善性"是神圣的教育使命做出的本质规定，任何社会历史发展阶段都不应当摒弃师德在崇高性方面的追求。[①]

斯特赖克曾概括了教学伦理研究的三点意义：一是表明教学充满伦理问题。思考伦理问题，提出理智的观点，是教师个人或集体应该承担的责任。二是伦理问题虽然棘手，但是可以被思考。伦理反思有利于教师进行正当、负责的抉择。三是伦理困境是教学中的普遍现象。我们可以用利益最大化原

---

① 李敏，檀传宝. 师德崇高性与底线道德 [J]. 课程·教材·教法，2008（06）.

则和同等尊重人原则对其进行分析。

汉森将西方教学伦理的研究成果归纳为四点：一是研究表明教学具有内在固有的道德性。道德属性不是置入课堂教学之中的，就好像教学缺乏道德意义一样，而是教学本身就浸透着道德意义。二是教学同时致力于智力与道德活动。对教师工作的研究表明，道德与智力的行为相互依赖。三是教师在课堂上的任何行为都具有道德意义，即使教师本人并没有明确意识到。四是教师决策、教师思维、教师认知方式都应该从伦理道德方面考虑。

当代关怀伦理代言人内尔·诺丁斯认为，当代教学伦理研究主要集中在两个方面：一是日常教学活动中伦理问题的研究；二是教学的道德本质研究。他强调教学的道德方面甚于教学的技术方面。①

2. 课堂教学活动中的道德遵循

道德是反映人与人、人与社会、人与自然关系的一种关系性存在，离开人与人、人与社会、人与自然的关系，就无所谓道德。教师在课堂上的教育对象是学生，那么，教师在处理师生关系时，怎样做才符合教师的职业道德规范呢？师生关系中最重要的基本要求又是什么呢？

（1）师生关系是教师职业道德关系的核心

与其他道德关系一样，教师职业的关系类型基本上可以概括为对人（他人、群体、自我）、对物（工作中的财物、环境等）、对事（对待职业）三个方面，其中，师生关系无疑是处于核心位置的，其他道德关系的处理都是围绕师生关系而存在的。我国教师职业道德规范把"关爱学生"作为师德的灵魂，这正反映了师生关系在师德建设方面的重要性。

教师对学生的"爱"，是一种"教育的爱""理性的爱"。有的学者指出，这种爱有三种境界：喜欢，指向学生的优点；喜爱，包容学生的缺点；真爱，超越学生的优缺点。作为超越了学生优缺点的真爱，从教育者的角度来看，主要包括四个要素，即对学生的关心、责任、尊重和认识。"对学生的尊重"使其能按照自己的本性成长和发展，"对学生的认识"使得这种尊重成为可能，"对学生的关心与责任"构成了教育中爱的本质，意味着教育者心中时刻

---

① 王凯. 教学伦理研究的现状与问题 [J]. 全球教育展望，2008（01）.

有学生，对学生的需要、兴趣与要求等非常敏感，能随时主动做出反应，以促进他们依其本性的成长和发展。也正是在这种意义上，安东尼·圣欧伯利说：爱是我引导你回到你自己的过程。从学生的角度来看，他们最终从有可能失去爱的恐惧中彻底解脱了出来，从教育者的操纵与控制中获得了解放，不仅被允许，而且被保护与鼓励保留自己的个性，使其可以依本性自由发展。①

当然，教师的爱必须是理智的，教师需要把教育引导、严格要求和必要的管理结合起来。学生的生活既需要自由又需要秩序，他们需要受到控制的自由以及那种将自由推向前进的控制。② 在我们面前有两条路可以走，一条是迫使、强制学生服从自己意志的道路，另一条是指引他们走上自我教育和自我教养的道路。③

（2）教师的德性体现为一种人文关怀

教育是培育人、影响人的事业，以人为本是教育活动应有之义。教育作为一种人性提升的活动，充满了人文性质。它除了是一种依靠教育内容、教育媒体进行的有主客认识的活动以外，本质上还是一种人与人之间发生的指导和影响的关系，所以它的人文性特别明显，人文精神的要求也特别强。教育的根本旨趣在于以道德的目的和方式来提升人性，最终形成人的德性。

教师的专业活动处处都体现了对人和对人发展的关怀。首先，从教师的职业理想来看，教师应以完整的教育目的为宗旨，促进人的全面发展。教育应重视学生作为人的价值，关心所有学生精神世界的完整发展，这既是教师人文精神的具体体现，又是教师职业理想的具体内涵。其次，教师的教学认识论与教师的职业道德也有一定的关系。有效的教学专业知识能促进学生完整的生命发展，它不仅包括客观性、精确性、专门性的知识，而且包括隐默性、意会性、体悟性的人文知识，这些知识在促进人的发展中具有科学知识所不能替代的意义和价值。最后，从教师的专业道德规范来看，教师的责任感是核心。教师在教育教学活动中，应该将促进学生的发展作为己任，特别

①　秦元东. 教育爱的三种境界 [J]. 上海教育科研，2008 (06).

②　范梅南. 教学机智：教育智慧的意蕴 [M]. 李树英，译. 北京：教育科学出版社，2001.

③　阿莫纳什维利. 孩子们，你们好！[M]. 朱佩荣，译. 北京：教育科学出版社，2002.

是具有职业道德的教师，应该千方百计地发现学生的潜能并积极促进其潜能的发挥。教师要善于发现学生生命中的"生长点"，懂得利用各种教育因素激活、促进这些"生长点"，使幼小的生命小芽儿长成参天大树。

（3）课堂中师生交往互动蕴涵的道德命意

教学是为了实现教学目的，将教师、学生、教材、环境等要素组织在一个体系中的活动。教学活动中最活跃、最积极的因素是人——教师和学生，所以，师生关系是教学活动中的基本关系。在具体的课堂教学活动中，教师与学生、学生与学生之间的交往活动是最普遍的活动。这种交往不同于一般的人际交往，它是一种以促进学生发展为目的，以人类的文明成果（课程）为中介的社会性相互作用。在这一相互作用的过程中，教师和学生分享彼此的思考、经验和知识，交流彼此的情感、体验和观念，并以此来丰富教学内容，求得新的发现，从而达成共识、共享和共进，实现教学相长和共同发展。

课堂教学中，师生之间要形成交往互动的关系，首先意味着要建立一种平等的教与学的关系。传统意义上的教师教和学生学，将不断让位于师生互教、互学，使教师和学生形成一个真正的学习共同体。对教学而言，交往意味着人人参与，意味着平等对话，意味着合作性意义的构建，它不仅是一种认识活动的过程，而且是一种人与人之间平等的精神交流。对学生而言，交往意味着主体性的凸显、个性的表现和创造性的解放。对教师而言，交往意味着上课不仅是传授知识的过程，而且是一起分享理解的过程。因此，上课不再是教师单向付出的过程，而是其生命活动、专业成长和自我实现的过程。交往还意味着教师角色定位的转换：由教学中的主角转向"平等中的首席"，由传统的知识传授者转向学生发展的促进者。同时，师生交往的过程就是经验共享、爱的传递、情感交流的过程，它本身就是教育的目的，而不是教育的手段。一个好的教师应该是学生多方面兴趣平衡发展的导师。这种交往互动的关系还会为学生带来心理上的自由和安全感，具体表现为一种建立在理解基础上的和谐心理气氛，也就是交流沟通、彼此尊重、共同体验和宽容接纳。

3. 提高教学实践的道德自觉

我国是一个十分重视师德修养的国家，例如，孔子曾对教师道德做过多方面的论述，并形成了我国教育史上第一个教师道德体系，其内容包括：学而不厌，诲人不倦；以身作则，言传身教；热爱学生，有教无类；不耻下问，知过即改；因材施教，循循善诱。又如，西汉初年的教育家韩婴在他的《韩诗外传》卷五中说："智如泉源，行可以为表仪者，人师也。"这些要求道出了师德的关键要素，概括了教师职业的基本道德要求。

（1）提高德性修养水平

我国革命教育家徐特立认为，教师是"人师与经师的合一"，教师就是以自己的智慧去启迪学生的智慧，以自己的人格去涵育学生的人格。教师工作的示范性特点，决定了教师德性提升的重要性。

德性，是指个人依据社会善恶的规范支配自己行为而形成的人格倾向。我国研究者曾经指出，教师德性是指教师在教育教学过程中不断修养而形成的一种获得性的内在精神品质，它既是教师人格特质化的品德，又是教师通过教育实践凝聚而成的品质。教师德性是内在的，需要在教育实践中形成，它不是与生俱来的禀赋。教师德性的具体表现包括以下几层含义：首先，教师德性是一种能使教师个人担负起教师角色的品质，即实现教师之特殊目的的品质，是教师能充分实现其教育潜能的品质；其次，教师德性还表现为，教师的道德意志在履行教育教学责任和义务过程中的道德力量；最后，教师德性还表现为，教师在体验为师之道的基础上所形成的内在的、运用自如的教育行为准则。[①]

我们之所以强调教师的德性，是因为德性意味着教师的职业道德已经成了教师人格的核心，也就是说，教师的职业道德要求教师既要重视科技教育，又不能以牺牲人文教育为代价。例如，教育的全民化要求教师关爱每个学生，关注每个学生的全面发展，以体现教育公平；教育的终身化要求教师要持续不断地提高自己，要具有探索世界的兴趣、追求和能力，并要不断地发展自己、超越自己、完善自己和提升自己。

师德集中体现在培养学生的质量上，能否培养出国家需要的优秀人才，是衡量师德的重要标准。于是，我们可以看到师德的一个重要表现——师能。

① 叶澜. 教师角色与教师发展新探［M］. 北京：教育科学出版社，2001.

教师的成功在于培养出值得自己"崇拜"的学生,教师对学生的严,往往建立在对自己严的基础上,特别是要严谨治学。也就是说,教师要树立良好的学风和教风,刻苦钻研业务,不断学习新知识,探索教育教学的规律,改进教育教学方法,提高自己的教科研水平和教育教学水平,从而提高教育质量,培养出优秀人才。总之,教育质量取决于教师的业务水平,教师的业务水平集中体现在一个"新"字上,而创新的基础在于教师对业务的钻研。

(2)遵循"教学道德"要求

自觉的教育者应该清楚地认识到,教学也是师生共同的道德生活过程。教学中的师生关系是多层面的,有心理关系、教育关系,也有道德关系。教学活动、道德教育、道德生活是同一教学过程的不同方面。为实现课堂的道德目的,教师应首先遵循"教学道德",以保证教学的道德性。道德性是教学的一种品性,是一种符合教学道德的教学品性。包含道德的教学是道德教育的过程,也是学生道德成长的过程。关注学生道德成长是教学的主要目标,也是教学道德性的主要表现。关怀学生是教学的德育功能得到充分发挥的前提,缺少关爱的教育是无效的或无力的。

(3)做好道德的"教育式理解"

什么是教育式理解?这与我们如何理解教育、如何理解教师有直接关系。教育是一种学生在教师的帮助下学习文化的活动,学生是教育的主体,教师是因为学生无法直接面对学习内容才得以进入学生学习过程的,因此,教师是为学生提供支持性条件的服务者、促进者。教育生活中没有纯粹的师德,教师的职业道德体现在他的教育活动中,因此,教师的职业道德素质离不开教师的业务素质,而教师最核心的业务素质就是促进和教会学生学习。所以,是否能够促进学生学习,是否能够教会学生学习,也是道德之"教育式理解"的核心。做促进者,授之以渔,是师德之魂。①

(4)担负起时代赋予的责任

国际 21 世纪教育委员会在其报告《教育——财富蕴藏其中》中早就郑重提醒过人们:在一个以喧嚣和狂热以及分布不均的经济和科学进步为标志的

---

① 叶澜. 教师角色与教师发展新探 [M]. 北京:教育科学出版社,2001.

世纪即将结束，一个前景是忧虑与希望参半的新世纪即将开始的时候，迫切需要所有能感到自己负有某种责任的人既能注意教育的目的，又能注意教育的手段。这一切都要求重新强调教育的伦理和文化内涵。[①]

三、 课堂教学的文化取向

党的十九大强调全党要更加自觉地增强道路自信、理论自信、制度自信、文化自信，指出文化自信是一个国家、一个民族发展中更基本、更深沉、更持久的力量。坚持文化自信，就要遵照党的十九大报告提出的"不忘本来、吸收外来、面向未来"的指示，推进中华优秀传统文化的创造性发展和创新性转化，继承革命文化，发展社会主义先进文化，构筑中国精神、中国价值、中国力量，并使之成为立身之本。

文化是一个国家、一个民族的灵魂。教育的原则是通过现存于世界的全部文化，导向人的灵魂觉悟之本原和根基。课堂教学的文化取向，本质上与课堂教学的价值取向、道德取向具有一致性，但因为文化事象更具广泛意义，所以在文化承续、文化生活、文化心理等方面更要有所侧重。

（一）增强文化自觉与自信

所谓文化自觉，用费孝通先生的话说就是"生活在一定文化中的人对其文化有'自知之明'，明白它的来历、形成过程、所具有的特色和它发展的趋向，不带任何'文化回归'的意思，不是要'复旧'，同时不主张'全盘西化'或'全盘他化'。自知之明是为了加强文化转型的自主能力，取得决定适应新环境、新时代文化选择的自主地位"。也就是说，文化自觉是指一个民族、一个国家及其人民在文化上的觉醒和觉悟，包括对文化在社会生活中的

---

① 刘次林. 教师的类型、境界和道德 [J]. 全球教育展望，2007 (05).

地位和作用的深刻认识，对文化发展条件和规律的主动把握，对文化发展权利和责任的勇敢担当。

1. 推动学校教学文化的建设与发展

文化是人类社会活动的产物，也是时代精神的精华。文化的概念在本质上是一个符号学的概念，它暗示了"人是一个悬浮在他自己编织的意义之网上的动物"。而教学正是意义的传递和人类精神的启蒙，也是人类创新生活方式、追寻精神家园的过程。教学本身即文化，教学的一切都关乎文化，无论是内在的还是外在的，显性的还是隐性的，教学都蕴含着自觉、自足、自新的教学文化。①

课堂以传承和创造知识为使命，同时承载着促进学生人格和精神发展的人文意义，这种意义就是讲授文化。课堂是文化传播的中心，而文化是知识产生的土壤，是联结知识与学生发展的纽带。② 另有学者分析认为，课堂从本质上说是文化在空间和时间上的存在，课堂文化的本质就是育人文化。③

教师是推动教学文化建设的主导力量。新的教学文化要求教师不仅要教授学生知识，而且要用文化培育人，让学生在浓浓的文化氛围中，体验到在科学与人文的海洋里遨游、探索和创新的乐趣，体悟到真正意义上的科学精神与人文精神，在激发学生对科学、人文及一切创造性事物的热爱的同时，激发他们对自然、生活及生命的热爱，从而引导其逐步树立起崇高的理想及人生观、价值观，让学生能以自己的聪明、才智和特长实现更高的人生价值。

总之，当代教学文化的唤醒、回归与自觉是一个循序渐进的实践过程，它在人文唤醒中获得了精神的张力，彰显了生命的价值和本色；它在回归生活中不断生成，使教学实践凸显了教学生活的本真；它在课堂内外的教学变革中自觉践履，不断开拓教学文化精神养育的空间。④

---

① 龚孟伟，李如密. 试论当代教学文化形态和功能［J］. 课程·教材·教法，2011（04）.
② 李长吉. 讲授文化：课堂教学的责任［J］. 教育研究，2011（10）.
③ 朱旭东. 论大学课堂学术文化的重建［J］. 清华大学教育研究，2011（03）.
④ 龚孟伟. 试论当代教学文化的唤醒、回归与自觉［J］. 课程·教材·教法，2012（03）.

焕发儿童的生命光彩①
——特级教师孙双金的"情智语文"

"情能促智，智能生情"是一种源于生命的自然状态，它可以从生命活动层面促成"言语"与"思想"或"工具"与"人文"的统一。

孙双金老师借班执教了《落花生》一课，他要求学生初读课文之后再默读全文，然后画出自己不理解的地方，并在课堂上大胆地提出来。可是5分钟后，学生都一脸茫然，提不出什么问题。孙老师笑了笑，启发道："那么，你们有不太理解的词语吗？也可以提出来呀！"

终于有一个男生小心翼翼地举起了小手："老师，'茅亭'是什么意思？"孙老师称赞了他的勇敢和认真，并请大家对他给予掌声鼓励。

"老师，'新花生'是什么意思？"

"老师，'开辟'是什么意思？"

由于得到了激励，许多学生都开始提出属于自己的问题，但这些问题都停留在就词问词的水平上。于是，孙老师决定打破他们的思维定式。

"你们有没有不理解的句子呢？"

学生不像刚才那样茫然了，而是陷入了思考。

"'那天晚上天色不大好，可是父亲也来了，实在很难得。'这句话我不懂。"一个女生说。

"你真聪明，一下子就找到了一个重要的问题。"孙老师立即把课文中的这句话投影了出来，并提示："对这句话，我们起码还可以再提三个问题，你们想想看，我相信你们一定能想出来。"

有了明确的"攻击"目标，大家的脑筋开动了起来。

"那天晚上为什么天色不大好呢？"一个男孩问了一个不着边际的问题，引得全班哄堂大笑。

---

① 周一贯.焕发儿童生命的光彩：孙双金"情智语文"的价值与意义［J］.人民教育，2011（22）.

"老师，在我们家里，父亲和我们在一起吃饭是经常的事，为什么对这家来说'很难得'呢?"

"你真聪明，能联系自己的家庭生活实际提出一个这么有价值的问题。"孙老师鼓励说。

"那天晚上天色不大好，父亲为什么也来了呢?"又一个有价值的问题被提了出来。

"'可是父亲也来了'，为什么要用上'也'呢?"学生开始咬文嚼字了。

"父亲来就是为了吃花生吗? 他还有什么目的呢?"

在这个根据课堂实录整理的案例中，孙双金老师以"情智共建"的理念为驱动，在解除学生情绪束缚的同时，逐步开启了孩子智性的大门。于是，言语和思想同构的局面开始自然展开，学生从一开始只问词解到后来提出很有价值的问题，"言语"与"思想"不再是贴不拢的"两层皮"。"那天晚上天色不大好，可是父亲也来了，实在很难得。"这是一个很平常的语句，然而，平常的语句中却蕴含了极为丰富的思想内涵，"天色不太好"与"可是"，"实在"与"难得"，"为什么要用'也'字"……这些问题直指文本背后的丰富内涵。

在教学过程中，"思想"也会凭借这些极为平常的"言语"进行呈现和表达，并深深地启发着学生。

2. 担当起传承优秀文化传统的责任

文化的自觉与自信都建立在对自身文化深刻认知的基础之上。中华民族的文化是人类历史上少有的没有中断的文化，它所孕育的价值传统也在一直延续，引导着中华儿女的行为，塑造着中华民族的理想生活。开展传统文化和传统价值教育是各中小学校应尽的责任和应担负的使命。当前，我国许多中小学校都非常注重开展传统文化教育，这是一件值得肯定的好事情。但是，传统文化教育的精髓不应该只在于使青少年学生诵读、识记或表演一些传统的经典，而应该在于使学生通过对这些经典的学习，逐渐接近、接触和领悟优秀的传统价值文化，如"爱国""孝亲""诚信""勤奋""廉洁""节俭""谦逊""道义"等，并能结合时代的需要，把这些传统价值创造性地应用于当下的学习、工作和生活中。在相当程度上我们可以说，如果缺乏这种优秀传统价值教育，那么我们的教育就会没有中国特色、中国精神和中国气派，也就不能培养出真正的"中国人"。①

我们必须认识到，中华文明是人类文明的重要组成部分，其倡导的和谐、大同、天人合一、厚德载物、自强不息、辩证思维等，都是人类社会最重要的价值观，我们必须继承和弘扬这些优秀的传统文化。在对待我们的历史、传统和文化上，我们不能自我作践、自我颠覆和自我否定。② 就文化自信而言，我们当下应主要以悠久辉煌的传统文化为指向。如果我们缺乏文化自信，那么我们对优秀传统文化的自信就会流为思古之幽情，使之成为无力应对现实和外来文化冲击而只能暂避一时的"精神慰藉所"，创造未来新文化的自信与活力也将因缺乏当下的根基而无法真正的挺立和激活。③

文化意义与语文魅力的统一

孙双金老师执教古诗《泊船瓜洲》时，没有采用惯常的用"绿"字为诗眼统领全文的由教师讲析为主的教学方法，而是把着眼点放在了情智交融、充满人文情怀的"还"字上，找到了一个新的提升学生认知和实践的落脚点。随着学生对这首诗解读的深入，教师相继写下了由学生讨论发现并概括而成的合理认识。待学生对全诗的解读告一段落时，一个思路清楚、透析入理的板书也就自然形成了：

泊船瓜洲		
句面义	句中义	句外义
京口瓜洲一水间，		
钟山只隔数重山。	靠家近→	应该还
春风又绿江南岸，	离家久→	更该还
明月何时照我还？	思家切→	不能还

---

① 石中英. 关于当前我国中小学价值教育几个问题的思考［J］. 人民教育，2010（08）.
② 黄永林. 文化自觉：文化大发展的重要基础［N］. 中国教育报，2011-11-08.
③ 沈壮海. 文化自信的基点应确立在哪里？［N］. 中国教育报，2012-04-20.

由此概括出了中国文学史上永恒的"回家"主题，最终提炼出了王安石作为北宋重臣以及政治改革家的"舍小家，为大家"的精神。

在下半节课里，孙老师又以"绿"字为中心，引出了"炼字"的情趣训练：他先讲述了王安石对"绿"字的妙用，引用"红杏枝头春意（　）""风乍起，吹（　）一池春水"等诗句，让学生猜想句意并填上合适的字。这样的语言训练，不仅深化了"绿"的意象，而且使学生触类旁通，有了推敲炼字的实践机会。这种练中见"情"、细处显"智"的炼字探讨，把学生的情智不断推向纵深，充分显示了认识与实践并举的语文有效教学策略，使经典古诗学习成了一种对人生情感、生命智慧的诗意享受。

3. 教会学生进行价值选择和文化理解

学校教学文化的建设不能独立于多元文化的环境。费孝通先生曾经讲过，不同文明应"在形成中的多元文化的世界里确立自己的位置，经过自主适应，和其他文化一起，取长补短，共同建立一个有共同认可的基本秩序和一套各种文化能和平共处、各舒所长、联手发展的共处守则。'各美其美，美人之美，美美与共，天下大同'"。不同的文化与价值观应在保持自己的特色与追求的基础上，以平等的姿态进行对话，求同存异，相互理解、借鉴和补充，共同发展。从现实的情况来看，我国的学校课堂改革与发展，在面对复杂的文化价值选择时，缺乏主动应对的准备。我们的学生既缺乏对世界文化的判断、选择和认同，又缺乏对民族文化的理解、接纳，还缺乏对丰富文化资源的选择能力和跨文化的交流能力。[①] 具体到现代课堂教学这一层面上，教材中所传递的主导价值取向，受到了来自学生多元化价值体验的极大冲击，那么，课堂教学该如何教会学生进行合理的价值选择呢？课堂教学又该如何教会学生理解多元化的文化价值呢？课堂教学恐怕不再仅仅承担传授知识的任务了，它还肩负了教会学生价值选择和文化理解的使命。复杂多元的社会文化生态环境，为学校的课堂教学带来了新的挑战。

---

① 裴娣娜，文喆. 社会转型时期中学生价值观探析 [J]. 教育研究，2006（07）.

理解肖邦

《把我的心脏带回祖国》（苏教版语文十一册）叙述的是著名音乐家肖邦离开祖国前往巴黎，至死不忘祖国的感人故事。在教学中，我抓住了学生的一个质疑，引导学生走进文本，走近肖邦，解决了学生心中的疑惑，帮助学生理解了文章的重点内容，受到了肖邦强烈爱国主义情感的熏陶。

[教学片段]

师：读了第一段，谁能用自己的话说一说这一段写了什么？

生：这一段写的是肖邦被迫离开自己的祖国。

师：语言很简单，谁能把肖邦离开的原因加进去说一说？

生：波兰被列强瓜分了，所以肖邦被迫离开了自己的祖国。

师：说得很好，语言简洁。

生：老师，我觉得肖邦不应该离开自己的祖国，因为他的祖国被别的国家瓜分了，他们国家的人民正在被欺侮、被压迫，如果他爱国，那么他就应该留下来为祖国战斗。

（其他学生都笑了，提出质疑的学生盯着我，等待我的回答。我愣了一下，在备课时我没想到会有人提出这样的问题。我立刻意识到，如果这个问题处理不好，那么后面就无法让学生感悟肖邦的爱国主义情感了。因此，我决定改变我当初的教学设计）

师：这个同学虽然不是在回答老师的问题，但他真实地讲出了自己在阅读文章的过程中产生的疑问，这也是一个有价值的问题。同学们，当我们在阅读过程中产生疑问时，首先要通过进一步阅读文章来寻求答案。不知这个同学的问题在文章中是否能找到答案，请同学们再一次仔细阅读文章，找找看。

（学生兴致勃勃地开始阅读，有些学生还边读边画）

师：同学们找到问题的答案了吗？

生1：肖邦是爱国的，他的离开是迫不得已的，我从"满怀悲愤""不得不离开"中能看出来。

生2：肖邦离开自己的祖国是因为祖国动荡不安，他无法展示自己的才华，我从"年轻而富有才华"中读出来的。他去法国不是逃避战争，而是在那里他能继续追求他的音乐事业，不能因此就说他不爱自己的祖国。

生3：肖邦不可能不爱国，要是他不爱国的话，他的老师和同学就不可能到郊外为他送行。你看他的老师还专门为他写了《即使你远在他乡》，而且送了他祖国的泥土做纪念。

生4：从倒数第二小节中"原来的肺结核病又复发了"可以看出，肖邦的身体不是太好，即使他留在祖国，也不可能像战士那样为他的祖国战斗。相反，到了国外他可以用他的音乐为祖国做贡献。你看，他写下了《革命进行曲》，这一定对他祖国的士兵们起到了一定的激励作用。

生5：一个人是不是爱自己的祖国，不是看他是否留在自己的祖国。当时不少波兰的知名人士都去了国外，但他们是那样地热爱自己的祖国。[1]

（二）优化课堂精神生活

文化，常常表现为一种精神生活方式。课堂上的社会生活、智慧生活、自我内在生活都与文化息息相关。

教学是教师与学生交往互动、共同发展的过程，是师生之间沟通的"对话性"实践活动。学校中学科教学的主要作用就是以这种活动为源泉，促进学生的文化发展。我国有些研究者认为，教学活动过程包括两个子系统，即"教"的子系统和"学"的子系统。"教"的子系统要经历"计划、实施、总结"三个阶段。在"计划"阶段，教师要对教学进行准备，设计教学方案等，可以称之为"教学设计"；在"实施"阶段，教师通过师生交往互动，促进学生建构知识，可以称之为"师生互动"或"对话"；在"总结"阶段，教师通过教学目标的完成情况，检验教学方案的可行性，然后进行反思。与此相对应，"学"的子系统也必然经历"计划、实施、总结"三个阶段。[2]

"课堂"这一学习的场域，是处于社会文化情境制约之下的，学生与教师

---

① 郑毅. 传道：让教学更有效 [M]. 北京：中国人民大学出版社，2008：241-242.
② 杨光岐. 教学过程"新五段论"[J]. 教育研究，2006（02）.

在展开各自活动的同时，进行着借助交互作用而产生影响的活动。着眼于教学的对话结构，我们可以把教学的性质视为牵涉三个维度的对话性实践：世界意义的认知性、文化性实践，建构人际关系的社会性、政治性实践，建构自我修养的伦理性、存在性实践。① 也就是说，课堂教学过程从理论上说囊括了三个领域的过程：探究、理解教材含义的认识形成与发展的认知活动；在同他人的交往中发现多元见解、感受，学习沟通方式和社会交际的社交活动；面向自身的自我启发、自我发展的内心活动。②

1. 和谐的社会交往

课堂是一个"小社会"，在这个小社会中存在着特殊的社会组织——班级与小组，特殊的社会角色——作为权威的教师与有着不同家庭及群体背景的学生，特殊的社会文化——作为"法定文化"的教学内容及作为亚文化的教师文化与学生群体文化，特殊的社会活动——有目的、有计划的教育人际交往，特定的社会规范——课堂规章制度，以及由此引发的各种基本的社会行为，如控制与服从、对抗与磋商、竞争与合作等。在这个意义上，课堂首先是一个正式的"社会活动场"，然后才是一个"教育活动场"。

"课堂"作为学校和班级生活最重要的场所，几乎每时每刻都活跃着行为的主体——学生与教师。他们以文化为背景和中介，以交往关系为基本形式，进行着社会性的相互作用，使文化能薪火相传并不断繁衍与创生。

叶澜教授在分析教学过程中不可缺失的基本元素和内在关系时说：教师、学生、教学内容是课堂教学中不可缺失的三个元素，其难点和关键点是师生之间的内在关系。我们认为，要使师生在教学过程中真正建立起特殊的"人与人"的关系，就要把教学活动当作不可剥离、相互锁定的有机整体，还要把教学过程看作师生为实现教学任务和目的，围绕教学内容，共同参与的，通过对话、沟通和合作活动产生交互影响，以动态生成的方式推进教学活动的过程。它不是"学"围绕着"教"或"教"围绕着"学"的行星与卫星式的关系，也不是"一方面"与"另一方面"的平面构成关系，教学过程中，

① 佐藤学. 学习的快乐：走向对话［M］. 钟启泉，译. 北京：教育科学出版社，2004：20.
② 佐藤学. 课程与教师［M］. 钟启泉，译. 北京：教育科学出版社，2003：153-154.

师生的内在关系是创造主体之间的交往（对话、合作、沟通）关系，这种关系只有在教学过程的动态生成中才能展开和实现。①

2. 充实的智慧生活

在课程设计和课程学习中，由于太注重科学文化知识的某些功利价值，我们的课堂教学在一定程度上失去了对人精神生活的影响力和建构人精神世界的作用力。要想改变这种情况，我们可从以下几个方面入手。

首先，要掀动学生的智力情绪。智力情绪是存在于学习活动中并伴随学习过程产生的情绪体验，它能对人的智慧潜能起到直接的激活作用，具有"动力"的性质。从课堂教学的实际来看，正如苏联的教学论专家斯卡特金在谈到现代教学论时说的："我们建立了很合理的、很有逻辑性的教学过程，但它给予的积极情感食粮很少，因此引起了很多学生的烦恼、恐惧和其他消极感受，阻止了他们全力以赴地去学习。这样的过程与生活对教育年轻一代的新要求是背道而驰的。"他得出了这样的结论："我们要用全副力量，来把教学工作由学生的沉重负担变成学生欢乐、鼓舞和全面发展的源泉。"三百多年前，夸美纽斯在《大教学论》中就把教学的艺术看成是一种用教来使人感到愉快的艺术，他早就注意到了教学中情绪方面的因素。当代教学方法改革十分重视教学过程认知侧面和情意侧面的统一，赞可夫说："教学法一旦触及学生的情绪和意志领域，触及学生的精神需要，就能发挥高度有效的作用。"广大教师在教学改革中要注意改变"灌注式"的教学方法，要充分调动学生内在的学习积极性，唤起他们的智力情绪，让他们在愉悦的、心潮澎湃的气氛中学习。教师要在激发学生的求知欲、发展他们的聪明才智和创造能力方面取得可喜的成效。

其次，要引发学生的积极思维。知识是思维的产物、智慧的结晶。知识在内容上包含着深刻的思维和丰富的智慧，而在形式上，它却表现为简单、呆板、现成的结论和论证。课堂教学绝不应该仅仅是展现教材上现成结论和现成论证在形式上的汇聚，而是应该注重揭示隐含在其中的精彩而又独特的

---

① 叶澜. 重视课堂教学过程观："新基础教育"课堂教学改革的理论与实践探究之二 [J]. 教育研究，2002 (10).

思维过程，并引导学生的思维深入知识的发现或再发现的过程中去。只有这样，学生才能真正理解和掌握知识，并把教材上的智慧转化为自己的智慧。没有思维参与的教学只是一种形式上走捷径的教学，它把形成结论的生动过程变成了单调刻板的条文背诵，在源头上剥离了知识与智力的内在联系。[1]

苏霍姆林斯基说得好："所谓真正地拥有知识，就是对知识有深刻的理解，并且把知识反复多次地思考过"。因此，教师要努力使教学过程成为"猜想、惊讶、困惑、感到棘手、紧张地深思、期待、寻找理由和证明的过程"。为了推动学生积极进行思维，教师要善于设置具有挑战性的教学目标，还要善于揭示学生学习中的种种矛盾和问题，制造种种"不确定"性，推动学生的探究与求索。例如，"悬念"就是一种认知的张力，具有很强的激发作用，我国古典小说和说书人常以"且听下回分解"来吸引人，用的就是这种力量。苏联著名教育家苏霍姆林斯基曾经告诉教师"不要讲完"，其实就是希望教师能在学生头脑里埋下一根"导火线"，让学生的头脑处于猎取的状态，使其不断探求、追寻、发现。事实上，未能如"愿"的状态可能具有多方面的心理效应，就像陈景润在中学时代埋下的"哥德巴赫猜想"那样，会持续很久很久，甚至一生。

在积极的思考和探求中获得知识
——特级教师黄爱华教《圆的周长》片段

（演示：屏幕上先显示一个圆，圆周上有一点闪烁后，绕圆一圈，然后闪现圆周）

师：同学们，什么是圆的周长？

生：圆一周的长度，叫圆的周长。

师：请同学们闭上眼睛想一想，圆的周长展开后是什么？

生：一条线段。

图 1-1

师：那么如何测量圆的周长呢？

---

[1] 余文森. 有效课堂教学的基本要素 [J]. 教育发展研究，2007（Z2）.

（板书：圆的周长。接着启发学生动手实践，让他们在实践中探索测量圆的周长的方法）

师：你是怎样测量出圆的周长的？

生：我用滚动法测量出了圆的周长。

师：如果要测量的是大的圆形水池，你能把水池立起来滚动吗？

（学生笑，齐声回答不能）

师：还有什么办法测量圆的周长呢？

生：用绳子绕圆一周，绳子的长度就是圆的周长。

师：你能用绳子测量出这个圆的周长吗？

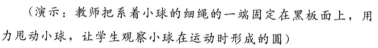

图 1－2

（演示：教师把系着小球的细绳的一端固定在黑板面上，用力甩动小球，让学生观察小球在运动时形成的圆）

生：不能。

师：用滚动法、绳测法可以测出圆的周长，但是有局限性。那么，能不能探讨出一种求圆周长的规律呢？

师：圆周长的大小是由什么决定的？为了找到这个规律，我们先来做一个实验，看看你能发现什么。

（实验：两个球同时被甩动，形成了大小不同的两个圆。学生欣喜地发现，圆的周长与半径或直径有关）

师：圆的周长到底与它的直径有什么关系呢？

（学生积极动手测量，得出结论：圆的周长是它直径的 3 倍多一些）

师：圆的周长到底是它直径的 3 倍多多少呢？这里，我为同学们讲一个古代数学家祖冲之测量圆周率的故事……

3. 富足的自我观照

课堂教学要想真正深入学生的内心生活，走进学生的精神世界，就必须唤醒学生的自我意识，引导学生用所学的东西审视自己，这样，"知识"才能发挥出认识并改造"客观世界"和"主观世界"的作用。在课堂教学中，只有当不同学科知识、各种教育影响经过生活的整合而化为生气勃勃的精神进入各人的生活世界并实现彼此融合时，人所获得的才不再是信息码的简单堆积，而是面向整个生活世界的精神整体，人也才能经由教育而作为人真正受益。

钟启泉教授在分析现代教学观时提出，我们可以把教学的性质看成一种涉及三个维度的对话性实践：①学生探究和理解教材的含意，形成新的知识点和新的认识，这是一种认知性的实践活动；②学生在与同学和教师的互动中，体验多元见解的碰撞，这是一种通过沟通方式来感受社会交际的社会性实践活动；③学生的自我修养，这是一种反思性、道德性和伦理性的实践活动。这三种实践活动是交织在一起的，无法分离。但问题是，当我们研究教学方法时，往往只关注了第一种实践活动，忽略了后两种实践活动。①

因此，在课堂生活中促进学生的自我观照，使他们有更多的切己体察、反思审视和自我更新，这是一种能深刻影响学生长远发展的"投入"。

如果课堂中学到的知识完全是一种与自身无涉的纯客观知识，那么这种知识就很难起到唤醒自我"良知"、叩问自身行为的道德教化作用，"伦理性、政治性的实践"也就成了侈谈。事实上，课堂中"与自己的对话"，正是使"课程知识"获得"个人意义"的必要途径。正像罗素指出的："整个社会的知识和单独个人的知识比起来，一方面可以说多，另一方面也可以说少。就整个社会所搜集的知识总量来说，社会的知识包括百科全书的全部内容和学术团体的全部文献，但是关于构成个人生活特殊色调和纹理的那些温暖而亲切的事物，它却一无所知。"因此，知识教学一定要增强"切己性"。

在课堂教学中引导学生"与自己对话"，这是使"公共知识"转化为"个人知识"的一个重要环节。在其中的"自我观照"环节，学生能用学到的东西来对照自身，领会知识所寓含的启示，审视自己与周围所发生的事情，从而使知识走进内心、走进生活，使自己能更加深刻地认识自己和社会，为自我意识的觉醒和"从我做起"的行为提供内在支持。

阅读的"三原色"：人性、感情、个性
——特级教师王崧舟教《只有一个地球》片段

（上课伊始，王崧舟老师引导学生带着"地球何以成为《时代周刊》年度

---

① 钟启泉."有效教学"研究的价值［J］. 教育研究，2007（06）.

人物"的疑问去自读课文）

（学生自读课文，过了一会儿，学生相继读完课文，读书声越来越小）

师：读完以后，你们的神情变得凝重了。王老师知道大家的心情在发生着变化，来，和大家交流一下，读完这篇课文以后，你的心情是怎样的？

生1：我很惭愧。

师：你为什么惭愧？

生1：我为人们这样滥用资源而感到惭愧，他们太贪婪了。

师（充满激情地）：你为那些贪婪的滥用资源的人感到惭愧，是因为你感觉我们也是他们中的一员！还有哪个同学说说？

生2：我感到吃惊。

师：为什么吃惊？

生2：因为全世界这么多人，如果人人都像课文中描写的那些人一样随便破坏地球环境，那么我们的地球将无法再为人类提供适合其生存的环境了。

师（激情赞叹）：是啊，如果地球上的人都像文中的那些人一样贪婪无耻的话，那么我们的地球将毁于一旦。你的心情是怎样的呢？

生3：我憎恨他们。

师：憎恨那些愚蠢的无知的人们。

生4：我很伤心，地球是人类的母亲，她那样无私地为人类提供资源，人们为什么要这样对待她呢？地球上的各种资源并不是永远都用不完的，但人们却不懂得珍惜。例如，很多人都在捕杀一些可爱的动物，这使得很多动物都濒临灭绝了，他们不觉得这样做太残忍了吗？

师（充满激情地肯定）：问得多好啊！母亲是这样的无私，这样的可爱，而她养育的儿女却是这样对待自己的母亲，伤心啊！伤心！（停顿，缓慢叙述）每一个同学都有自己的心情，王老师知道，读完这篇课文以后，没有一个同学能高兴得起来，快乐得起来，你们的心情是复杂的，沉重的。下面请同学们再到文章的字里行间去找一找，究竟是哪些文字、哪些叙述使你们产生了这样的心情？

（学生再读课文，感情充沛，教师巡视。然后教师又让学生参照课文，仿写一篇关于地球的作文，完成后教师点评）

学生们的仿写内容丰富，感情真挚，既感悟了地球对人类的母爱，又抒发了爱母之情，实现了情感的升华与延伸。在此基础上，教师引导学生回报母爱，用劳动技术课的材料剪贴一朵金色花，抄上小诗，回家后送给妈妈。人文关怀渗透无痕迹，情感教育"润物细无声"，王崧舟老师在教学过程中非常注重对学生情感、态度和价值观的培养。

（三）营造和谐的心理氛围

我们这里所讲的"心理氛围"是一种看不见但却笼罩在课堂之上的精神环境，通常被称作"课堂气氛"，突出表现在课堂的社会交往和心理反应之中，如拘谨程度、灵活性、结构、焦虑、教师的控制、主动性以及激励作用等。课堂气氛由师生之间、学生之间的情感交流和认知活动构成，它既反映了师生关系的性质，又影响着师生关系。不同的班级有不同的课堂气氛，即使是同一个班级，也会存在不同的"气氛区"，如一位教师上课时的课堂气氛是融洽、活跃的，另一位教师上课时的课堂气氛却是躁动或漠然的。但是，课堂气氛又有一定的稳定性，一旦形成了某种课堂气氛，这种气氛往往能保持相当长的一段时间，甚至不同的课堂活动有可能被同样的气氛所感染。对于孩子来说，社会文化心理带来的认知、情感和行为偏异，心灵关怀的缺失，"自我发展"中产生的困扰，都会为其带来教与学的负面影响，因此他们急需关于这些方面的正面疏解和诱导。

1. 唤起积极情感

学生的情绪状态和情感体验是影响其学习质量和成效的重要因素。学生的积极情感，如愉悦、兴奋等，能产生正能量，而消极情感，如沮丧、怨恨等，会诱发无力感。教师在教学中要善于唤起学生的积极情感。

（1）增强仁爱之心

习近平主席在 2014 年 9 月 9 日同北京师范大学师生代表座谈时指出："做好老师，要有仁爱之心。"他强调，教育是一项"仁而爱人"的事业，爱是教育的灵魂，没有爱就没有教育，没有爱心的人不可能会成为好教师。爱心是学生打开知识之门、启迪心智的钥匙，爱心能够滋润学生美丽的心灵之花。教师的爱既包括爱岗位、爱学生，又包括爱一切美好的事物。有人说，好教师的眼神应该是慈爱的、友善的、温情的，透着智慧和真情。好教师对学生的教育和引导，应该是充满爱心和信任的，在严爱相济的前提下晓之以理、动之以情，让学生"亲其师""信其道"。好教师要用爱培育爱、激发爱、传播爱，通过真情、真心、真诚拉近与学生的距离，滋润学生的心田，使其成为学生的好朋友和贴心人。好教师应该把自己的温暖和情感倾注到每个学生的身上，用欣赏来增强学生的信心，用信任来树立学生的自尊，让每个学生都能健康成长，让每个学生都能享受成功的喜悦。

乡村儿童，特别是一些社会处境不利儿童，如留守儿童、贫困家庭或单亲家庭的儿童，需要教师给予关爱来弥补他们亲情的缺失。苏霍姆林斯基说："教育者最可贵的品质之一就是人性，就是对孩子们深沉的爱，就是父母亲的亲昵温存同睿智的严厉和严格要求相结合的那种爱。"①他还说："关怀儿童，不仅要理解他们的精神世界，而且要学会用他们的思想和感情来生活，把他们的忧伤、焦虑和激动的事情统统装在自己的心里。"②爱既可以使自己了解一个人，又可以使自己发现其身上尚未发挥的潜力，并且凭借爱的力量，使所爱的人的潜力得到发挥。教师给予留守儿童的关爱是他们人格健全发展的前提，是他们勇敢面对留守生活的动力之源。对于留守儿童来说，教师给予的关爱还会使他们在学校获得安全感，使他们形成依附的、有意义的、熟悉的、亲近的和易于交往的品格，并能以教师为中介去认识和理解外部世界。③

事实上，当仁爱弥漫于整个教育环境时，其激发力和感召力是十分强大且深远的。

（2）诱发移情体验

在课堂教学所唤起的情感中，其中一种很重要的体验就是情感移入，即移情。它通常有两种意义：一种是认知维度的，是对他人情感、思维、意向及自我评价的认知；另一种是情感维度的，是一种共鸣情感反应。事实上，情感移入的两个维度是互相作用的，一方面，共鸣反应的能力通常依赖于对

---

① 苏霍姆林斯基.育人三部曲［M］.毕淑芝，等译.北京：人民教育出版社，1998.
② 苏霍姆林斯基.要相信孩子［M］.汪彭庚，等译.北京：教育科学出版社，2009.
③ 朱小蔓.关注心灵成长的教育［M］.北京：北京师范大学出版社，2012：118.

他人情感认知推断的可能程度；另一方面，被唤起的共鸣情感为理解人提供了内部线索。心理学研究指出，情感移入为诸如帮助和安慰别人、遵守秩序、合作、共享等社会行为提供了动机基础。因此，在课堂教学中，教师与学生设身处地地移入情感，是一种思想感染和道德教化，能营造出一种特殊的情感氛围。

移情，也有人将其称为"共情"或"同情"，严格地说，它是同情的心理机制。同情表示某人对处于不幸境况中的当事人的感受能理解并"感同身受"，并且一般愿意在一定范围内给予对方帮助。同情包含四种最为基本的德性，即仁爱、节制、勇敢和公正。特别是对于薄弱学校的学生来说，教师与学生之间会有更多的移情体验，只要相互之间能理解对方的处境或困境，就能唤起一种真诚的道德感，使孩子的心灵得到温润，并激起共同努力的向上意识。

（3）营造关怀情境

对于成长中的儿童和青少年来说，关怀和关怀教育是一种最富价值的心灵滋养。尤其是对于乡村学校来说，能让学生在洋溢着关怀气氛的教育情境中学习，更应成为学校教育的追求。关怀是一种情感表达，也是人类的一种基本情感。美国关怀伦理学家诺丁斯认为："关怀是一种'投注或全身心投入'的状态，'即在精神上有某种责任感，对某事或某人抱有担心和牵挂感'。关怀意味着对某事或某人负责，要保护其利益，促进其发展。"一般来讲，关怀是双向的，不是单向的，它要求双方的相遇，要求他们在社会情境中沟通与交往，构成心灵唤醒体系。

俄罗斯伦理学家恰尔科夫在谈到对处境不利儿童的道德关怀时认为，道德关怀的基本内容是心灵关怀。"心灵关怀要求关怀者将意识指向意义，用情感去体验，以思维去反思心灵活动，护卫心灵，安抚心灵，提升心灵境界，进而让被关怀者感受到生命的意义和价值，从而建构认识主体，纯化自己的心灵。"我国学者朱小蔓强调，教师对留守儿童的心灵关怀是指，教师在与留守儿童的沟通和交流中，要使留守儿童感受到尊重感、平等感和安全感等，使其形成自信、自强的积极生活态度，增强他们内在的精神动力和精神生命力，从而使他们能顺利地度过留守生活，成长为合格公民。一般来讲，教师的心灵关怀会引起留守儿童的精神世界产生这样一个层级性的发展变化过程：心灵的打开→尊重感、平等感的获得→感受到生活的乐趣和希望。①

2. 激发内在潜能

每个学生都可能蕴藏着巨大的发展潜能，这是他们生命中的"宝藏"。其实，教育的智慧正是来自对学生炽烈的感情和深切的期待，来自机巧地设计"挑战性任务"，把每个学生发展的可能性最大限度地激发出来。

课堂教学具有开发生命潜能的价值。课堂教学不仅具有发展"认识"的功能，而且具有发展人的情感、态度和价值观的功能。开发课堂的生命潜能是使课堂教学成为"完整的人的教育"的前提，就是叶澜教授所说的："课堂教学蕴含着巨大的生命活力。只有师生的生命活力在课堂教学中得到有效发挥时，才能真正有助于新人的培养和教师的成长，课堂上也才能有真正的生活。因此，要改变现在课堂教学中常见的见书不见人、人围着书转的局面，就必须研究影响课堂教学师生状态的众多因素，研究课堂教学中师生活动的丰富性，研究如何开发课堂教学的生命潜力。"②

现代社会强调教育在人潜力开发中的作用，"教育的基本作用，在于保证人人享有他们为充分发挥自己的才能和尽可能地牢牢掌握自己的命运而需要的思想、判断、感情和想象方面的自由"。

（1）引导小步前行

学习目标通常是一种学习活动应当达到的结果，这种结果的获得需要经历一个过程。如果我们只盯住这个结果的"获得"，指望学生能"一步登天"，那么我们不仅可能会事与愿违，无法让学生"学会学习"，而且可能会浇灭学生的学习热情，诱发学生的"习得性无助感"。

为了调动学生的学习积极性，很多优秀教师都非常注重设置合理的逼近目标阶梯，以此来减缓学习的坡度。他们采用的"低起点、小步子、多活动、快反馈"的策略，让学生既可以保持学习的热情，又可以有效地拾级而上，这一策略对于乡村学校和学习困难的学生尤为重要。

---

① 朱小蔓. 关注心灵成长的教育 [M]. 北京：北京师范大学出版社，2012：118.
② 叶澜. 让课堂焕发出生命活力 [J]. 教师之友，2004（01）.

从目标对心理活动的激发作用来看，"结果预期"是一种很强的"诱惑"，它能推动学生不断地产生学习的冲动，唤起他们的学习行为。但结果预期的动力作用是有条件的，一方面，预期的拉力会随着目标的逐步实现而出现一定程度的递减趋势，因此，教师应当根据学生的进步不断提出新的要求，以引起学生新的预期；另一方面，教师要根据学生的实际情况和可能性，分析学生的"最近发展区"，诱导出"跳一跳就能摘下桃子"的预期，即既不太难，又不是唾手可得的毫无"挑战性"的目标，因为这样的目标才最具吸引力。

事例点击

在点滴积累中前进

一位特级教师接手了一个"差班"，在第一次给学生上作文课《记一件有意义的事》时，一看到题目，学生就高喊："不会写！""连句子都写不通，怎么能写出一篇文章呢？"……这位教师耐心地帮助学生寻找题材，指导他们写作文的步骤与方法，甚至还和学生讨论了结构框架和重点词语。终于，学生要动笔了，教师说："这次作文的最起码要求是，把题目放在第一行的中间位置，如果分段，每段开头要空两格。"后来学生交上来的作文，都达到了这两项要求，教师也以这两项要求为标准对学生的作文进行了评分。此后，教师每次都在原有的基础上提出两三个学生经过努力能达到的新要求。学生在教师提出的分步目标的推动下，经过一个学期三十多次的"小作文"训练后，看到了自己的进步，体验到了在不断努力后获得成功的快乐。在这一案例中，教师的睿智在于他科学地分析了构成结果的要素，并根据学生的实际，引导他们一步步地往前走，既"积小胜为大胜"，又让"小胜"不断成为追求"大胜"的强化力量。

（2）学会赏识学生

时下，一个非常时髦的口号受到了大家的重视，那就是"赏识你的孩子"。其实，美国心理学家米勒早就提出过"赞赏效应"，就是用欣赏的眼光和态度看待学生，并以积极肯定的评价激起学生的努力欲望、探索和创意。在新课程的许多实验区，最常听见的话语就是"你的意见很有意思""你提出了一个值得讨论和研究的问题""你真会动脑筋"等。早在20世纪70年代，美国著名心理学家贝姆就提出过一个改变自我意识的理论，他认为，评定人们的行为能改变其自我知觉，从而能影响其态度的转变。他提倡用一种"肯定性的评价"来替代对学生的否定与责难，因为肯定与赞赏能触及学生心理深层的"自我"，从而较为持久地影响学生的行为。

教育需要更多的赞赏激励

这是一位教师的经历与感受，读后能使人产生许多联想。

我对迈克记忆犹新，那时他15岁，因犯错而留校察看。他每天都穿着同样脏的衣服，满身臭味，手臂上到处是自己用烟头自残的伤口。他是一个真正好斗的硬汉，上学从不带书，笔和纸更不用说。上课时，他总是两臂交叉，懒洋洋地坐着。我觉得我必须帮助他，因此我给他准备了必要的学习材料，并指导他解决作业方面的问题。

当他开始学习后，我总是对他说："你听讲很认真，而且你有很好的数学天赋。"我还说，只要他真的想做好，即使我不帮他，他的作业也可以得A或者B。回家后，他把我说的话全都告诉了他的父亲。第二天，他带了学习用品来上学。我决定再关注并表扬他，后来，他上课开始做笔记，并几次举手请求帮助。于是我又告诉他，我很为他感到自豪。大约过了三个星期，迈克开始洗澡、梳头，并穿着干净的衣服来上学，也能正常地完成作业。最后，他的成绩单上确实打了个B。他太开心了，他体会到了辛勤的努力会获得回报。改变迈克是一个很大的挑战，在我看来，最为重要的是用表扬、赞赏和真正的鼓励，使他对自己形成良好的感觉。

从教育实践的角度看，每一种教育激励策略都可以用于广泛的教育活动，同时，每一种教育活动都需要多种教育激励。

（3）培养认识兴趣

学生对客观世界和智力活动的兴趣，通称为认识兴趣或智力兴趣，这是一种带有明显情感色彩的对学习的喜好。对一个人的终身学习而言，培养和发展这种认识兴趣具有极为重要的意义。苏联著名教育家苏霍姆林斯基曾经提出："知识是照亮道路的光源，因此要培养学生的智力兴趣和需要。"他特别指出："人们的劳动越简单，就越需要浓厚的智力兴趣。""如果认为只有那些有希望升入高等学校的人才需要深刻而牢固的知识，而其余的学生学得肤浅一些没有什么关系的话，那么这就是一个极大的误解。"他更强调："精神的空虚是教育的大敌。"认识兴趣正是追求精神丰富、价值崇高的不竭动力。

就课堂教学而言，认识兴趣是推动学生自主学习最直接、最活跃的因素。无论是课堂教学内容所揭示的关于客观世界的宏图与奇思妙想，还是教学活动所推进的智慧探险与主动实践，抑或是学生在学习过程中所获得的战胜困境的体验，都会使学生逐步形成智力兴趣并终身受益。

苏联教育家巴班斯基在谈到诱发那些学业不良学生的好奇心和求知欲，使他们对学习产生兴趣和要求时，建议教师采用能激发学生认识兴趣心理效应的方法，如内容、形式和方法的"新颖效应"，不同看法的"冲突效应"，出乎意料的"惊奇效应"等。巴班斯基的建议可以为我们的教学提供一条新思路。

"悬念"是一种牵引力

一位初中物理教师在教授《摩擦力》这节课时，一上课，他就在讲台上放了两个玻璃容器，一个盛油，一个是空的。他在两个容器中分别放入了一颗光滑的钢珠，他先用竹筷把放在空玻璃容器里的钢珠夹了上来，然后又请一个学生用竹筷来夹放在油中的钢珠。这个学生费了九牛二虎之力也未成功，于是教师利用这一"悬念"，因势利导地引出了课题并和学生开展了有趣的讨论。教师只用了十几分钟就讲清楚了与"摩擦力"有关的知识。

3. 优化心理环境

课堂的心理环境作为一种氛围，关系到学生的潜能能不能被充分地激发出来。有些学者将课堂气氛分为积极的、消极的和反抗的三种类型。另有一些学者认为，课堂气氛有三种表现类型：一种是以教师设身处地地理解学生为特征的"支持型气氛"；一种是以学生提心吊胆地提防某种打击为特征的"防卫型气氛"；还有一种是以师生相互反对为特征的"对抗型气氛"。几乎所有研究都指出，积极的师生相互理解与支持的气氛，会提高学生课堂学习的效率，形成更多的努力和创造性探索，让学生在课堂学习中有一种心理自由和心理安全感，这样，他们的潜能、探究意识和创造精神才能充分发挥。

一种积极和谐的课堂气氛的形成受许多因素的制约，其中一个关键的因素就是教师的领导方式，即教育工作者传输信息的行为方式。因此，教师要把爱与关心融入教学行动中，以尊重的态度、民主的作风、悦纳的情怀和耐心的引导，为学生营造充满心理安全与心理开放的积极心理气氛。

（1）发挥期待的力量

学生总是希望教师能关注他，这是一种社会心理需求。教师是学生心目中的"重要他人"，教师的积极关注是对学生的巨大鼓舞，即使是多看他们几眼，走到他们身边俯视他们做作业的情况，记住他们的名字或说出他们某种并不起眼的表现，都会引起学生的积极反应。冷漠和无所谓的态度对学生是一种很深的伤害。有时，学生在课堂上的调皮捣蛋，其实是为了引起教师的注意。有研究表明，如果教师对学生抱有积极的期待，总是对他们寄予厚望，那么就能改变学生"自我"的状况，激起他们的热情，使他们的学习效率得到提高。这就是心理学上常讲的"人际期望效应"或"罗森塔尔效应"。

罗森塔尔效应

1968 年，心理学家罗森塔尔走进了一所美国的小学，他在这所小学的一至六年级中各选了 3 个班，并且对这 18 个班的学生做了一番"煞有介事"的预测未来发展的测验。然后以赞赏的口吻，将"最佳发展前途者"的名单（其实是随机选出的学生，是心理学家的"权威性谎言"）悄悄地交给了校长和有关教师，并一再叮嘱：千万保密，否则会影响实验的准确性。8个月后，罗森塔尔又进行了复试，奇迹出现了，名单上的学生都进步很快，他们活泼开朗，求知欲旺盛，与教师的感情特别深厚。这是为什么呢？

因为心理学家通过"权威性谎言"暗示了教师，坚定了教师对名单上学生的信心，激发了他们独特的深情。教师掩饰不住的深情通过眼神、笑貌、话语滋润着这些学生的心田，使这些学生更加自尊、自爱、自信、自强，一股幸福、欢乐、奋发的激流在他们的心中荡漾。这种由于教师的期待和热爱而产生的影响，就叫作"罗森塔尔效应"。

罗森塔尔本人认为，这种效应会在四种教育社会心理机制作用下产生：①气氛，即由对他人的高度期望产生的一种温暖的、关心的、情感上的支持而形成的良好气氛；②反馈，即教师对他寄予厚望的学生给予更多的鼓励和赞扬；③输入，即教师向学生表明对他们所抱有的高度期望，指导他们学习，对他们提出的问题给予有启发性的回答，并为他们提供极有帮助的知识材料；④鼓励，即罗森塔尔指出的对学生的情感输出，对他们做出的反应给予真挚的鼓励。

（2）利用成功的驱动

心理学家以大量的实验研究证明，在学校情境中，学生的学习积极性与他们的成就动机以及与此相联系的抱负（志向）水平密切相关。因此，在教学实践中尽力诱发学生的成就动机，提高他们的抱负（志向）水平，使其产生自我效能感，就成了一种很重要的激励策略。从内在机制上讲，学生的成就动机、抱负水平和效能感，主要是通过人格的最高调节器——"自我"来获得内发动力的，这使得个体的许多人格心理要素，如自信、自尊、有力感、归因等，都从积极的方面促进了学生的主动学习。

成功带来的兴奋和鼓舞的力量是巨大的。苏联作家高尔基曾说："就是自己的一个小小的胜利，也能使人坚强许多。"获得成功，特别是战胜自我后的每一点进步，都会深刻地影响人的后继行为和精神发展。苏联教育家苏霍姆林斯基把"给予学习者取得成功的欢乐"看作"教育工作的头一条金科玉律"。他告诉教育者，成功的欢乐是一种巨大的情绪力量，它可以促进儿童好好学习的愿望。请注意，无论如何不要使这种内在的力量消失。缺少这种力量，教育上的任何措施都是无济于事的。因此，教师在教学中要为学生提供和创造成功的机会，特别是要关注那些在困境中艰难行进的学生，要发现并强化他们哪怕最微小的进步，这种激励作用可能会影响他们的一生。

成功，让孩子扬起前进的风帆

　　广东省特级教师丁有宽老师的班上留级下来一个叫小林的学生，他的学习成绩特别差，一连留级了几年，作为四年级的学生，他的语文成绩只得了8分，连作文都不会写，被其他教师认为是"低能儿"。可是丁老师却不嫌弃他，常常给他讲故事，还帮助他一起做好事，做完就让他以此为题写一篇作文。有一次，丁老师领他和班长一起清理水沟，之后，他写了一篇只有一句话的作文："我和班长在校门口清理水沟。"于是，丁老师在班里的墙报上开辟了一个"一句话赞一件好事"的专栏，首登了他的这句话，使他受到极大的鼓舞。此后，他主动要求做好事，做完就以此为题写一篇作文。慢慢地，他的作文水平赶上了其他同学，别的功课也随之赶了上来。有一次上语文课，课文题目是《小桂花》，小林突然举手说："老师，我认为《小桂花》这个题目得改。"课堂上一阵骚动，有的学生认为这个"差生"在瞎逞能。丁老师却高兴地请小林把看法讲清楚，小林说："这篇课文写的是周总理关心小桂花和群众的疾苦，如果以《小桂花》为标题，那么文与题就不统一了。"丁老师先是赞扬了小林肯动脑筋，问题提得好，随即又给编课本的人民教育出版社寄了封信。第二年，课本中的《小桂花》果然改成了《一张珍贵的照片》。小林这个"差生"，在毕业时以优异的成绩考上了重点中学。

　　学习困难的学生写了一篇"一句话的作文"，却被教师当作"成功之作"刊登在了墙报上，并且为他开辟了专栏，教师的苦心孤诣扬起了孩子前进的风帆。这样的案例说明，教师的慧眼应该是用来寻找学生的亮点与美德的。

（3）建立互悦的机制

我国许多乡村学校的教师都不是土生土长的"农村人"。但作为一名以"育人"为己任的教师，一旦进入乡村学校，就必须丢掉"外乡人"的身份，成为与学生具有"一致性"的"自家人"，要与学生建立亲密无间、彼此悦纳的关系。这种人际交往中的"自己人效应"源于"一致性吸引律"[①]，即社会是由不同的人群组成的，基于年龄、学识、性别、性格、种族、地域、职业以及利益等因素的差别，导致其语言和行为规范也会有所不同，这对不同人群之间的交往造成了一定的障碍。在这种情况下，是否被看作"自己人"，将直接影响人与人之间的沟通与交流的效果。

"自己人效应"或"一致性吸引律"都可能产生一种"互悦机制"，这意味着"你喜欢他，他就喜欢你"。也就是说，两情相悦总是相互的。这就是为什么许多乡村教师用真诚的喜爱和接纳，能获得了乡村学生敬重与爱戴的原因。从教育的角度来说，对学生的悦纳比起对其严厉的训斥，有时效果更好一些。

四颗糖的故事

陶行知先生在担任某小学的校长时，看到了一个男生用泥块砸班上的其他学生，他当即制止了他，并要他放学后去校长室。放学后，这个男生立马等候在了校长室，准备挨训，但陶行知先生却掏出了一块糖果送给他，说："这是奖给你的，因为你按时来到了这里，而我却迟到了。"这个男生惊异地接过糖果。随后，陶行知先生又掏出了一块糖果放在他手上，说："这块糖果也是奖给你的，因为当我不让你再打人时，你立刻就停手了，这说明你很尊重我。"这个男生更惊讶了，眼睛睁得大大的。陶行知先生又掏出了第三块糖果塞到他手里，说："我调查过了，你用泥块砸那些学生，是因为他们不遵守游戏规则，欺负女生。你砸他们，说明你很正直、善良，有跟'坏人'做斗

---

① 刘儒德. 教育中的心理效应［M］. 上海：华东师范大学出版社，2006：201.

争的勇气。"这个男生感动极了，他流着眼泪后悔地说："校长，你打我两下吧！我错了，我砸的不是坏人，而是自己的同学呀！"陶行知先生满意地笑了，说："你能正确地认识到自己的错误，我再奖给你一块糖果。因为我只剩这一块糖果了，所以我看我们的谈话也到此为止吧！"

学生打了人，陶先生没有批评，没有斥责，也没有让学生写一份检查，更没有唤其家长来校"共同教育"，而是让他一步步地完成了对自己错误的认识。四块糖不仅让学生认识到了错误，而且发掘了他的四个优点：守时、尊重人、正义感和勇于认错。当这种充满"暖意"的教育拂过学生心灵的土壤时，会留下一份温暖，培育一份感动。

第二章

课堂教学的追求

课堂是教师生命中最难以舍弃的一个职业活动领域，从这里流走的岁月给教师留下了无穷的忆念与情思，这里让教师生成过太多的遐想、激动和创造的渴求。课堂是与教师生命的意义紧紧地联系在一起的。

课堂是教师生命中最难以舍弃的一个职业活动领域，从这里流走的岁月给教师留下了无穷的忆念与情思，这里让教师生成过太多的遐想、激动和创造的渴求。课堂是与教师生命的意义紧紧地联系在一起的。教师们不能不思索与追问：我们日日面对的课堂，其价值在哪里？我们为之付出过青春、智慧和理想的教学活动，追求的究竟是什么？当我们走进课堂的时候，又该如何去实现所预期的一切呢？

一、"学生发展为本" 的教育理念

国运兴衰，系于教育；教育成败，系于教师。教师担负着培养社会主义事业建设者和接班人的重任，中华民族的伟大复兴是通过教师培育的一代又一代的学生来实现的。从这个意义上说，学生的发展关系着国家的强盛和民族的振兴。一个教师也许没有轰轰烈烈的业绩，但他默默无闻的奉献却在推动历史的前进。教师的一切都是为了未来，为了学生，他们的快乐与幸福也正是从这种境界中获得的。因此，认同"学生发展为本"的教学理念对教师来说是顺理成章的。

（一）把握"学生发展为本"的内涵

人们常常把教师称为知识与智慧的播种者，事实上，教师在日常的课堂教学中，也的确是把基础知识教学和基本技能训练当作最主要、最直接的一项任务。这当然没有什么不对，但长期的"习焉不察"使教育价值的选择停留在了"传授知识"的层面上，这样会模糊教师对教学意义的认识，使他们忘却教学的最终追求。当被"知识"一叶蔽目的时候，教学在"育人"中的价值就会被忽视。这一点正如叶澜教授所指出的：当前我国基础教育课堂教学的价值观，须要从单一地传递教科书上呈现的现成知识转为培养能在当代社会中实现主动、健康发展的一代新人。学科、书本知识在课堂教学中是

"育人"的资源与手段，服务于"育人"这一根本目的。"教书"和"育人"不是两件事，而是一件事的不同方面。①

那么，从"育人"的角度来说，我们应当秉持怎样的理念呢？我们认为的"学生发展为本"其实有两层含义。

首先是"学生发展"的含义：教学要为全体学生的全面、终身发展奠定基础，教学要为学生个性的充分、自由发展创造条件，教学要为学生主体的生动、活泼发展拓展空间。

其次是"学生为本"的含义：在价值观上，要一切为了学生；在伦理观上，要高度尊重学生；在行为观上，要全面依靠学生。②

上面只是就教学的一般价值定位而言的，对于担任某一学科教学的教师来说，还要进一步认识本学科的具体价值，将教学共通价值观转向并渗透于学科教学价值观，拓展学科丰富的育人价值。

（二）确立"学生发展为本"的目标

目标是人们追求的一种结果。美国教育学者克拉克说过，目标是目前达不到的事物，是努力争取的、向之前进的、将要产生的事物。当目标表现为一种"社会预期"的时候，它是社会的"价值尺度"；当目标成为个体主观愿望的时候，它是人自觉的"价值追求"。所以我们说，课程与教学目标是课程的社会功能在学校教育中的体现，是教学活动的出发点和归宿，也是期望在学生身上能发生的积极变化。在课程实施与教学活动中，课程与教学目标能指导教师确定并组织教学内容，进行教学测量与评价，选择和运用教学策略，提示学生怎样学习。课程与教学目标对具体的教学活动具有导向、指引、调控与测度的功能。

我国的课程标准着眼于学生的全面发展和终身发展，确立了"知识与技能""过程与方法""情感、态度与价值观"三位一体的课程目标，并且在不同学科的内容标准部分，用尽可能清晰的行为动词从这三个方面对学生的学习结果进行了描述。

---

① 叶澜. 重建课堂教学价值观 [J]. 教育研究，2002（05）.
② 郭思乐. 教育走向生本 [M]. 北京：人民教育出版社，2001：35-72.

确定课程目标的主要依据是学习者的需要、当代社会生活的要求和学科的发展水平，它集中体现了教育的价值选择与课程功能。因此，教师必须深化对课程标准所提出的目标的理解。我们可以从三个方面来解读课程目标：课程目标是怎样体现新时代对人才素质的要求的，课程目标贯彻了什么样的课程理念，课程目标反映了本门学科知识领域与教学探索（包括理论和实践）的哪些新成果和新发展。由于教学活动的结构常常取决于教学目标的结构，因此，为了达成"知识与技能""过程与方法""情感、态度与价值观"这三大目标，新课程的教学必须整合教师、学生、教材、环境这四个结构要素，同时实现学生学习方式、教材呈现方式、教师教学方式以及师生互动方式的变革。

（三）设计"学生发展为本"的教学

教师在具备了"学生发展为本"的理念后，还必须将它转化为具体的教学行为，在教学的设计与运作中落实。

1. 在整体的教学活动中统一地实现发展目标

知识与技能，过程与方法，情感、态度与价值观，这三个目标是相互联系、相互渗透的整体，是一个完整的人在学习活动中实现素质建构的三个侧面，因此，在实际的教学过程中，教师不应当将它们设计为三个环节并分别操作。事实上，任何有效的知识与技能的获得，都必须让学生亲历一系列的学习活动，让他们感受和理解这种知识的产生与发展，并能从中习得一定的方法和策略，从而使学生"学会学习"并发展智能。同时，这些活动要能使学生领会到知识与技能的"意义"，体验到积极的情感，习得正确的态度，受到正确价值观的教育。积极的情感态度、正确的价值观和"学会学习"对学生十分重要，因为它们对于学生的全面发展和终身发展具有深远的意义。但是，我们也应当看到，它们又都是寓于知识的学习，附属于知识的发生与发展过程。

特级教师霍懋征教"聪明"一词（片段）

霍老师在谜语激趣后，剖析"聪"的字形时说："聪"字，左边是耳朵的

"耳"；右上方的两点，代表两只眼睛；右边中间是"口"字，代表嘴；右下方是个心，代表"脑"。这四件宝合在一起正好是个"聪"字。"聪"字后面之所以加"明"，是因为这四件宝要日日用，月月用，时间长了就会变得聪明起来。因此，只有多听，多看，多说，多想，"聪明"才会跟你做朋友。如果偷懒的话，"聪明"就会离开你。

霍老师教学生识字的过程，既渗透了利用汉字表意特点识字的方法，又对学生进行了思想与情感的教育。

想一想，这个课例对我们有什么启发？

2. 在交互作用中促进学生主动发展

学生的发展只有在社会性的交互作用中才能实现。这种"社会性的交互作用"主要是指教师和学生在一种有目的的课堂学习活动中，通过一定的交往形式，如讨论与问答、交流与沟通、合作与分享等，相互促进和相互影响。

学习链接

叶澜教授认为，"发展"作为一种开放的生成性动态过程，既不是外铄的，又不是内发的。人的发展只有在人的各种关系和活动的交互作用中才能实现，不能只从孤立个体的角度来设定对发展的要求，而是要以"关系"与"活动"为框架，思考教育应以学生的"什么发展"为本。这就要求教师要善于将静态的课程知识"编织"到活动与关系的网络中，让学生在自觉的活动状态下生动活泼地、主动地得到发展。①

3. 要灵活地、有所侧重地提出发展的要求

"三维目标"的每个方面都有确定的含义和具体的要求，因此，教师应当在教学活动中全面落实"三维目标"。但是，是不是在每节课或每个知识单元里都要同时抓这三个方面的目标呢？这就要对课程内容进行具体分析了，有的课程内容适宜通过"亲历过程"获得方法的启示，因此教师就可以突出"过程与方法"这个方面；有的内容具有强烈的情感态度倾向，蕴含丰富的思想道德因素，因此教师就应着重对学生进行"情感、态度和价值观"的教育；

---

① 叶澜. 重建课堂教学价值观 [J]. 教育研究，2002 (05).

如果课程内容是一些"中性"的材料，那么就用不着强行附加什么"意义"或硬贴什么思想标签。总之，教师应当在"全面达成"目标的策略思想指导下，着眼于整体的课程内容和长时的学习活动，有计划、有重点地分析具体课程内容的特点，突出重点，兼顾其他，讲求实效。

我们还应当看到，"三维目标"的达成在时间上不可能是"共时"的。一般来说，"知识与技能"目标往往可以在相对较短的时间内实现，"过程与方法"、智能以及"学会学习"方面的目标则需要较长时间的"习得"和"转化"，"情感、态度和价值观"等目标就可能要经过更长时间的濡染、熏陶、涵养和积淀等潜移默化的过程才能实现。当我们注意到这一点时，我们就会既有长时的"全面计划"，又有当下的重点要求，使学生能实实在在地得到发展。

4. 学生的发展是多种教学要素共同作用的结果

课程与教学的构成要素包括教师、学生、教材和环境，教学目标的达成自然是这些要素相互作用、和谐统一、产生"共振"效应的结果。教学目标的全面实现不是教师"教"出来的，也不是教师仅仅"讲懂"教材就能完成。新课程教学目标的达成若离开学生的主动参与和师生的互动，离开教师与学生的经验共享和"视界融合"，离开教师与学生以教材为话题所进行的对话，离开有效的学习与教学环境的设计，离开课程资源的整合、开发与利用，则不过是纸上谈兵。事实上，教学中每个要素"负荷"的任务从来都不是单一的，其产生的影响也是多方面的。以价值观教育来说，教材的思想倾向、教师的阐释与学生的感应在产生作用的同时，课堂上的心理气氛与制度环境、教师的教学态度与行为作风也发挥着作用。

5. 重视"内隐"目标和"非预期"目标在促进学生发展中的作用

长期以来，追求学习目标具有外显性、可测度性的"行为目标取向"已经成为一种时尚。"行为目标"虽然具有可操作性与明确性等优点，但它并不完全符合学生学习发展的实际。美国学者波普海就曾指出："行为目标"忽视了难测量的创造、想象等内部活动，也忽略了非预期的意外目标的生成。当我们更加注重受教育者的个性全面发展和终身持续发展时，如果将教学目标仅仅定格在一些外显行为上，那么就会忽视那些更为重要的关系到学生人格层面，甚至影响其一生的因素。在教学活动中，学生的情感体验与态度倾向、思维方式与想象活动、感悟与自我意识发展、领略到的难以言传的"缄默的知识"，怎么能归结为一种完全看得到、可测定的"行为"呢？而这一切却正是我们价值目标中最核心和最重要的部分。也正因为如此，国家课程标准把课程与教学目标分成了两类来陈述：一类是主要"知识与技能"领域的结果性目标，另一类是"过程与方法""情感、态度与价值观"领域的体验性或表现性目标。这样做意在将外显行为与内隐变化结合起来。

我们还应当看到，课程与教学目标虽然有"规范"和"统一"的一面，但它还具有"生成"与"灵动"的一面。当课程由"开发模式"走向"理解模式"的时候，课程作为"符号表征"，教师对它的解读应当更加开放。具体来说就是，由于教学内容含义的丰富性，学生凭借自身的经验与体验对其解读而产生的多义性，教学活动中教师与学生对话碰撞产生的"意义"的新异性以及现代课程资源的广袤性，使学生在教学活动展开的同时获得了"解放"，从而更加自由。随着他们生命活力和创造潜能的激发，一些新的目标也因此被引发和生成出来。而这种非预期目标的产生，是更有意义的。正如斯滕豪斯所言："教育即引导儿童进入知识之中的过程，教育成功的程度即它引发的学生不可预期的行为结果增加的程度。"

事例点击

一天，学生们正在课上专心地写作业。忽然，一只蝴蝶从窗户飞进了教室，在学生们的头顶翩翩起舞。不知哪个同学情不自禁地说："啊！好漂亮。"瞬间就把全班学生的注意力吸引到了蝴蝶身上。有的学生站起来用手扑打，有的学生喊道："别打它，把它放回窗外——"顿时，教室里沸腾了。

我刚想制止，突然灵机一动：这是多么难得的机会啊！学生们这样全神贯注地观察一件事物，这正是可遇而不可求的好事啊！于是，我对学生说："这只小蝴蝶漂不漂亮？它到这里来要干什么呢？它为什么喜欢在人的周围飞舞？你想对它说点什么吗？"

我的话音刚落，同学们就"来电"了，说个不停。

"它太漂亮了！嫩黄的翅膀上点缀着乌黑的花纹，左右小翅膀上各有一个蓝色的斑点，多么鲜艳美丽啊！它自由自在，翩翩起舞，就像会飞的花朵。"

"它是因为迷路了才来到我们这里的。"

"因为同学们穿的衣服很鲜艳，教室里和校园里现在都很美丽，空气又很新鲜，所以它把我们这里当成花园了……"

"我猜想，它是看见我们学习紧张，来为我们表演节目，让我们放松一下的。"

"它是来看我们学习是否专心的。"

……

于是我因势利导，要求学生把自己看到的、听到的、想到的都一一记下来，以《蝴蝶》为题，写一篇作文。学生听后都跃跃欲试，很快就写出了自己的得意之作，抓脑袋、咬笔杆的没有了，大家都争先恐后地要念自己的文章。

反思：这只偶然飞进来的蝴蝶为教学提供了新生成点。教师抓住这个点，组织了一个新的思维生成过程、新的学习生成过程，挖掘想象之源，捕捉、创设生活情景中的想象之点，引导学生展开想象的翅膀，有效地把教育、教学融合在了一起，把知识、能力融合在了一起，把爱心、智慧融合在了一起，教师也在这个生成过程中得到了发展、提升。同时，这个事例使我感悟到作文源于生活，教师要经常指导学生广泛地接触自然、社会，特别是要人为地为他们创设或捕捉一些情景，全方位、多角度地引导学生仔细观察、分析、思考，这样，学生的能力会如同釜底"增"薪，越燃越旺。

可以说，这是一种在"常规"中随机生成的目标。

二、"基于学生经验" 的内容组合

作为现代课程理论的奠基之作，泰勒在其1949年出版的《课程与教学的基本原理》中提出了现代课程理论的基本构架：

① 学校应该达到哪些教育目标？

② 提供哪些教育经验才能实现这些目标？

③ 怎样才能组织这些教育经验？

④ 我们怎样才能确保这些目标得以实现？

显然，在"泰勒原理"中，"选择经验"和"组织经验"是指向课程内容的。

（一）课程含义的多样化理解[①]

课程的定义形形色色，莫衷一是。这种课程定义多样性的根本原因是课程自身的复杂性，而直接原因则是研究者的出发点和研究角度不同。

研究者定义课程时经常从以下几个方面出发：

一是从探讨课程的本质属性定义课程，如课程就是学习经验，是学校指导的所有活动等。

二是从确定课程所具有的功能定义课程，如课程是社会文化的再生产，是预期的学习结果等。

三是从课程存在的物质形态定义课程，如课程是教育工作计划的范围和安排的书面文件，是活动的教学大纲，学程设置，单元、课程和内容的编目等。

四是从课程实施和管理的需要定义课程，如课程是为学习者制订的学习计划，是学习者在学校里学习的内容等。

可以说，从不同的角度定义课程不仅是可以的，而且是必须的。但也应当指出，在各种定义之间存在着"源与流，本与末"的区别。有些定义更接近课程本体的意义，有些则是衍生的。毫无疑问，从课程本体出发的定义最具有根本性，在相当程度上决定和影响着其他层次和角度的定义。

长期以来，我们对课程的看法持"双基论"态度，即认为学科的基础知识与基本技能是课程的核心与本质，这是一种"知识本位"的课程观。这种

---

① 丛立新. 课程论问题 [M]. 北京：教育科学出版社，2002：97.

课程观虽然在历史上起过积极的作用，但随着时代的发展和社会的进步，它与培养全面发展、终身发展、主动发展的一代新人的任务，与以培养创新精神与实践能力为重点、以德育为灵魂的素质教育要求，显然存在着龃龉。因此，怎样真正认识课程的本质已成为课程建设与课程实施中一个不容忽视的问题。

（二）对课程本质的一种解读

由于社会发展对人才培养不断提出新的要求，因此课程的含义也日益拓展了。特别是从 20 世纪 60 年代以来，强调课程是教学科目的课程观受到了挑战，学校生活中那些非学科的"经验"受到了重视，大家普遍认为这些经验对学生的态度、动机、价值观的形成和发展有明显的作用。用一句话说就是，当代课程观注重学习者在学校环境中的全部经验。另一方面，把课程主要看作教程而不重视学程的静态课程观也受到了挑战，课程不再被看作单向的传递过程，而是在双向的互动实践中获得"经验"的过程。当然，以教学的科目、课业的结构及其进程作为课程的基本内容，一般还是被认同的。

因此，我们从把握课程本质的角度可以对课程做这样的解读：课程是学生经验的建构，是师生在不断互动中获得意义的过程。

把课程解读为学生的经验，至少有以下几个方面的意义：

第一，使用经验来定义课程本质有更强的概括性。这种定义方式不仅适用于指导和建立今天以间接经验为主的课程，而且能够说明和阐释教育尚未与社会生产、社会生活分离时以直接经验为主的课程，更有助于构建着眼于受教育者个性发展的现代化课程。这样定义课程既可以支持人类社会历史总体经验在课程中的地位，又可以解释学习者个体经验在课程中的意义。它不仅涵盖了课程中的科学知识，而且将往往在知识之外还须专门提出的技能也合理地涵盖了进去。总之，除了可以保证使用知识定义课程时的全部内容不致遗失，还大大地扩展了课程的内涵和外延，使课程不仅仅包括知识，还包括学习者占有和获取知识的主体活动过程（个体化、个性化的经验过程，个人经验与人类经验联结的过程）。

第二，正是这种定义上的转变，体现了人们对课程认识的飞跃，改变了学习者与课程的关系以及他们在学习课程过程中的地位和作用，更突出了课程与学习者之间相互作用的一面，这对于突破长久以来只从教育内容的维度理解课程非常有利。课程的确要解决内容问题，但只有内容就能够成为课程吗？在知识本位的课程观中，这似乎是不言而喻的。课程无非是各种知识的系统表达，经验本位的课程观正在提醒我们：知识对于课程是必不可少的，但知识成为课程也是有条件的，即使是那些经过选择，经过以学生年龄特征为准则加工与编排过的知识也是如此。纯粹的知识永远不能成为课程，知识成为课程的条件就是学生的参与。只有学生以某种形式与知识产生了相互作用时，课程才真正存在。知识是构成课程的必要条件，但不是充分条件。课程大于知识，而学生与知识相互作用的形式正可以通过经验来说明。

"课程是经验"的命题反映的是比"课程是知识"更进步、更深刻的思想理论水平。只有将课程不仅看作学习者接受的对象，而且看作学习者的个体经验过程和学习者与对象的主动相互作用时，课程才可能将对个别差异的考虑、个性发展的需求、能力的提高、智慧的开发当作与课程存在的必然联系。每个人的认识能力及其特征差异都是客观的，主动作用所需要的不只是记忆和理解，在以接受知识为主时，记忆和理解基本是足够的，但在主动作用的过程中，想象、尝试、反思甚至创造都成了必需的。

（三）"基于学生经验"的教学含义

要把课程视为学生在学校中习得的经验，我们就要组织好基于学生经验的教学，其深层含义就是强调课程与教学是经验的获得和意义的建构。

1. 课程内容要转换为学生头脑中的经验与体验

课程内容一般是以"物化"的文本形式存贮的，但这些外在的课程材料只有与师生的已有经验相互联系和相互作用时，才能逐步转换为学生头脑中的经验系统，进而成为他们的精神财富。

课程是人类共同经验与个体经验的融合。课程知识或书本知识是人类社会历史实践经验的概括和总结，是一种间接经验和"公共知识"。学习者要想理解和掌握这些知识，就必须用自身的经验解读它，使公共的知识与个人的经验得以融合，这样才能真正使课程知识具有个人意义，使个人产生对知识独特的个性化理解。

事例点击

关于"圆的概念"，有的教科书上是这样给出的：一个点围绕另一个固定点等距运动的轨迹就是圆。怎样让学生理解这个抽象的定义呢？

有位教师在教学的一开始就联系学生的已有经验问学生："车轮是什么形状的？"

学生觉得简单，便笑着回答："圆形。"

教师又问："为什么车轮要做成圆形呢？不能做成别的形状吗？例如三角形、四边形等。"

同学们一下子就被逗乐了，纷纷回答："不能！因为它们无法滚动！"

教师再问：　"那就做成这样的形状（教师在黑板上画了一个椭圆），行吗？"

同学们开始有些茫然，然后大声回答说："这样一来，车子前进时就会一会儿高，一会儿低。"

教师进一步发问："为什么做成圆形车子前进时就不会一会儿高，一会儿低呢？"同学们议论纷纷，最后终于找到了答案：因为圆形车轮上的点到轴心的距离是相等的。至此，教师自然地引出了圆的定义。联系这个课例思考一下：学生个体的已有经验在理解课程所显示的人类共同经验中有什么意义？这对我们的教学有怎样的启示？

2. 课程是学生主体活动的过程和结果

课程并不是一堆静态知识的集合。学生的"经验"应当是在亲历的活动中获得的鲜活的认识与体验，事实上，学生的素养无法"输入"，他们获得知识结论也不能靠"告知"。只有让学生感觉和理解知识的产生与发展过程，他们才能"学会学习"，真正理解知识，并在学习过程中确认自我，获得丰富的情感体验。

3. 课程是师生在互动中生成的意义

真正的课程学习不是教师将书本里的知识移到自己的舌尖上，再塞进学生的头脑中。课程只能在师生的交往互动中，在教师与学生、学生与学生的相互作用中，通过"社会协商"达成"视界融合"。只有这样，教材才会在学生那里形成心理意义，使学生生成对知识深切的、个人化的理解。这种互动过程也促进了学生认识的发展并进一步充实和丰富了课程本身，从这个意义上讲，课程和课程实施都是开放的，而且是动态发展的。

让学生亲历获得知识的过程

这是安徽省芜湖市第二十七中学方宁老师的一节物理课：密度与浮力。上课后，方老师把一杯水放在了桌子上，然后一脸神秘地说："你们听说过人能躺在水中悠闲地阅读吗？你知道巨大的潜艇能够上浮吗？你见过气球载人腾空而起吗？那么，你能让里面放了钢珠的橡皮泥浮在水面上吗？看谁的橡皮泥里放的钢珠多。"

教师的问题引起了学生极大的注意，激起了他们强烈的探究欲望。学生把橡皮泥做成球型、船型，过了一会儿，各组就报出了所放钢珠的数目：48，42，38，……教师问学生："橡皮泥为什么可以浮在水上？"学生回答："因为水有浮力。"教师继续让学生研究"浮力与哪些因素有关"。平时沉闷的课堂气氛一下子活跃了起来，学生如此投入，如此会提问题，这是教师始料不及的。教室里像开了锅一样热闹，有的说与重量有关，有的说与体积有关，有的说与形状有关，有的说与密度有关……这些都是学生通过观察生活中的现象得出的结论。教师并不急于对学生的结论进行对或错的评价，而是让他们通过实验来验证。

学生开始分小组进行探究。他们在水中放入鸡蛋，鸡蛋沉了下去。他们又往水中放盐，鸡蛋浮起来了。学生又把铁块放入装水的量筒中，然后用弹簧测力计去测量铁块在水中的重量……在整个过程中，学生始终都处于主动、积极、兴奋的状态。学生根据学过的知识和经验，提出了种种猜想，有些猜想被否定了，有些猜想被证实了，最后他们得出结论：浮力的大小与物体排开液体的体积及液体的密度有关，与物体浸没在液体中的深度无关。

随后，学生以小组为单位发表结论。每个小组都很自信地列出了几条他们一致认为正确的结论。最后，这节课在热烈的气氛中结束了。学生通过这节课的"自我体验"获得了参与科学活动的乐趣，这也许会使他们受益终身。

下课了，教师为学生留了作业：解释"死海不死""曹冲称象""孔明灯""探测气球升空""热水选种""驶进大海的轮船""饺子熟了会上浮"等现象。让学生通过探究发表意见。

在这个课例中，学生亲历了"过程"，通过探索获得了"结果"。这样的"结果"难道只是课本中的"结论"吗？整个课堂充满了教师与学生、学生与学生之间的互动，在这种经验生成与经验分享中所建构的意义，又是不是由灌输能实现的呢？

4. 课程是学生在学校习得的全部经验的总和

从广义而言，课程是学生在学校获得的全部经验，其中包括有目的、有计划的学科设置、教学活动、教学进程、课外活动以及学校环境和氛围的影响。也就是说，广义的课程除了学校的课程表所表示的正式课程之外，还包括学生的课外活动以及整个学校生活中能潜移默化影响学生的校园文化中的非制度层面的影响。它不仅包含书本中的知识内容，而且包含对学生各种课内外活动与课内外生活所做出的明确安排，并以此不断促进学生知识与经验的结合。

学习链接

阅读以下资料，想一想，广泛地存在于社会文化环境中的"潜隐课程"对教师的教学行为以及学校文化的建设有什么启示？广义的"课程"应当为学生提供哪些"经验"？

儿童在生活中学到了什么

如果儿童生活在批评的环境中，他就会学会指责。

如果儿童生活在敌意的环境中，他就会学会打架。

如果儿童生活在嘲笑的环境中，他就会学会难为情。

如果儿童生活在羞辱的环境中，他就会学会内疚。

如果儿童生活在宽容的环境中，他就会学会大度。

如果儿童生活在鼓励的环境中，他就会学会自信。

如果儿童生活在赞扬的环境中，他就会学会抬高自己的身价。

如果儿童生活在公平的环境中，他就会学会正义。

如果儿童生活在安全的环境中，他就会学会信任他人。

如果儿童生活在赞许的环境中，他就会学会自爱。

如果儿童生活在互相承认和友好的环境中，他就会学会在这个世界上去寻找爱。

三、"从灌输到对话" 的操作原则

在很长一个时期内，"灌输"作为依附于"知识本位"课程的教学行为，曾经在课堂教学中大行其道。这就是《学会生存——教育世界的今天和明天》一书中所指出的："教师作为无可争辩的知识权威和知识源泉，把知识存放在了学生那里，就像投资者把钱放在银行里一样。"随着社会的进步和教育的改革，"灌输"式教学模式已被许多教师所诟病。

（一）对"灌输"的诘问

新的时代把培育具有主动精神和创新活力的生气勃勃的社会主义建设者和接班人的重任赋予了教师。这种"育人"要求促使我们不得不将学生作为"学习的主体、自我发展的主体"来组织教学活动。于是，教师的职责现在已经不单是传递知识了，而是越来越多地激励思考。除了正式职能以外，教师还会成为顾问、交换意见的参加者、帮助发现矛盾论点而不是拿出现存真理的人。因此，教师必须集中更多的时间和精力去从事那些有效果的和有创造性的活动：互相影响、讨论、激励、了解、鼓舞。

可以说，把学生的头脑当作容器，拼命地往里灌输知识的做法已经不合时宜了。

著名教育家保罗·弗莱雷主张采用提问、引导、鼓励的"对话"教学策略。他在《被压迫者教育学》一书中，对灌输式和提问式教育做了精辟的比较：灌输式教育（出于显而易见的理由）试图通过现实神话来掩饰一些可以解释人类在世界上如何生存的事实，而提问式教育则以去除这些神话为己任。灌输式教育抵制对话，提问式教育则认为对话对提示现实的认知行为来说是不可或缺的。灌输式教育把学生看作需要帮助的客体，提问式教育则把他们塑造成批判性的思想者。通过将意识与世界分离开来，灌输式教育抑制创造力并驯化意识的目的性，从而也否认了成为具有更完美人性的人的本体和历史使命。提问式教育以创造力为依托，鼓励人对现实做出真正的反思和行动，因此与人作为存在的使命是一致的，因为只有当人投身于探索与创造性的改造中时才是真实的。[①]

因此，我们不能不对灌输式教育提出这样的诘问：

① 学生的头脑是一个等待灌满的容器，还是一支需要点燃的火把？

② 应当"用鞭子把学生赶上天堂"，还是解开他们的桎梏，使他们的才智得以舒展？

③ 我们的职责是代替一个"正常的头脑"来思考，还是创造条件让他们自己去寻觅、探究与发现？

④ 是注重教师授予，在"教"上做文章，还是聚焦学生的发展，在"学"上下功夫？

① 保罗·弗莱雷. 被压迫者教育学 [M]. 顾建新，赵友华，何曙荣，译. 上海：华东师范大学出版社，2001.

（二）"对话"的命意

"对话"不只是言语的应答，按照雅斯贝尔斯的说法，"对话是真理的敞开和思想本身的实现"，是一种"在各种价值相等、意义平等的意识之间相互作用的特殊形式"。它强调的是双方的"敞开"与"接纳"，是一种在相互倾听、接受和共享中实现"视界融合"和精神互通，共同创造意义的活动。

教学中的"对话"就是教师与学生以教材内容为"话题"或"谈资"，共同生成和创造"文本"，构造"意义"的过程。它既是一项"原则"，又是一种方法。从方法的角度来说，它要求我们改变过去那种过多的"传话"和"独白"方式，走向沟通与交流，使"知识在对话中生成，在交流中重组，在共享中倍增"。这一点正如克林伯格所说的，"教学本来就是形形色色的对话，具有对话的性质。""对话是优秀教学的一种本质性标识。"其实，无论是《论语》中记载的孔子的教学方式，还是苏格拉底的"产婆术"，都已经具备了这种教学思想的萌芽和教学实践的雏形。当然，实现交往互动中的沟通与对话，要求教师不仅要有教学策略和教学方法的改变（置疑、讨论、尝试、发现、体验等），而且要有角色的转换——从传授者、管理者变为引导者和促进者，同时要有自我的完善——需要民主的精神、平等的作风、宽容的态度、真挚的爱心和悦纳学生的情怀。

在教育实践中主要存在两种对话：一是学生与作为"文本"的课程——教材之间的对话，二是教师与学生、学生与学生之间的对话。学生与"文本"的对话意味着其与"文本"发生了意义关系，即理解。这种意义关系是在学生主动积极地用自己的经验与体验去诠释文本时产生的，它不仅是对历史文化中意义的认同，同时是主体对这种历史文化的个人化定义与再创造。学生与教师、学生与学生之间的对话则是他们在相互尊重、信任和平等的基础上，通过精神的交流和意义的分享获得人生体验和生活智慧的过程。

（三）"对话中心教学"的基本原理①

"对话中心教学"的要义是让学生能直面一种"应答性环境"，成为自主知识的获得者。所谓"应答性环境"，就是一种"参与型教学"环境和"对话型教学"环境。首先，这里的"参与"与"对话"意味着学生在整个教育教学过程中拥有自己的动机、自己的行动、自己的角色作用、平等对话及自我评价。其次，在学生参与的平等对话的教学模式中，教师的作用与其说是"主导"，不如说是"组织"这种应答性学习环境。组织学习环境是学习的必要条件，而非绝对条件。当学生运用教师所组织的学习环境从事课题研究时，教师还必须要对其进行"帮助"。最后，"课堂"与"教师"不是学习环境的全部。课堂教学不再局限于传统的教科书、黑板、粉笔之类的媒体，还包括媒体系统乃至因特网的支撑，这样就为学生的"参与"与"对话"提供了无限广阔的世界。

学习链接

钟启泉教授在《论"教学的创造"——与日本教育学者佐藤学教授的对话》中曾经谈及"对话中心教学"的基本原理。②

钟启泉：谈到"对话中心教学"，自然会想到著名的巴西教育学者保罗·弗莱雷的名著《被压迫者教育学》。该书用了整整一章的篇幅讨论了"对话与对话教学"的问题。

佐藤学：是的。值得我们注意的是，他把教育的本质理解为"自由的实践"。他猛烈抨击传统的"灌输式教学"，倡导"对话式教学"。他认为，对话是人与人的接触，它以世界为中介，旨在命名世界。这种对话不能简化为一个人向另一个人'灌输'思想的行为，更不应当成为一个人控制另一个人的狡猾手段，而应当是一种创造性行为。保罗·弗莱雷强调，缺少了对世界、对人的挚爱，对话就不复存在。爱意味着对别人的责任，爱是对话的基础，

---

① 钟启泉. 知识社会与学校文化重塑 [J]. 教育发展研究，2001 (01).
② 钟启泉. 论"教学的创造"：与日本教育学者佐藤学教授的对话 [J]. 教育发展研究，2002 (Z1).

也是对话本身。

钟启泉：没有谦虚谨慎的态度也不可能进行对话，保罗·弗莱雷说，对话双方倘若缺乏谦逊，对话就会破裂。如果总以为别人无知识，而意识不到自己的无知；如果自以为高人一等，自己是知识与真理的拥有者；如果对别人的贡献不闻不问，甚至感到被冒犯；如果担心自己被别人取代，那么怎么对话？这一连串的设问，对于打破"教师中心主义"的束缚实在是意味深长。

佐藤学：他还强调对话需要彼此信任，信任是对话的先决条件。倘若我们的教学浸润在挚爱、谦逊和信任的氛围中，对话就变成了平等的对话，这就与灌输式教学中的"反对话关系"形成了对照。此外，他还提出了对话双方必须拥有希望，必须进行批判性思维。上述这些，都可以视为我们建构新型教学规范的基本原理。

钟启泉：让我们好好记住他的一句话："没有了对话，就没有了交流，也就没有了真正的教育。"

第三章

课堂教学的景观

教师应该根据教学内容和教育对象的不同，创设各种适宜的、能够促进学生全面充分发展的教学手段、方法和策略，使学生能以向他人（包括自己）展现他们所学的、所理解内容的方式去了解和掌握教学材料，并要给予每个学生最大限度的发展空间。

新课程的课堂教学究竟是什么样子的？让我们先听一听新课程实验区的学生和教师怎么说。[①]

　　走进国家级课改实验区，置身于山东高密一所学校的课堂，我们感觉到这里不一样的东西太多了。

　　学生说：在传统课堂中，我们的发展是单方向的，我们的学习是孤独的、被动的；在新课堂中，我们的发展是全方位的，我们的学习是合作的、主动的、多样化的。

　　教师说：现在我们不再仅仅是蜡烛、春蚕了，我们也在和学生共享知识、共享经验、共享智慧和共享人生的意义与价值，我们也在与学生一起成长和创造。

　　高密教师的心愿和体会确实很不一般，他们还说：每堂课都应该让学生学会一些对心灵有所触动的东西，否则就没有意义。学生用心提出的问题都有价值，我们要尊重学生已有的知识经验和已有的思维方式，要尊重学生独特的感受。

　　培养能力不浪费时间，不影响成绩。

　　要给学生猎枪，不要给他们干粮。

　　让课堂成为学生思维体操的舞台。

　　让学习成为幸福生活的快乐音符。

学习链接

一

　　一位教育学者这样描述理想的课堂教学：[②]

　　课堂应是师生互动、心灵对话的舞台，而不应仅仅是优秀教师展示授课技巧的表演场所；

　　课堂应是师生共同创造奇迹，唤醒各自沉睡的潜能的时空，离开学生的主体活动，这个时空就会破碎；

---

　　①　梁伟国，韩金绶，赵徽. 课堂：教学创新的绿洲：感受国家课改实验区山东高密新课改实验 [J]. 人民教育，2002（11）.

　　②　张圣华. 新课程标准下的理想课堂到底什么样 [N]. 中国教育报，2002-11-28.

课堂应是向未知方向挺进的，是随时都有可能发现意外的通道和美丽的图景的旅程，而不是一切都必须遵循固定线路没有激情的行程；

课堂应是向在场的每一颗心灵都敞开温情双手的怀抱，平等、民主、安全、愉悦是它最显眼的标志，没有人会被无情打击，更没有人会受到"法庭"式的审判；

课堂应是点燃学生智慧火把的过程，而给予火把、火种的是一个个具有挑战性的问题，要让学生走出教室的时候仍然面对问号，怀抱好奇；

......

如果要用一句话来概括，那么就是，焕发出生命活力的课堂才是理想的课堂。这样的课堂，就是新课程所追求的课堂。

二

华东师范大学叶澜教授曾经以追问的形式描绘了充满生命力的课堂教学的基本情景。

当学生精神不振时，你能否使他们振作？

当学生过度兴奋时，你能否使他们归于平静？

当学生茫无头绪时，你能否给予他们启迪？

当学生没有信心时，你能否唤起他们的力量？

你能否从学生的眼睛中读出愿望？

你能否听出学生回答中的创造？

你能否觉察学生细微的进步和变化？

你能否让学生自己明白错误？

你能否用不同的语言方式让学生感受关注？

你能否使学生觉得你的精神脉搏与他们在一起欢跳？

你能否让学生的争论擦出思维的火花？

你能否使学生在课堂上学会合作，感觉和谐的欢愉、发现的惊喜？

从操作的角度，我们用以下的话来概括地描述充满生命力的课堂教学的"景观"：

课堂是一个社会交往的舞台；

课堂是一片文化生成的沃土；

课堂是一段生命活动的历程；

课堂是一种精神生活的空间；

课堂是一张异彩纷呈的画卷。

一、课堂：社会交往的舞台

社会是什么？一般来说，社会是人们交互活动的产物，是人类生活的共同体。日本社会学家横山宁夫对社会有一个非常简洁的概括：人、关系、文化三位一体就构成了社会。也就是说，社会由三个方面构成：① 行为主体的人；② 人与人之间的关系；③ 与人相关的文化。在教育社会学的视野中，教育是社会的子系统、亚体系，学校与班级就是一个"小社会"。这个"小社会"有自己的结构与功能，其中由不同的角色扮演者组成了复杂的人际关系系统，实现着促进个体社会化的功能。

学习链接

课堂：小社会①

"课堂"首先是一个"社会"范畴，是社会的一个组成部分，然后才是一个"教育"范畴，是教育（特殊社会系统）的一个构成要素。课堂并不是置身于社会之外的，而是生存于社会之中。课堂与课堂之外的世界当然有很大的不同，但这并不是"非社会"与"社会"的区别，而是一种子社会系统与其他子社会系统的区别。

"课堂"作为学校和班级生活的最重要的场所，几乎每时每刻都活跃着行为的主体——学生与教师。他们以文化为背景和中介，以交往关系为基本形式，进行着社会性的相互作用，使文化能薪火相传并不断繁衍与创生。

在课堂这个社会舞台上，我们应当看到一种什么景象呢？

---

① 鲁洁，吴康宁. 课堂教学社会学［M］. 南京：南京师范大学出版社，2000：2-3.

（一）广泛的交往关系

交往是一种最普遍的社会现象。西方哲学家哈贝马斯认为，人类的存在并非以独立的个人为基础的，而是以"双向理解"的交往为起点，在建构社会结构体系的同时生成个体人格，使每个人都能过上一种有意义的生活。教育起源于交往活动，教学就是交往的变体，是有知识经验的人与获得这些知识经验的人之间的交往。

教学交往是一种现代教学理念，从教学本质论上看，教学是以人际互动为内容的交往活动；从教学价值论上看，教学要以教会学生学会合作与交往为基本的价值取向；从教学方法论上看，教学要以师生互动、生生互动为基本途径和手段。教学交往的理念打破了那种把教学仅仅视为封闭在个体头脑中进行认识活动的狭隘看法，它把认识过程与社会过程统一了起来，使教学走向了一个广阔的充满创造力的天地。在具有广泛交往关系的课堂上我们可以看到，教师与学生之间、学生与学生之间有着更多的思想碰撞、意见交流、情感共鸣、经验分享和行为互助，师生之间的这种交往关系把整个课堂融为了一个真正的学习共同体。

教学交往的特点

有人把教学中的交往特点归结为师生的互为主体性、互动性和互惠性。这种概括较为宏观，说得具体一些就是：

教学交往是有目的的、"自觉"的活动，它的目标主要指向促进学生的全面发展。在这一过程中，教师获得的发展是由这一目标派生出来的"产品"。

就交往的主体来说，学生与教师都是活动的主体，他们在人格、权利和自主性方面是"平等"的，但在信息的拥有和交往中的作用方面却又是不"平等"的。

就交往的内容来说，其主题是被"规定"了的，是具有"规范"意义的。因此，教学的交往是以教材为"话题"的师生之间的对话。

就交往的结构来说，这种交往常常是有计划的、相对"有序"的，或者说是被精心组织起来的，围绕一定目标展开的。

教学交往理念也为教学中的沟通、互动、对话、合作等活动提供了一个合乎逻辑的理性基础。

（二）丰富的应用情境

把学生的学习置于一种解决实际问题的"社会情境"中，这样最有利于使学生把学习的内容同它的社会效用和现实需要联系起来，从而更好地发展他们发现问题和解决问题的能力。那种把书本知识与现实的社会情境割裂开来的课堂教学，实际上是封闭了知识产生之"源"和知识应用之"流"，阻断了课堂教学通往社会生活的通道。这样也就无法实现学生在生动活泼的广阔社会空间中的"精神交往"了。

从课堂教学实践的角度来讲，刺激情境包括突出物理特征、心理特征的各种情境的创设，但最重要的是要将学习置于现实社会的情境之中。这种社会刺激情境可能是真实的，也可能是描述的、模拟的。

事例点击

阅读下面两个课例，看看这两位教师的教学是怎样把知识的学习和社会需要、社会应用联系起来的。

一

著名数学特级教师张思明认为，学习环境是对人的学习活动和学习效果起巨大作用的"场"，是一位优秀教师教学设计的重心。教师应为学生设计一个激发思考和创造的问题环境。下面是张老师从"社会应用"的角度所设计的一个"问题"——一个有效的刺激情境：

调查某商店中各种尺码的鞋的进货量和相应的销售量。

为了让学生体验"统计规律"的作用，教师可以这样设计：让学生随便找几本英文字典，数一数以 a，b，c，…，x，y，z 为首字母的单词各在字典中有多少页，再算一算它们各占该书总页数的百分比，从而发现字母频率稳定性的规律。也可以把这种想法用于汉字中的常用字，引导学生观察各种打字键盘的设计，使学生了解键盘设计中用到的统计学知识。

二

教了《琥珀》一课后，语文特级教师陈钟梁要求学生按琥珀的形成过程口述课文。陈老师巧妙地创设了一个"社会应用"的刺激情境，他风趣地说："上海自然博物馆下周就要开放了，整理期间增设了许多新产品，其中就有一块课文中所描述的琥珀。怎样才能让参观者了解这块琥珀的形成过程呢？总不能把课文贴在前边吧！好，假如你是讲解员，你会如何说明呢？"

（三）全面的社会互动

互动即人与人之间的交互作用，它是人类结合的基点，也是人社会化的基本条件，一般指向人的社会行为。西方学者将互动分为感官互动、情境互动和理智互动。

课堂上的师生互动实际上就是师生双方以自己的固有经验（自我概念）来了解对方的相互交流与沟通的方式，这就是钟启泉教授所说的"通过相互作用的过程建构自己的意义世界"。钟启泉教授认为：教育的作用必然采取教师与学生之间的互动形式，而基于互动的经验是如何内化为自身东西的就具有了重要的意义。这样，当我们重新审视 ZPD（最近发展区）时，儿童绝不是被动地接受来自成人教育影响的存在，而是积极地互动，不断地内化互动活动中获得的东西的一种能动的存在。[①] 互动的形式是多种多样的，哈泰帕就把互动分为"水平性互动"和"垂直性互动"两种形式。"水平性互动"是年龄特征、知识经验与发展水平大体相近的学生之间的互动，这种"互动"常采用小组讨论、相互教学等形式，它可以使学生学会倾听、比较和发现从不同角度提出的有差异的见解，通过促进"节约思维"、深入思考与反观自身来获得创见。"垂直性互动"是指儿童与成人、教师或高手之间的一种互动，它是在传递社会文化的活动中，在教师指导下的一种参与，"认知学徒制"、作为"脚手架"的互动都属于这类互动。

---

① 钟启泉. 社会建构主义：在对话与合作中学习 [J]. 上海教育，2001（07）.

（四）有效的合作交流

在当代，合作作为一种学习方式，被誉为"近十几年来最重要和最成功的教学改革"，而且它标示了一种精神，一种教育的理念，一种对人的素养的追求。从教学策略的角度来说，教师与学生的合作意味着他们真正地在"情境中共存"，也由此产生了"视界融合"，产生了"意义的建构"。从心理学的角度来说，曾提出"最近发展区"理论的维果茨基说："教学引导、唤醒、启发了一系列内部发展过程，这些过程对于儿童而言，目前只是在与周围人的关系中、在与他的伙伴相互合作的环境中才是可能的。"强调"学习是知识的社会协商"的社会建构主义者的基本观点是，只有当个人建构的、独有的主观意义和理论与社会和物理世界'相适应'时，人才有可能得到发展。发展的主要媒介是通过交互作用导致的有意义的社会协商。[①] 换句话说，个体的知识建构过程不是个体头脑中的封闭事件，它要通过学习者与他人的相互作用、合作活动才能成为可能。总之，学习者的自主建构必须是在与他人的合作交流（包括商议讨论、意见交换、言辞交锋等）中，以及在由合作交流而推动的积极深入的思考中才能实现。所以，"教学是师生的合作"是教学交往论必然引出的论题。

"借箭"还是"骗箭"

记得教学《草船借箭》一课时，为了让大家更好地理解诸葛亮的"神机妙算"，我让学生分析周瑜斗智失败的原因。学生最后一致得出结论：诸葛亮神在他能跳出常规思维的框框，想出了别人意料不到的向敌方借箭的方法。这时候，一个爱钻"牛角尖"的学生冷不防地向我放了一"箭"："老师，依

---

① 高文，裴新宇. 试论知识的社会建构性：心理学与社会学的视角 [J]. 全球教育展望，2002 (11).

我看课文题目改为《草船骗箭》更好，因为诸葛亮是用欺骗的手段从曹操那里骗到箭的。""对，对，这箭是骗来的，不是借来的！"此"箭"一下子射入了学生的思维中，激起了阵阵涟漪，课堂顿时像沸腾了的油锅。"草船骗箭？"我闻之愕然，但随即我又镇定了下来。我先肯定了此"箭"放得有意思，有价值，值得探讨，然后反问道："究竟用'借'，还是用'骗'？大家认真阅读课文后再来讨论。"

思考了几分钟后，学生们陆续举手。一个学生说："从诸葛亮吩咐士兵们齐声高喊'谢谢曹丞相的箭'这句话可以看出，骗箭不必谢，借箭才要谢，因而题目应该是《草船借箭》。"

另一个学生说："我也认为是借箭，因为在赤壁之战中，诸葛亮不是把借来的箭还给曹操了嘛！这就叫'有借有还'。"

语毕，学生哗然。我趁势将提问引向深入："你们答得真好。再想想，要是题目改为《草船骗箭》，和原来的写作目的有什么不同？"这时学生们的学习积极性更高了，纷纷抢着发言。

一个学生说："文章的写作目的是赞扬诸葛亮的足智多谋和神机妙算，而'骗'是个贬义词，要是题目改成《草船骗箭》的话，作者的立场就站到曹操那边去了，写作目的也就变成揭露诸葛亮的阴谋诡计了。"

另一个学生也说："诸葛亮对周瑜为难、陷害自己是心知肚明的，为了对付周瑜，他才不得已用草船向曹操借箭，以免遭杀身之祸。在'借箭'的过程中，他深知周瑜心胸狭窄，曹操多疑谨慎，鲁肃忠厚老实，他还知天文识地理，使周瑜不得不自愧不如。这样就更突出了诸葛亮这个军事家的智慧和才干，体现了他的神机妙算。"

诸葛亮是"借箭"还是"骗箭"？结论不是由教师来宣布或讲解的，而是通过课堂中教师与学生、学生与学生的互动得出的。教师在"合作"的研讨中深化了学生对内容的理解，在交流与相互启发中打开了学生的思路，使他们达成了共识。这样的互动使学生自己建构了意义，学会了怎样进行社会性学习。

（五）真诚的相互理解

"理解"是后现代对话的重要特征。如果对话仅停留在形式上的问与答，你一言我一语，而没有达成相互理解，那么其实质上就是换一种形式的"独白"。后现代对话强调对话者之间的相互理解。当代著名的解释学者伽达默尔认为：偏见并不是骂人的话，相反，它说明我们只能从某个特定的"视界"来理解世界，该视界为我们提供了思想和行动的起点。只有当人们能够相互交谈，并由此产生不同视界的'融合'，形成新共识时，人与人之间的理解才是可能的。[①] 可见，对话的过程本质上就是对话主体双方视界融合的过程，即理解的过程。这意味着在对话中，教师和学生要彼此尊重各自的独特体验，承认各自认识和经验的合理一面，积极地寻求共识。所以，理解指向的是教师与学生的精神世界，是精神上的融合与交流。

理解的基本含义：意义沟通、相互理解、设身处地、共同体验、宽容悦纳。

理解学生的"不安分"

教学"分数的初步认识"时，教师在学生联系已有的生活经验（画图、文字等）初步理解了 $\frac{1}{2}$（一半）后，组织学生利用手中的纸片折出 $\frac{1}{2}$。其中有个学生把一张圆形纸片对折了两次，平均分成了 4 份。

教师拿起该生的圆形纸片，问："你能说说这样折是什么意思吗？"

生："我把一个圆平均分成了 4 份，其中的 2 份就是这个圆的 $\frac{1}{2}$。"

师："那其中的 1 份呢？"

生："老师，是不是 $\frac{1}{4}$ 呢？"

师（故作惊喜地）："$\frac{1}{4}$ 是什么意思呢？"（教师把该生折的圆形纸贴在黑

---

① 史密斯. 全球化与后现代教育学［M］. 郭洋生，译. 北京：教育科学出版社，2000：119.

板的最高位置）

学生七嘴八舌地说出 $\frac{1}{4}$ 表示的意思。

师："同学们，刚才老师要你们折 $\frac{1}{2}$，这个同学却折出了 $\frac{1}{4}$，大家对这事怎么看？"

生1："老师，他太不听话了，一定是上课走神了。"

生2："他自作主张，不守规矩。"

师："请你说说看。"

生3："我批评他不听讲，但是我也要表扬他，因为他教会了我们一个新分数。"

师："你能一分为二地看问题，很有辩证的思想！"

生4："老师，我不同意他们的看法。我觉得他很了不起，很有创造性。"

生5："老师，我认为他挺有想象力的。"

生6："老师，我认为他能举一反三地学习。"

在学生一番评价之后，教师真诚地对这个学生说："我真的很佩服你，老师只教了 $\frac{1}{2}$，但你却能勇敢地'创造'出一个新的分数，这样的学习才叫创造性学习。"①

在这个案例里，这个学生显然表现出了某种"不安分"，某种"越轨"，但教师充分地理解了自己的学生，呵护了他的创意和探究行为，激励学生的求异思维。这位教师的机智还在于他能引导学生积极地相互学习和相互理解。

二、 课堂：文化生成的沃土

"文化"是什么？"文化"在人类学中通常指人类社会的全部活动方式。

---

① 聂艳军. 你是幸福的，我是快乐的［N］. 中国教师报，2003-03-26.

泰勒在他的《原始文化》一书中给"文化"下过一个著名的定义：所谓文化或文明，就其广泛的民族学意义来说，是知识、信仰、艺术、道德、法律、习惯及作为社会成员的人所获得的所有能力和习性的复合体的总称。这个定义基本为当今学术界所接受。

文化与学校文化①

钟启泉教授在《现代课程论》中精辟地指出：所谓文化，是指人类的生活方式，它是囊括了集体成员的行为之根基的某种意识、价值观、习惯、风格等的一般行为方式的广泛概念。教育活动就是在教师与学生之间形成的文化活动。

学校文化亦可以置换为课程，这种场合的"课程"概念是广义的，也可以说是"学校经验的总体"。在学校内部生成的一切经验就是"课程"，它与"学校文化"完全同义。

大体说来，学校文化是囊括了作为学校课程体现出来的制度文化以及教师文化、学生文化、环境文化的相互作用而形成的学校独特的文化。在这其中，同学之间的交友关系、师生之间的信赖关系、教育环境的模式对于学校文化模式的创建起着巨大的作用。

从教师文化与学生文化的角度来看，教师集体与学生集体的主体性越强，彼此的相互影响关系就越强，学校的个性也越鲜明。教师越是能把握学生的身心发展特点，丰富学生的生活经验，便越能使学生产生个性化、创意性的行为方式。学生丰富的生活体验是支撑学校教育活动、创造鲜活的学校文化的源泉。从教育环境的角度来看，"开放学校""开放教室"的设计要求学校环境要从"书本学校"转换到"生活学校"，这有助于营造独特的学校氛围。

文化是人认识世界和改造世界的手段，更是人认识自己、改造自己、发展自己的工具。德国哲学家卡西尔说，一个整体的文化，是"人不断自我解放的历程"。同样可以说，一个整体的文化，是不断开拓自我的历程，每一种

---

① 钟启泉. 现代课程论 [M]. 上海：上海教育出版社，2003：460-646.

功能都开启了一个新的地平线，并且向我们展示了人性的一个新方面。

　　教育既有选择和传递文化的功能，又有更新和创造文化的功能。这种教育对文化的作用可以归纳为两点：使文化代代相传的是教育，开辟文化道路的也是教育。总之，在课堂这片文化的沃土上，已有的人类文明成果在传承中滋养着年轻的一代，同时，这里孕育着文明的更新与创造。教育不仅要使年轻一代"继承"文化，而且要让他们"发展"新文化，要让文化继往开来。

　　课堂作为一片文化生成的沃土，该怎样"定位"操作思路呢？

（一）文化传承与发展创新的统一

　　在教室里发生的一切都与文化的传递和继承有关。一个学生如果不能从书本中汲取文明的成果，那么他就很难获得生存的本领，难以成为一个有理想、有文化、有道德、有纪律的新人，也无法站在巨人的肩膀上继续攀登。所以，无论什么样的课堂教学，都必然要承担起传承文化的任务。在文化发展的长河里，所有的文明成果、所有业已证明的"真理"都不是永恒的、凝固的、绝对的，它们都在经历丰富、更新与超越。正因为如此，"教育必须面向未来"。教师要让每个学生在接受文化知识的同时，养成创新的精神、独立思考的习惯、获取新知识的本领以及探索、实践、创造的能力。这样，他们所掌握的扎实的基础知识和基本技能，必将成为他们进一步发展与创造的基础、工具和凭借。而在他们叩问真理、质疑经典的过程中，人类文明成果也必定会内化为他们的精神财富。

古诗的新理解[①]

　　在教学柳宗元的《江雪》时，有学生提出了这样一个问题："这么寒冷的下雪天，这位老人真的是在钓鱼吗？"一石击起千层浪。是啊，不在钓鱼又是在干什么呢？我没有搬出教参中现成的答案，而是用期待的目光望着学生。

---

　　① 薛法根. 让课堂精彩起来 [J]. 江苏教育，2001（03）.

有学生说："老人是在独自欣赏雪景。"万里江山，粉妆玉砌，渔翁之意不在鱼，在乎雪景之美也！有学生说："老人的内心十分孤独、寂寞，每一行的第一个字连起来就是'千万孤独'。"多妙的发现啊！有学生说："我觉得老人在磨炼自己的意志，因为天寒正可以锻炼人。"有学生说："这位老人与众不同，看起来很清高。"诗人那种不愿同流合污的心迹不正隐含其中吗？最后有一个学生说："他是在钓一个春天！"一语双关！是啊，冬天来了，春天还会远吗？诗人在遭受了重重打击之后仍然孜孜以求，不正是在等待"春天"的到来吗？学生的诠释独具慧眼，精彩至极。

中国有句古话，叫作"诗无达诂"。学生们对古诗《江雪》的解读也并没有囿于历来的说法，而是各抒己见，新意迭出。教师对学生创意的厚待，必然会促进学生生成更多的新观点、新行为、新"文化"。

（二）社会经验与个体经验的融会

课堂里学习的书本知识都是人类共同的社会经验。这种"公共"的社会经验要是没有个体经验的支撑，很难被学生个体所理解，文化知识也就很难产生丰富修养、启迪智慧、迁移运用的作用。因此，课堂里的教学是无法脱离学生早已积累起来的经验和亲历知识获取过程的。一些优秀教师其实早就注意到了这一点。

用"经验"建构的"意义"①

对于《早春》中"草色遥看近却无"一句的意境，学生一般难以理解。为什么远远看去地上一片绿色，但走到近处却看不清楚呢？为了借助学生的生活经验来帮助他们理解，一位教师这样引导：

师：读了"草色遥看近却无"一句，你感到奇怪吗？为什么？

生1：我感到奇怪，为什么绿色的小草在远处能够看到，到近处后却看不

① 成尚荣. 为语言和精神同构共生而教：小学语文教学案例解读［M］. 南京：江苏教育出版社，2001：140-141.

清楚了呢？

生2：如果绿色在远处能看到，到近处不是应该看得更清楚了吗？我认为，应该是"草色遥看近更绿"。

师：有道理。对他们的疑问谁有办法解决？管革（生摇头）。

师：在你们的生活中，有类似的情境吗？

（学生开始思考，片刻后便有人举手）

生1：那天我去上学，街上逢集。离集市还有好远时，我远远看去，集市上人山人海，没有一点空隙。我真担心，这么多人，我该怎么从集市上走过去呢？可是当我走到近处一看，人虽然多，但人与人之间的空隙还是很大的，我毫不费力地就穿过了集市。

生2：由这一句诗，我想起了这么一个画面。去年冬天的一天，我去外婆家，正巧外婆所在的镇上在搞水利建设。老远一看，水利工地除了人多外，就是旗多，简直就是旗帜的海洋。我想，怎么有这么多的旗帜呢？但当我走到近处一看，旗帜并不像我在远处看到的那么多，那么密。

生3：由这一句诗，我想起了去年在家和爸爸一块儿抛秧的情景。抛完秧以后，我发现整个田里秧苗稀稀疏疏、零零星星的，可当我们远离秧田再回头看时，发现秧田里一片绿色，几乎看不见水了。

（其他学生发言略）

师：你们看，这么一联系，我们对诗句所描写的意境就有了具体、真切的感受了。可见，这首诗是作者认真观察了早春景色后写成的。

各种文化知识都是长期积累起来的"别人"或"公共"的经验。这些文化宝藏虽然珍贵，但如果学习者不能"切己体验"，那么它们就对学习者没有"意义"。所谓"建构"，无非是学习的人利用自身的经验，通过积极主动地与前人经验相互作用，把文化遗产转换为自身精神财富的过程。

（三）客观规律与主观理解的兼容

不论什么样的知识，都是人类在社会历史实践中所形成的对客观世界及其规律性的一种反映，它力求揭示一定的客观规律。但就学生的学习而言，知识是个体通过与其环境相互作用后获得的信息及其组织。学生学习这些知识时，要凭借自身的经验和体验来做出自己的理解和诠释。学生的理解会投射出学习主体的价值、见识、需求和认知水平。西方有句名言：一千个读者就有一千个哈姆雷特。鲁迅先生在谈到《红楼梦》时也曾讲过："单是命意，就因读者的眼光而有种种：经学家看见'易'，道学家看见'淫'，才子看见'缠绵'，革命家看见'排满'，流言家看见'宫闱秘事'……"所以，教师在课堂教学中应当尊重学生独特的个人化理解，鼓励他们质疑与诘问，要对他们的创意与标新立异给予合适的赞赏。

一则寓言引出的全新理解

在学习了《精卫填海》之后，我依据文章的描述，在黑板上画了一只精卫鸟，然后以探询的口气问道："同学们，精卫鸟飞来了，难道你不想对她说些什么吗？"孩子们的情绪顿时高涨起来，一句句充满个性的语言从孩子们的口中流淌而出：

"不幸的精卫，你'衔西山之木石以堙于东海'，让我们这个星球没了青山、绿树和海洋，这不是制造了更大的不幸吗？"

"我认为，精卫鸟的精神可嘉，但想法天真，行为盲动。"

"精卫鸟啊，何必去做那劳而无果的事情呢！还是在容易溺水的地方立一块'注意安全'的牌子以警示后人吧！"

"假如有一天精卫鸟真的填平了东海，那岂不是要沧海横流了吗？"

"最好开一次邀请精卫鸟参加的专题会议，论证一下填海的可行性。"

这样的训练，不仅能使学生带着一种高涨、激动的情绪进行学习和思考，而且能够让其在学习中认识到自己的智慧和力量，体会创造的快乐。

中国古代的寓言和许多成语故事的含义都是约定俗成的，因此教师用不着太多地追究其本身的寓意。但是，由寓言或成语引出的"启示"却可能见仁见智。想一想，是不是可以由此引出一种全新的视角，得到一种全新的启迪呢？

（四）知识积累与开掘利用的互为

在课堂教学中，读书是学习，运用也是学习，而且是更重要的学习。知识的积累是为了运用，运用知识也是为了让积累起来的知识变得更稳固、更丰满、更灵动。苏联教育家苏霍姆林斯基讲过："学生到学校里来，不仅是为了取得一副知识的行囊，更主要的是为了变得更聪明。"而所谓发展智力，就是使知识处于运动之中，处于运用之中。因此，在课堂教学中重视并激励学生对所学知识的价值进行开掘，创设一定的情境让学生运用知识解决问题，是培养学生创新精神、实践能力和创造个性所必需的。

带上数学知识到生活中去

组织学生开展"带上数学知识到生活中去"的活动，是数学应用于生活的最好表现，也是一项很有价值的实践。它不仅会使学生感受到数学与现实生活的密切联系，而且能使学生初步学会运用所学知识和方法解决一些简单的实际问题，从而让其体会到数学的价值所在，达到"授人以渔"的目的。

如麦收季节组织学生到麦场里测量、计算麦堆的体积、重量，这时，他们已掌握的"圆锥体"知识就派上了用场。在学习了统计的初步知识后，可以让学生分组去调查本村近五年的农业经济收入，然后制成条形统计图；让学生把自己家近五年在家庭建设方面的投入制成折线型统计图；让学生把本村各类家电占家电总数的百分比计算出来，制成扇形统计图。在学习了估算后，可以把学生带到蔬菜大棚，让其估算蔬菜大棚的面积、种植植物的数量、每棵的产量以及总产量，然后算出一个大棚全年的经济收入等。最后，在数学活动课上展览、评比学生的这些调查作业，启发学生畅谈在调查活动中的体会。

这样的教学不仅能使学生感受到"学习数学有意思—想参与—积极参与—获得成功的喜悦"这样一个情感历程，而且较好地落实了"知识与能力，过程与方法，情感、态度与价值观"三个维度目标的有机结合。

（五）接受学习与主动探究的并存

学生是学习者，是发展中的人，他们的成长需要高效地汲取人类在社会历史实践中积聚起来的文化科学知识。学生学习的特点也决定了他们要在学校情境（特别是课堂）中大量、快速地掌握系统的书本知识。已有研究表明，系统知识的学习依靠"有意义的言语接受学习"比较省时和扎实，因此，课堂教学中不可能没有"授受"。完全排除教师精彩的讲授和学生积极的接受是不明智的，也是不恰当的。我国著名学者钟启泉说：一部教学发展史，说到底无非就是系统学习与问题解决学习此消彼长的历史。其实，这两种学习各有价值，对于接受基础教育的学生来说，都是必不可少的。[①] 只是，我们过去太忽视通过学生自主探究去进行"问题解决学习"了。如今已经到了把系统知识的"接受学习"与主动参与、合作探究的"问题解决学习"结合起来的时候了。

三、 课堂：生命活动的历程

教师在课堂教学中面对的是一个个活生生的人，每个学生都是有需求、有智慧、有情感、有意志的生命个体，但我们的课堂教学却常常忘记这一点。正像叶澜教授指出的："教育除了社会性之外，还有鲜明的生命性。人的生命是教育的基石，生命是教育学思考的原点。在一定意义上，教育是直面人的生命，为了人生命质量的提高而进行的社会活动，是以人为本的社会中最能体现生命关怀的一种事业。"[②]

---

① 钟启泉. 现代课程论［M］. 上海：上海教育出版社，2003：491.

② 教育研究杂志社记者. 为"生命·实践教育学派"的创建而努力：叶澜教授访谈录［J］. 教育研究，2004（02）.

学习链接

从"生命的层次"认识课堂教学

把丰富复杂、变动不居的课堂教学过程简括为特殊的认识活动，把它从整体的生命活动中抽象、隔离出来，这是传统课堂教学观的根本缺陷。这种观点既忽视了作为独立个体处于不同状态的教师与学生在课堂教学过程中的多种需要与潜在能力，又忽视了作为共同活动体的师生群体在课堂教学活动中多边多重、多种形式的交互作用和创造能力。这是忽视课堂教学过程中人的因素的突出表现，它使课堂教学变得机械、沉闷和程式化，缺乏生气与乐趣，缺乏对智慧的挑战和对好奇心的刺激，使师生的生命力在课堂中无法得到充分发挥，进而使教学本身也成为导致学生厌学、教师厌教的因素，连传统课堂教学视为最主要的认识性任务也不可能得到完全和有效的实现。

为了改变上述状态，我认为，教师必须突破（但不是完全否定）"特殊认识活动论"的传统框架，从更高的层次——生命的层次，用动态生成的观念，重新全面地认识课堂教学，构建新课堂教学观。这种新课堂教学观所期望的实践效应就是让课堂焕发生命的活力。

若从生命的高度来看课堂教学，则课堂应被看作人生中一段重要的生命历程，是学生生活有意义的构成部分。课堂对于中小学生来说，无疑是生命中最宝贵的"黄金通道"，他们在其中的生存方式将直接影响其生命的意义和价值。

我们应该怎样引领学生走过这段生命历程呢？

（一）开发学生生命的潜能

课堂教学对于参与者来说有生命价值。课堂教学不仅具有发展"认识"的功能，而且具有发展人的情感、态度和价值观的功能。开发课堂的生命潜能就是使课堂教学成为"完整的人的教育"，也就是叶澜教授说的："课堂教学蕴含着巨大的生命活力。只有师生的生命活力在课堂教学中得到有效发挥时，课堂教学才能真正有助于对人的培养和教师的成长，课堂上也才有真正的生活。因此，要改变现有课堂教学中常见的'见书不见人，人围着书转'的局面，就必须研究影响课堂教学师生状态的众多因素，研究课堂教学中师生活动的全部丰富性，研究如何开发课堂教学的生命潜力。"

让学生在知识学习中"感悟人生"

第一个例子来自山东省的新课程实验区。高密市东方小学孙伟老师在教数学的"分类"时设计了一个这样的问题：你会给全班同学分类吗？答案接着产生了：有同学按性别将全班同学分成两类，有的按衣服颜色将同学分成四类，有的按年龄分成三类，有的按姓什么分，有的按头发长短分，还有的按高矮分，胖瘦分，穿没穿球鞋分……就在孩子们七嘴八舌嚷成一团时，有人建议按思想品德的评定等级分，按学业考试成绩分……这时，整个班级竟出奇地安静了下来。看着孩子们一个个若有所思的模样，孙老师欣慰地笑了。毕竟，"分类"这一课带给孩子们的不只是按一定标准进行分类的知识，更蕴含了一些理性的思考：面对人生，你会做哪类人呢？

另一个例子来自四川省成都市树德中学。数学教育专家、特级教师游老师在教完了解析几何"直线和圆"这一单元后，有学生在"数学作文"中写了这样一首诗：

数学情结

所有直线表眷恋，前后延伸情无限；

所有交叉是歧路，生活处处有风险；

所有曲线像爱情，曲折饱含苦与甜；

所有故事绘人生，周而复始总是圆（缘）。

这两个例子可以引发我们许多思考，例如，数学或科学知识真的就是与"价值"无涉的吗？知识教学的意义仅仅是让学生获得客观世界一些被证明的"规律"吗？"知识就是力量"，这种"力量"只是征服物质世界的力量，还是由丰富生命世界的力量知识所唤起的体验、感悟、憧憬与追求呢？知识对人生的意义应当是一种"必需品"，还是一种可有可无的副产品？……

（二）成全学生发展的需要

需要是个体积极性的源泉，它活跃着的生命，首先表现为活跃的需要。学生的学习需要是个体在社会和教育的影响下，形成的一种精神文化需要，它作为"外部现实"的一种反映，是客观的，但其体验形式却是主观的，这种主观体验形式表现为欲念、愿望或意向。学生的需要内容和形式是多种多样的，可以是偏于理性的对学习必要性的认识和信念，或是对未来的谋虑和理想；可以是带有情绪体验色彩的对学习的兴趣和爱好，或是在行动中表现出来的习惯或意志行动。所有这些，都使学生趋向于学习并对学习具有敏锐的感应性，因此，我们可以把这些心理因素看作需要的不同形式。

要在课堂教学中成全学生的需要，就要激发他们认知、情感和自我发展的需要，使他们产生内发的动机，积极主动地学习。

（三）关注学生生存的状态

学生在课堂上的生存状况关系到他们将来认同怎样的生存境遇，追求什么样的生活样式，关系到我们培养的是什么样的人。很难想象，学生在被"奴役压迫"、严格监控的情况下被训练成循规蹈矩的"小大人"，养成被动依赖、言听计从的习性，将来会成为一个生气勃勃的充满创新意识和超越精神的能适应变动不居的社会要求的人。所以，应当让学生在课堂里生动活泼地主动学习。

（四）激发学生个性的活力

每一个学生都可能蕴藏着巨大的发展潜能，这是他们生命的"宝藏"。其实，教育的智慧正是来自对学生炽烈的感情和深切的期待，来自机巧地设计"挑战性任务"，把每一个学生发展的可能性最大限度地激发出来。

挑战学生智慧，激发学习动机

第一个例子是一位数学教师教"有效数字"的片段。

师：我用最小刻度是分米的直尺测量出讲台的长度为9.8分米，请一个同学到黑板上将这一数据分别用千米、米、厘米和毫米表示出来。

（学生到写板上写下：9.8分米＝0.00098千米＝0.98米＝98厘米＝980毫米）

师：他做得对不对？你们也是这样做的吗？

生（异口同声地）：对！

（分析：只有像上面这样，问题暴露得越充分，解决得才越彻底）

这时，教师在前面三个等号处画了"√"，在最后一个等号处画了"×"，全班哗然。

在讨论、争辩后，学生在教师的启发下，慢慢悟出了其中的道理：

9.8分米中的8是最后一位数字，这说明它是一个估计值。980毫米中的8是百分之百的精确值，而末位的0是估计值，这样就使8从不可靠数字变成了可靠数字，从而错误地表现了这把尺子的精确度。怎样才能既正确地反映测量仪器的精确度，又正确地表示测量数据的值呢？用有效数字就能正确地处理这一矛盾：9.8分米＝9.8×10^2毫米。

第二个例子是一位教师教"四舍五入"的片段。

教师问："有两个近似数经过'四舍五入'后分别是4和5，这两个数肯定相差1吗？有没有可能相差0.0001呢？"这个问题引起了学生的浓厚兴趣，大家纷纷开始认真思考，有的学生恍然大悟："有可能，因为4.4999经四舍五入后为4，而4.5经四舍五入后为5，二者相差4.5－4.4999＝0.0001。"

显然，这两位数学教师知道学生学习的"盲点"在哪里，他们从最平常的知识内容中选择了对学生智慧形成挑战的问题，激发了学生学习的内在活力。

（五）关注学生终身的发展

教育作为赋予学生生命意义，提升学生生命质量的事业，要求我们从事的每一次活动、每一堂课都应当是在为一项伟大的"生命成长工程"奠基或添砖加瓦。对于一位教师来说，他今天所从事的一切，更多的将在明天表现出来并对明天产生深远的影响。所以，许多优秀教师讲："我们教学生六年，却要想着学生的六十年。""我们为学生四十岁以后而教。"如果我们今天的教学不能为学生打好终身受用的扎实的知识与技能基础，不能培养学生在新情境中解决问题的智慧与能力，无法让他们习得获取新知的策略与方法，没有燃起他们渴求学习的热情和对创造的执着追求，就只是匆匆忙忙地抛给他们一堆可能立即派上用场的"考试符号"，那么我们辛辛苦苦工作的真正价值又在哪里呢？

一位教育专家曾经提醒我们："教学，要放逐短期行为。"

四、 课堂：精神生活的空间

课堂是学生获得知识的最重要场所，这是无疑的。但是，学生是否真正理解了知识的意义与价值？知识所蕴含的全部力量是否对他们的精神生活产生了应有的影响？求知的活动与过程又是否唤起了他们灵魂深处种种敏锐的感应？这些都是值得每位教师深思的。苏联教育家苏霍姆林斯基讲过：只有当感情的血液在知识这个活的机体中流过时，知识才能触及人的精神世界。苏霍姆林斯基认为，智力活动是学生"精神生活"的组成部分。按照他独特的"知识观"，知识具有双重作用：知识是学生将来从事工作所不可缺少的；知识又是学生精神生活的一部分，是"照亮生活道路的光源"。他反复强调："精神空虚是教育的大敌。"学校的任务在于正确地使青年一代过上丰富的"精神生活"，形成良好的精神面貌。一个"精神生活"丰富、"精神世界"开阔的人就一定是一个明智、有正义感且意志坚定的人。因此，学校应当培养学生的理智感，发展学生的"智力兴趣和需要"，"让精神上的认识欢乐感来支配孩子"，使他们终身保持一种"渴求知识的愿望"，学会利用空闲时间。

长期以来，在课程设计和课程学习中，由于太注重科学文化知识某些狭隘的价值，我们的课堂教学在一定程度上失去了对人精神生活的影响力和建构人精神世界的作用力。这就是著名学者小威廉姆·E. 多尔讲的：将"考试知识"称为教学或视其为教育的标记，带来的只是"死的观点"和"好奇心、判断力、把握复杂情境的能力"的毁灭。"因视科学为唯一的途径，我们失去了许多宝贵的东西。我们失去了或至少忽视了故事（我们的文化）与精神（我们作为人的意识）。"①

我们每位教师都应当这样来要求自己：课堂是一个精神生活的空间，知识与知识学习活动带给学生的应是充实的、沸腾的精神生活。正是这样的精神生活，为学生的发展与成长提供了最丰富的滋养。

一

教学论专家谈"情感"与"理性"的关系

苏联教学论专家休金娜说："在现代教学论中就提出了一个情感和理性的相互关系问题，这是发展性教学的一个重大课题。"她认为："学生的认识活动不应当是枯燥的、毫无热情的和纯理性的，因为认识不仅是对现实的反映，而且是对现实的态度。这些态度中包含着个性的情感表现、内心感受以及带有深刻个性的意向。"她说："如果认识活动是枯燥的、纯理性的，缺乏深刻的印象、满足感和智力活动的快乐，那么，这种认识活动的发展性意义就是不完备和不充分的。"

二

肖川：用思想提升教育的品质②

教育作为一种关涉（关照、关注）人的精神世界的活动，使思想有了双重的意义：

①　小威廉姆·E. 多尔. 后现代课程观［M］. 王红宇，译. 北京：教育科学出版社，2000：211-212.
②　肖川. 教育的理想与信念［M］. 长沙：岳麓书社，2002：2.

一是用思想武装我们的行为，用思想重塑我们的教育行为。"观念改变，行动改变；行动改变，命运改变。"命运的改变，远远不只是个人命运的改变，也将是整个国家和民族命运的改变。

二是用思想陶冶学子的心灵。只有用思想才能滋养丰富的心灵和厚重的人格。在教育世界中，倘若有丰富的思想熠熠生辉，倘若有丰富的思想相互碰撞，倘若有高尚、丰富、独到、深刻的思想鼓舞人心，我们的事业，我们的人生，才更有趣味，更有魅力，我们才真正无愧于上苍给予我们的不可重复、不可替代、无比珍贵的生命。

让课堂中充满一种丰富的、充实的精神生活，应当从哪些方面入手呢？

（一）活泼的智慧操练

人的精神活动首先表现为一种智慧生活。"爱智慧"曾经是哲人们的一种追求。但是，对智力活动的钟爱与睿智的生成不可能靠强迫的学习与沉重的课业负担。在课堂学习中，智慧的操练无疑是必要的。这种操练也可能会让学生产生一种理智上的"痛苦"。而正是这种求索与探究的过程，可以激发学生的理智感——一种伴随潜心学习与寻求"真理"活动而产生的情感体验，如问题解决以后的欣喜、豁然开朗的舒畅、柳暗花明的快意以及举棋不定、紧张思考带来的丰富感受等。当然，课堂上的这种操练不应当是机械的重复劳作，而应当是充满情趣的，生动活泼的。

事例点击

一位物理教师讲"重心"一课。他先拿出一根一头粗一头细的拐杖，然后用一根绳子拴在了拐杖的一个地方，提起后，拐杖是平衡的。他告诉学生：这个被拴的地方就是重心。接着他问："从拴绳的地方切开，拐杖一分为二，分成的这两段的重量是否相等？"学生同声回答："相等。"他说："是吗？"又反问："假如这里有一杆秤，一边挂着四十斤的东西，一边挂着秤砣，把提头一提，平衡了，所以提头的地方就是重心。难道说，提头两边的重量相等吗？"学生们一愣，又都说不相等。他又问："这是为什么？"于是自然而然地导入了平行合力的概念。学生在紧张的思考和热烈的争论中弄懂了什么是平行合力，重心问题也就迎刃而解了。学生们都沉浸在思考的乐趣和问题解决的畅快中。

（二）全面的情意投入

不带有任何意向的学习通常是无效或低效的。心理学的研究早已证明，学习中的"认知"侧面和"情意"侧面是统一的、相互依存的和相互作用的。让学生带着高涨的热情并"充分卷入"课堂学习，不仅能让学生获得一份知识的"礼品"，而且能使学生领受丰厚的精神营养。

体验历史①

在许多人看来，学习历史只要诉诸记忆，把年代、史实之类的知识牢固存进大脑就行了。让我们看一看这位教师是怎样在知识的躯体中注入情感血液的吧！

历史要寓理于情。在历史教学中，教师穿插一些历史故事片段和文字语言讲述，可以激发学生的学习兴趣。例如，我讲到哥伦布发现美洲大陆时，做了这样的补充描述：哥伦布以膝跪倒在地，眼里含着泪水，他手捧泥土，高举过头，面向欧洲的方向，口里自言自语道："我的上帝，今天我终于找到你了！"又如，在讲岳飞抗金时，我以讲述"岳母刺字"的故事，岳飞"还我河山""待从头，收拾旧山河"的报国信念，使学生深受感动。再如，在讲《史记》时，我以生动的语言讲述了司马迁接受父亲的遗愿，立志编写《史记》，身陷囹圄、受尽折磨而坚定不移，终于用自己的心血写成了千古名著《史记》。以讲述历史事实来激励学生为将来报效祖国而发奋学习，这既能满足学生在精神上的需求，又能促使他们渴望了解更多的历史人物及事迹。

让学生做主角。在教学过程中，我注意让学生做主角。对于比较容易理

---

① 黄素华. 体验历史 [N]. 中国教育报，2002-06-11.

解的章节，我在辅导的基础上，让学生预习，指出本节的学习目标、重点、难点，有时也让学生自己讲述，这样就调动了学生主动搜集课外材料的积极性。例如，一个学生在讲述绿林赤眉起义推翻王莽政权时，引用了他在课外书上看到的"王莽哭天"的笑话，把王莽面对起义军的浩大声势惊慌失措、魂不守舍的丑态淋漓尽致地表现了出来，也衬托出了起义军的巨大声势，为学生留下了深刻的印象。让学生做主角，这样就能自然而然地引起学生的学习热情和兴趣，从而激励他们更好地掌握知识。

开辟第二课堂。让学生绘制历史地图和历史实物图，这样不仅可以帮助学生形成空间概念，认识地理因素在人类历史进程中的作用，而且可以帮助学生认识历史的本质和规律。课外，让学生搜集历史人物的事迹和一些历史文物，如书籍、古钱币，以及让学生参观古迹、古遗址和烈士陵园等，都会收到很好的效果。

（三）真切的道德教化

任何教学都具有教育性。教学是以知识、技能、道德伦理规范为媒介的师生之间相互作用的双边活动，可以说，课堂学习本身就是一种道德学习中的道德教化活动。这不仅是指教学的内容具有一定的思想道德倾向，而且是指教学活动制度规范，教学中的人际关系与精神氛围，教学运作背后隐含的价值目标等，教学过程处处都蕴蓄着思想与道德。新课程教学理念中所体现出的教师的事业心、敬业精神和责任感，对学生全面终身发展的关切，面向全体学生的教育公平意识，师生关系中表现出的尊重、体谅和民主，其实都是学生精神与道德生活里最宝贵的东西。

"1"的理解

这是小学一年级的一节数学课，课题是"'1'的认识"。

很多学生都觉得数学枯燥无味，更何况是教"1"的数学。且看这位教师的教学，他在形象地使用学具，让孩子们认识了"1"之后，迅速将孩子们引入了一个精彩的世界。

"同学们，你们能用身边的事物说一说你对'1'的认识吗？"教师用期待的目光扫视着全班同学，小手一个个举了起来。

"我们的教室里有'1'块黑板。"

"我今天穿了'1'条漂亮的裙子。"

"我买了'1'块橡皮。"

教师巧妙的问题，让学生自然地把数学与身边的事物联系了起来。科学的价值与意义就在生活之中，学生在不知不觉中就接受了这一深奥的道理。课堂教学还在继续。

"报告老师，我们班只有'1'个同学从来不举手。"

全班哗然，目光一齐投向那个一直低着头的小男孩，这是大家始料不及的发言。教师略有所思，然后，高兴地说："你是一个善于观察、关心同学的好孩子。"这时，同学们的注意力又集中到刚才发言的那个同学身上，脸上都露出了羡慕的神色，课堂上出现了片刻的安静。这时，教师走向那个一直低着头的小男孩。也许是受到了这种特殊气氛的感染，只见那个小男孩缓缓地举起了右手。教师兴奋地说："欢迎李力同学发言。"

"我是'1'个孤儿，我想有'1'个温暖的家。"

教师带头鼓起了掌："说得真好，连用了两个'1'。同学们能帮助他实现这个愿望吗？"学生们发言更加踊跃了：

"你有'1'个好朋友，那就是我。"

"你有'1'个关心你的老师。"

"你有'1'个团结友爱的班集体。"

……

关于"1"的认识，由此进入了一个全新的境界——人文关怀。这里有同学对同学的理解与关怀，有教师对学生的期待与关切。在这种温馨的交流中，那个从不举手回答问题的"小男孩"的心灵受到了强烈的震撼与召唤。在这种和谐的交流中，教师与学生之间、学生与学生之间的感情得到了融洽与升华。这真是一种"润物细无声"的道德教化。

（四）健全的人格涵育

学生的课堂生活是涵育学生人格最重要的一个领域。这里所发生的一切，如精神营养的获得、交往关系的形成、情感生活的丰富、道德行为的习得，都与学生人格的形成息息相关。从这个意义上说，课堂的确不仅是知识获得的场合，而且是人格培育的土壤。在新课程实施中，普遍受到人们关注的是学生人格的最高调节器"自我"的发展。教师对学生独特经验与体验的认可和肯定，教师对学生的热情赞赏与激励，教师深切期待所唤起的"我能行"的学生内在动力，以及课堂中出现的宽容、悦纳和相互理解的心理气氛，都正在成为学生健全人格形成的催化剂。

（五）良好的社会适应

交往互动的课堂最能发展学生的社会适应能力。新课程追求的知识与技能，过程与方法，情感、态度与价值观融为一体的教学目标，将为学生成为积极的社会成员奠定素养基础。学生在课堂学习中自主、合作、探究的认知与行为取向，学生在课堂上的"关系"与活动网络中获得的社会技能和习惯，都会对学生的社会性发展起到极为重要的作用。

五、 课堂：异彩纷呈的画卷

如果把课堂的情景比作一幅展开的画卷，那么这幅画卷一定会充满动感，异彩纷呈。因为在这张画卷的共同背景上，每一个学生都展示了自己的特色，闪耀了不同的亮点。尽管我们在课堂教学中面对的是几十个学生的"群集"，但这个"群集"的组成却是各不相同的学生个体。由于学生生活环境和经历的多样性、个性与素养的丰富性、发展水平与速率的不均衡性等原因，学生之间的差异是客观存在且不可避免的。"因材施教"正是基于学生是一个独特的生命存在而提出的一种教育理念与追求。事实上，马克思所提出的"人的全面发展"就包括了"个体的全面发展"和"个体的自由充分发展"两个方面。我国正在推进的素质教育提出要"面向全体学生"，其实质就是面向每一个有差异的学生个体。苏联教育家苏霍姆林斯基说："人的天赋、可能性、能力和爱好确实是无可限量的，而每个人在这些方面的表现又是独一无二的。共产主义教育的英明和真正的人道精神就在于，要在每个人（毫无例外地是每个人）的身上发现他那种独一无二的创造性劳动的源泉，帮助每个人打开眼界看到自己，使他看见、理解和感觉到自己身上人类自豪感的火花，从而成为一个精神上坚强的人，成为维护自己尊严的不可战胜的战士。"

在近代社会，班级授课制的诞生在扩大教育规模、提高教学活动的效率以及普及义务教育等方面曾经起到了重要作用。但是，随着人类社会的发展与进步，学生在知识、兴趣、思维、能力、爱好、情感等个性品质上得到了丰富发展且千差万别，班级授课制这种集中性、统一性的教学组织形式追求趋同和整齐划一，严重忽视了学生的独特性和个别差异，不利于进行因材施教和个性品质培养等弊端日渐明显。这种"追求统一，关注统一"的教学观念，与当今社会对人才规格要求的多样化产生了尖锐的矛盾。因此，在课堂教学中，对于教师而言，始终面临着两种不同的选择——要么忽视学生之间客观存在的巨大差异，要么承认并尊重学生之间的这些差异。从培育一代新人的教学价值追求上看，重视课堂教学中学生之间客观存在的个性差异，树立"尊重差异，追求个性，宽容另类"的现代教学观念，大力培养他们的个性品质和独特特性，使学生的发展呈现出丰富多样的统一，就成了当代课堂教学改革的重要任务。[1]

"尊重差异"的含义

在课堂教学中，尊重差异包括以下两个方面的含义：

第一，承认学生的发展存在着差异性，不平均发展，不搞"填平补齐"，让每个学生在原有基础上、不同起点上获得最优发展。

---

[1] 张天宝著. 新课程与课堂教学改革［M］. 北京：人民教育出版社，2003：199-200.

第二，承认学生发展的独特性，尽可能发现每个学生的聪明才智，尽力捕捉他们身上表现出的或潜在的创造力火花，不追求每个学生在各个方面的平均发展，而是让每个学生形成自己的特色和鲜明的个性。

应当特别提到的是，尊重差异、因材施教的"个性化教学"涉及教学体制和教学组织形式变革的诸多方面。我们这里只是从课堂教学（班级授课制）的层面讨论怎样面对差异，发展学生个性的问题。

在课堂教学的实践中，应当关注学生哪些方面的差异并促进其个性的发展呢？

（一）认识事物的多种角度

客观事物有着不同的属性和特征，它们的存在和运动形式也具有多样性，学生在认识这些事物并把握与其相关的知识时，自然很难"定于一尊"。教师在教学中理解并尊重学生从不同角度对事物的多种认识，不仅有利于打破学生认知上的"自我中心"，使他们养成全面分析事物的习惯，同时保护了学生的好奇心和学习积极性，对学生的探究精神和创造个性的培养具有十分重要的意义。因此，"尊重学生的无知"是当代课堂教学应有的选择。当然，这并不意味着教师要放弃引导。

郭思乐教授对"数数"课例的分析[①]

我到广东省新会市（现为江门市新会区）实验小学听课，那是一年级开学的第二周。教师为学生们示范怎样数一束花的朵数，然后让学生数课本上画的一束花，接着问他们数出多少朵，怎样数的。

"10朵。我是把相同颜色的花一起数的，这里有四种颜色。"第一个小同学说。

"是10朵，我是从左往右，又从上往下数的。"第二个小同学说。

"10朵。我是像走迷宫那样数的。"第三个小同学说。

<hr>

① 郭思乐. 教育走向生本［M］. 北京：人民教育出版社，2012：48-49.

这么简单的一个课题，这么一些刚从幼儿园上来的小朋友，在他们的回答里包含着未来思想的胚芽。第一个孩子不满足于教师示范的按原有地理位置的数法，因此他换了一个角度，把花重新抽象地分了类，而这样的分类在大人们的思维中起到了很重要的作用。例如，我们进行黎曼积分时，在直角坐标系上，是按照函数自变量的地理位置去分割和取极限的，而当我们转向分类的思维，把函数值进行分割的时候，就得到了另外一种积分——勒贝格积分。第二个孩子直觉地感到仅仅是由左往右数不能确定花的位置，因而他用了两个规则：由左到右，又由上到下，这恰好就是"描述平面上的点的位置需要有两个独立坐标"意识的萌芽。安知当年笛卡尔在发明直角坐标系的时候，不是经历了这样的思考？第三个孩子的回答虽然不那么有数学特点，但是很有语文特点，很富有想象力。

（二）把握知识的多元智能

多元智能理论是由美国哈佛大学心理学家加德纳提出的。加德纳认为人的智能是多元的，每个学生都在不同程度上拥有九种基本智能，智能之间的不同组合表现出了个体间的智能差异。教育的意义不在于一个人有多么聪明，而在于怎样使其变得聪明，在哪些方面变得聪明。加德纳认为，这九种智能代表了每个人的不同潜能，这些潜能只有在适当的情境中才能充分地发展出来。多元智能包括：语言智能、逻辑数理智能、视觉空间智能、音乐节奏智能、身体运动智能、人际交往智能、自我反省智能、自然观察智能和存在智能。

多元智能理论提出，世界上没有两个人具有完全相同的智能，每一个人都是用各自独特的组合方式把各种智能组装在一起的。学生会表现出某些特别发达的智能，并倾向于用不同的智能来学习，因此，在可能的范围内，教师的教应该根据不同学生的智能特点来进行。教师应该根据教学内容的不同和教育对象的不同，创设各种适宜的、能够促进学生全面充分发展的教学手段、方法和策略，使学生能以向他人（包括自己）展现他们所学的、所理解的内容的方式去了解和掌握教学材料，并给予每个学生最大限度的发展机会。这样，在课堂教学中实现教与学的最佳匹配，就成了教育家们研究的焦点。

学习链接

美国教育家阿姆斯特朗根据加德纳的多元智能理论，提出了最优的教学方式（见下表）。

表3-1 多元智能理论与最优教学方式

智能类型	思考方式	学习需要	学习优势	学习风格
语言智能	通过语言	书籍，磁带，作品，日记，会话，讨论，争论	阅读，写作，说故事，做文字游戏	主要通过听、说、读、写的方式学习，谈话能激发学生产生学习的欲望。教师应为学生提供试听材料，尽量为其创造运用写作能力的机会
逻辑数理智能	通过语言	做实验用的材料、科学素材，喜欢到科学馆、天文馆参观	做实验，提问题，逻辑推理，复杂计算	主要通过概念形成和形式识别等方式学习，善于计算，善于收集资料。教师应为学生的实验和操作提供具体的材料
视觉空间智能	通过想象和绘画	艺术，电影，想象性的游戏，迷宫，插图，喜欢参观艺术博物馆	设计，绘画，想象，涂鸦	教师应通过想象、图片和色彩进行教学。教师还应帮助孩子的父母对孩子所幻想的内容进行生动的描述
身体运动智能	通过身体的感觉	角色扮演，戏剧，运动，有可用于搭建的材料，体育比赛，要有触觉性的经历和动手操作性的学习	舞蹈，奔跑，跳跃，触摸觉，做手势	主要通过触摸觉等方式学习，角色扮演、戏剧的即兴创作等均能激发学生的学习欲望。教师应安排用于操作的活动来为他们提供最佳的学习机会
人际交往智能	通过与他人交换想法	要有众多的朋友，喜欢小组游戏，社会参与	带头，组织，交往，管理，协调，参与社会活动	主要通过与他人的联系、合作、交往等方式学习，小组教学是适合他们学习的最好的方式。教师应该为学生提供与同伴交往的机会，安排他们参加各种学校与班级的活动

续　表

智能类型	思考方式	学习需要	学习优势	学习风格
自我反省智能	通过其自身的需要、情感和目标	要有单元的时间，要自定步调学习，有自主的选择	自定目标，不断调整，有条不紊，自我反省	主要通过自我激发进行学习，通过自定计划能学得更好。教师应尊重学生的业余爱好，承认他们所能从事的活动，成为他们的"保护者"，使他们具有心理安全感。
自然观察智能	通过自然和自然形态	接近自然，要有与动物交流的机会，要有探索自然的工具（如放大镜、显微镜等）	喜欢做园艺工作，探究自然的奥秘，与宠物玩耍，饲养动物，关心地球与太空	运用科学的仪器观察自然，发起或从事一些食物链、水循环或者环境问题的项目，预测与人类定居有关的自然问题，参加环境或野生动物保护组织，发现或报道某个地方或全球环境问题，积累和标示出各种收集来的自然物体

阿姆斯特朗坚信，提高认识和鼓励最优的教与学的方式能更好地促进教师的个性化教学，使每个学生都能成为成功的、有效的学习者。

（三）理解教材的不同水平

学生的智能发展不仅有类型的差异，而且有水平的差异和速率的差异。在课堂教学中，即使是学同样的教材，学生的理解水平和掌握速度也会表现出不同的情况。教师应当认真分析原因——是知识与经验的匮乏，还是动力或方法的缺陷，抑或智力活动的某种障碍，然后寻求相应的有针对性的措施补救。这里，教师首先应承认这种差异的存在，不是搁置差异，而是积极地缩小这种差异，这需要教师有足够的爱心、韧性以及机巧的启发艺术。

事例点击

"点动成线，线动成面，面动成体"这一几何事实在过去的旧教材中是直接给出来的，绝大部分学生觉得抽象，不好理解。而新教材则用了三幅图，让学生通过观察自己得出结论。河北省鹿泉市（现为石家庄鹿泉区）石井乡中学王利敏老师讲授这部分内容时，让学生先观察每一幅图画的是什么，然后想一想它说明了什么。一部分接受能力较强的学生看懂了图意后，很快理解了这句话。但还有一部分学生用疑惑不解的眼神望着教师。接着，教师让学生想一想生活中哪些例子能说明这句话，学生一下子活跃了起来。有的说："流星划过长空说明点动成线。"有的说："自行车辐条的例子说明线动成面。"有的说："一个圆绕着它的一条直径旋转一周就形成了一个球，说明面动成体。"在他们的启发下，其他学生的思路也打开了。像这种结论性、概念性的知识，教师并没有让学生死记硬背，但学生却记住了，教师说："这是因为他们参与了知识建构的过程。"

不同学生对同样知识的理解水平和速率是有差异的。这位教师非常善于根据学生的特点，充分调动那些理解力较差的学生的经验储备，促进他们自主地建构知识的意义。

（五）认知方式的各自特点

认知方式也称认知风格，它是指学生个体在知觉、思维、推理、理解、解决问题和记忆等认知活动中，加工和组织信息时所显示出来的独特的、稳定的风格。人们在认知方式上的差异不同于智力差异，它没有优劣好坏之分，与个人的个性特征有关。毫无疑问，教师在课堂教学中应当根据不同学生的不同认知风格调整自己的教学方式。

 学习链接

关于学生学习方式（认知方式）的差异[①]

"学习方式的差异"这一概念为学生的差异提供了一种新的更有开发价值的角度。个人的学习方式包括很多方面，例如，有些学生较为冲动，而有些

---

① 陈琦，刘儒德. 当代教育心理学 [M]. 北京：北京师范大学出版社，2007：277.

学生则较为慎重；有些学生不管他们的伙伴怎么想，自己做决定，而有些学生则依赖于教师或伙伴的指导；有些学生通过听来学习，而有些学生则通过说来弄清问题（后面这种方式可在启发式临床治疗或称以病人为中心的治疗中看到）。从学生的学习方式方面来分析个别差异，比起从智商、家庭社会背景或男女性别方面来分析个别差异，对教师的帮助可能会更精确一些。虽然它不一定会提供一种万能药，但它反映了学生学习中的一些具体差异。学习方式的组成成分大致包括感觉的通道，与学习有关的生活方式、认知方式，以及大脑单侧化等几个方面。

（六）学习资源的分别构成

学生在学习中是凭借自身拥有的经验和资源建构知识的意义的。由于每个学生的生活境遇、教育条件、经验储备和社会接触不同，因此形成了他们可以利用的经验与资源的巨大差异。例如，农村学生在掌握"城市题材"的知识，城市学生要学习"涉农"的知识时，都表现出了各自在固有学习资源方面的局限。在课堂教学中，教师应当根据不同社区学生的特点，提供各种条件（如组织实践活动），开辟各种渠道（如运用现代信息媒体），让学生主动地获取学习资源，丰富他们对知识的理解。

第四章

课堂教学的程序

课堂教学的程序是教师主观上的一种安排，属于"教学设计"的范畴。由于课堂教学的目标、内容和学生特点的不同，教师可能在不同的课堂教学中设计出多种多样的教学程序。

任何一位教师走进课堂都应首先考虑"我先做什么，后做什么"，这是对教学活动顺序的安排。很明显，课堂教学的程序是教师主观上的一种安排，属于"教学设计"的范畴。由于课堂教学的目标、内容和学生特点的不同，教师可能在不同的课堂教学中设计出多种多样的教学程序。那么，这些教学程序是否都科学、有效呢？这就要看你怎样认识教学与教学过程的本质和规律了。所以我们说，教学过程与教学程序不是一回事。一般来说，教学过程是一个"客观过程"，其本质和规律是可以认识和把握的。教学程序是教学主体遵循教学过程的规律而做出的一种有意识的设计。

教学过程与教学设计

教学过程属于客观性要素，对它的阐述应是描述性的。依据对教学过程的客观认识而对教学的具体进程做出设计，这属于教学设计，是主观性要素，是人们依据客观情况对实际的教学活动所做的主观设计，这种主观设计是否与客观情况相吻合是要接受进一步的检验的。总之，教学过程与教学设计（以及产生的相应模式）是不同的两个方面，前者是客观性的，应给予描述性的阐述；后者是主观性的，应用规范性的语言加以阐述。

教学设计最重要的依据应是对教学过程的客观研究，教师要在这种客观研究的基础上进行主观设计，就如我们在对力学原理的认识基础上进行丰富多彩的工程设计那样。

一、 对教学过程的认识

教学过程作为教学活动的启动、发展和结束在时间上连续展开的有序结构，有着其"本来面目"。对教学过程的认识越深刻、全面、准确，就越有可能设计出符合客观规律的教学程序来。有什么样的教学过程观，就有什么样的教学程序设计。

（一）"教学"的要义

"教学"的定义是多种多样的。我国的学者曾经对此进行过深入的语义分析和元教育研究。我们可以在各种阐释中看出一些共同点：

① 教学是教师与学生共同参与的活动。

② 教学是以课程内容为中介，在师生的交往中促进学生发展的过程。

③ 教学是教师引起、维持与促进学生学习的所有行为。

这里我们关注的是，教学既然是一种师生共同参与的，以课程内容为中介，以交往为基本形式，以促进学生发展为目的的活动，那么，教师在这种活动格局中能够做些什么呢？应当说，无论从哪个角度讲，教师的引导作用都是毋庸置疑的。尽管学生是学习和自我发展的主体，但这种主体性的发挥必须以教师组织学生进行有目的、有计划的有效学习为必要条件。

我国学者从"教学理论"（不是与这种理论既有区别又有联系的"学习理论"）的角度提示了教学活动必须具备的三个条件：第一，引起学生的学习意向；第二，阐释学生所学的内容；第三，采用易于为学生觉知的方式。显然，这里提出的三个"教学活动的逻辑必要条件"是对教师如何引起、维持与促进学生学习活动所做出的陈述，我们可以把它看作对教师的教学活动和教学行为方式的要求。其实，在现代教育科学的视野中，教育可以被看成一系列精心安排的外部事件。这些经过设计的外部事件的目的是支持内部的学习过程。在教育活动中，教师提供的各种教学"事件""情境"和"刺激"都是指向学生内部心理活动的，即唤起、维持和促进学生学习的过程。这样，包括教学程序在内的教学设计，也就成了教与学的双边活动中，教师作为学生学习的促进者、组织者、指导者和合作者角色的一种具体行为了。

（二）教学过程的本质与规律

所谓教学过程，是指教学活动的启动、发展、变化和结束，在时间上连续展开的程序结构。[①] 对"教学"或"教学活动"的定义，其实就是在描述教学过程的"本来面目"。但是，若进一步追问教学活动过程的本质是什么，则又是一个众说纷纭的话题了。关于教学过程的本质，历来有"认识说""特殊认识说""发展说""认识发展说""实践说""交往说"等分野，影响比较大的有以下几种。

第一，特殊认识说。

这种说法承认教学过程是受人类普遍的认识规律所支配的，但教学的这种认识过程与一般认识过程相比，有明显的特殊性：① 儿童掌握知识是在教师的指导下进行的；② 儿童学习的是间接经验（即书本知识），比起整个人类获得知识的过程来说更经济、更简捷；③ 教学过程要做巩固知识的工作；④ 教学活动要照顾儿童的年龄特征；⑤ 在教学中，教师还要发展儿童的思想、品德、智力和体力。

第二，发展说。

这种观点认为，认识过程实质上是一种心理活动过程，而学生的发展过程包括生理和心理两个方面，所以，认识过程包含在学生的发展过程之中。因此，把教学过程的本质概括和规定为促进学生发展的过程更为恰当。教学过程的根本目的就在于培养人，促进学生德、智、体全面发展。认识过程只是一种心理活动，它不能涵盖学生的发展。学生智能和品德的发展虽然是在认识过程中实现的，但其发展高于认识。新的科技革命要求教学要由以获取知技能为主的认识过程转变为促进学生发展的过程。

第三，认识发展说。

这是将上述两种看法统一起来的一种观点，它认为，在教学过程中，学生在教师的引导下，通过认识和学习，把从人类文化中选取的知识经验内化

---

① 黄甫全，王本陆.现代教学论学程［M］.北京：教育科学出版社，2003：67.

为自身的知识和经验，实现对客观世界的认识和把握，这显然是一个发展过程；实现认知、情意、技能和能力的全面发展，这显然又是一个发展过程。因为学生的认识过程和发展过程内在地统一于教学过程，所以教学过程本质上是学生认识与发展相统一的过程。

第四，交往说。

这种观点认为，教学过程是教师与学生交往互动的过程。教学的本质是"对话"，是"交流"，是"沟通"，是师生以教学资源为中介的相互作用、相互影响过程，是一种特殊的人际交往过程。很明显，这种理论不只是把教学过程看作一种内在的认识—发展过程，而且将促进学生发展的教学活动作为一种社会过程和社会性相互作用来理解。

上述这些基本认识显然并不存在决然的"对"或"错"的问题，它们是从不同的侧面反映了教学过程的某一特征。因此，有的学者将教学过程的特征归纳为：交往性、认识性、发展性、教育性。[1]

对教学过程本质的认识必然引出对教学过程规律的分析。教学过程的规律提示的是教学过程中相互依存、相互作用的各种因素稳定的、必然的关系和联系。这些规律包括以下几点。[2]

第一，间接经验与直接经验相统一规律。

学生的认识来源有两条途径：一种是获取直接经验，即学生通过亲身活动探索获得的直接经验；另一种是获取间接经验，即前人的认识成果，这里主要是指人类历史经验的积淀。成长中的青少年要想获得发展并适应社会的要求，就要以最短的时间和最经济的方式获取人类创造的文化科学知识。因此，掌握书本知识（间接经验）是学生认识活动的重心。但是，间接经验的获取必须以个人的直接经验为基础，因为只有这样才能产生真正的理解、应用和创造。因此，教师在教学中要充分利用学生的已有经验，增加学生学习新知识所必须具有的感性认识，处理好间接经验和直接经验的关系。教师的教学要做到理论联系实际，学生的学习要做到知与行的统一。

---

① 李方. 课程与教学基本理论［M］. 广州：广东高等教育出版社，2002：182-188.

② 李方. 课程与教学基本理论［M］. 广州：广东高等教育出版社，2002：182-188.

第二，掌握知识与发展智力相统一规律。

智力的发展依赖于知识的掌握，系统的知识是智力发展的必要条件，人的智力发展离不开知识与经验。知识的掌握要求学生要不断地观察、想象、思考、记忆和操作，这个过程正是智力发展的过程。因此，我们的教学要用系统的科学文化知识武装学生的头脑，自觉地、有目的地、有计划地发展他们的智力。知识的掌握又依赖于智力的发展，个体的智力发展水平直接影响和制约着知识掌握的快慢、难易、深浅与巩固程度等，即知识的掌握受智力水平的制约。特别是现今这个时代，只有发展了学生的智慧和创造力，才能使其应对知识激增和科技革命的挑战。由此可见，掌握知识与发展智力是相互联系、相互依存、辩证统一的。

第三，掌握知识与提高思想相统一规律。

思想的提高以知识的掌握为基础。人们的思想品德、人生观、世界观和价值观的形成离不开他自身所占有的知识，都要以一定的自身经验和理性化知识为前提。教学中的知识传递不仅可以提高学生的认识，增进知识、智慧与才能，而且能帮助学生明辨是非，评判善恶，树立崇高理想。学校的教学活动以及教学环境都具有教育性，无时无刻不是以某种价值观念、思想倾向、行为方式、文化氛围来教育和影响学生的。而学生思想水平的提高和良好行为的养成又必将推动学生更积极、更自觉、更有效地学习。

第四，智力因素与非智力因素相统一规律。

教学活动是学生在教师指导下逐步发展的过程，其中不仅有师生智力因素的参与，而且有师生非智力因素的参与。非智力因素依赖于智力因素，且积极作用于智力因素。教学中的智力因素主要是指学生在认识事物、掌握知识过程中的观察、记忆、思维、联想等心理因素；教学中的非智力因素主要是指学生在认识事物、掌握知识过程中的兴趣、情感、意志、性格等心理因素。在教学过程中，这两种因素同时存在，相互作用，相互渗透。学生的智力因素与非智力因素的协调配合是成功教学的重要条件。根据教学需要，教师要及时引导和调整学生的智力因素与非智力因素，使两者协调一致，相互统一，共同发展，这也是教学过程的目标。

第五，教师主导作用与学生主体作用相统一规律。

教师在教学过程中起主导作用。教师的指导是学生学习和发展的基本条件，也是学生的认识过程与人类的总体认识过程在条件上的根本区别。但是，教师主导作用的发挥是针对能否诱发学生的学习积极性，能否组织学生自主地、有效地学习而言的，因为学生毕竟是学习的主体和自我发展的主体，如果离开了他们的自主能动性、积极参与性和活动创造性，那么教师的主导作用也就无落脚之地了。因此，在教学中，只有将教师的主导与学生的主体结合起来，才能获得最佳的教学效果。

（三）教学过程应解决的主要问题

尽管人们对教学过程有很多不同的认识，但仍需要我们透过不同的观点和答案，寻找共同的、必须探究和解决的一些基本问题。下面我们对叶澜教授领导的"新基础教育"课堂教学改革的理论与实践的研究做一下概略的介绍，供大家学习与参考。

学习链接

教学过程必须研究和回答的问题：①

第一，如何认识教学过程不可取代的基本任务。

立足于"新基础教育"的课堂教学价值观在教学过程中的实现，我们把教学过程的基本任务定位为：使学生努力学会不断地、从不同方面丰富自己的经验世界，努力学会实现个人的经验世界与社会共有的"精神文化世界"的沟通和富有创造性的转换，逐渐完成个人精神世界对社会共有精神财富富有个性化和创生性的占有，充分发挥人类创造的文化、科学对学生"主动、健康发展"的教育价值。

第二，如何认识教学过程中不可缺失的基本元素及其内在的关系结构。

教师、学生、教学内容是课堂教学中不可缺失的三个元素，其难点和关

---

① 叶澜. 重建课堂教学过程观："新基础教育"课堂教学改革的理论与实践探究之二 [J]. 教育研究，2002（10）.

键是师生之间的内在关系。我们认为，要使师生在教学过程中真正建立起特殊的"人—人"关系，就要把师生的教学活动当作不可剥离、相互锁定的有机整体，也要把教学过程看作师生为实现教学任务和目的，围绕教学内容共同参与的，通过对话、沟通和合作活动产生交互影响，以动态生成的方式推进教学活动的过程。它不是"学"围绕着"教"或"教"围绕着"学"的天体运行中行星与卫星式样的关系，也不是"一方面"与"另一方面"的平面构成关系。教学过程中师生的内在关系，是教学过程创造主体之间的交往（对话、合作、沟通）关系，这种关系要在教学过程的动态生成中得以展开和实现。

第三，如何认识教学过程展开、进行的独特内在逻辑。

"新基础教育"课堂教学改革的理论与实践探究，为我们提供了认识"多向互动、动态生成"式教学过程的内在展开逻辑：① 通过开放式的问题情境、活动，要求学生联系自己的经验、体验、问题、想法或预习时收集的信息，进行多种形式的交流，开发学生的"原始资源"，实现课堂教学过程中的资源生成；② 教师在初步汇集资源的基础上，生成与教学内容相关的新问题"生长元"；③ 通过网络式的生生、师生多向互动，形成对"生长元"多解的"方案性资源"；④ 教师要汇集不同的方案性资源，组织学生在学习新课程时一起进行讨论、比较、评价、互补、修正，形成较不同方案性资源更为丰富、综合、完善的新认识，并引出新的开放性问题。以上四个连续的过程是一个相对较为完整的课堂教学过程的展开逻辑环。在一节课上，这种教学展开逻辑环可以根据实际情况进行简化。

二、　叶澜教授对课堂教学过程的再认识①

我认为，课堂教学的性质判断需要分两个层次来讨论。第一个层次要明确教学作为学校教育核心领域实践活动的特殊性。一方面，我们要将它区别

---

① 叶澜. 课堂教学过程再认识：功夫重在论外 [J]. 课程・教材・教法，2013（05）.

于学校其他领域的活动，如以形成有助于每个学生个性发展的学生群体为直接目标的班级工作，以发展学生多方面兴趣、爱好和才能为特征的各种课外活动，以培养学生社会公民意识和能力为中心任务的校外社会活动，以及由学生各类组织为主体开展的综合性校内外活动等。另一方面，我们要看到学校各类活动的终极目标都是指向每个学生健康、多方面的主动发展并培养出时代需要的新人，课堂教学的特殊性也应在完成这一共同任务时凸显出来。

课堂教学与学校其他活动的最主要差异，是它与其活动构成因素中具有人类精神财富的独特教育式组合——学科内容相关，这就使其承担了特殊的具体目的与任务，拥有了独特的资源与组合，具有了独特的形成渠道、活动形式与过程。

从静态的角度看课堂教学构成的基本要素，不可或缺的是教师、学生和教学内容。其中，教学内容与相关课程所规定的学科有关。课堂教学要素的相互关系在教学开展的过程中形成并构成了过程本身，因而从动态的角度来看，上述三者的关系更为复杂，也更为重要。教学作为人的实践活动，首先受制于人对活动目的的确认与理解，同时因实践的人为构建性，又受其对实践内在机理认识的限制。这三个要素间关系的探究和揭示，正服务于对教学内在机理的把握。

即使我们是以构成论的思维方式来看，"教学"这个合词也是指由教师的"教"与学生的"学"两类活动结合而成的。教师的"教"承担着使人类创造的科学文化、精神财富世代相继和发展的重任，这不是学生的"学"能替代的任务。双方及其活动的关系性质，不是主次，谁依附于谁，而是缺一就不可称其为教学。

关于教学的新观点，集中呈现在 2006 年出版的《"新基础教育"论——关于当代中国学校变革的探究与认识》中，主要涉及四个方面：

第一，阐明课堂教学目标任务的特殊性在于：实现人类社会群体世代积累而成的、共有的精神文化世界和学生个体精神世界的相互沟通与转换，充分发挥人类创造的文化科学的作用，促进学生主动、健康发展的目标的实现。

第二，将"教学"（非"教"与"学"两件事的组合）作为一个分析单位，来认识教学过程中师生活动关系的内在不可分割性、相互规定性和交互生成性。论证这一分析单位的转换，是教学过程理论和实践研究走出构成论局限的必要前提。

第三，明确提出教学活动的过程是生成过程，要用生成论的思想方法去认识动态的教学过程，构成论不足以揭示这一复杂多变的过程。

第四，重建课堂教学的过程逻辑，指出其基本形态包括有向开放、交互反馈与集聚生成。这三个相互区别又关联的步骤在实践中既有基本规定性，又具灵活组合的可能。

三、 教学过程的变迁

当我们言说"教学过程"的时候，首先应当意识到这是一个含义十分广泛的概念。具体地说，教学过程可长可短，可大可小，如一门课的教与学是一个由始至终的过程，一节课的教与学也是一个由始至终的过程。如果从个体活动或者微观上说，我们可把教师的教授和学生的学习分别看作两种教学过程，但若从教师、学生、教材、教法、环境等教学过程要素的整体活动上或者宏观上说，备课—上课—作业的布置与批改—课外辅助—考查考试等教学工作也可看作一个教学过程。无论哪一种过程，都具有阶段性与序列性的特点。我们在这里要分析的"教学过程的环节"，指的是教学活动的运动、变化、发展在时间连续性上展开所需要经历的基本阶段。通常人们划分教学过程基本环节的依据是，在教师的引导下，学生学习一个相对完整的知识内容所需要经历的基本阶段。

（一）源远流长的探索

只要有教学活动，就一定会有对教学展开过程的描述与概括。这种源远流长的探索为我们留下了丰富的历史遗产，如我国古代教育家荀子提出的"闻、见、知、行"四个阶段；儒家在《中庸》中概括出的"学、问、思、辨、行"五个阶段（即"博学之，审问之，慎思之，明辨之，笃行之"）；古罗马时代昆体良提出的"模仿、接受理论的指导、练习"三个递进阶段。随着课堂教学制度的建立，从夸美纽斯到赫尔巴特，奠定了教学过程环节划分的基础。特别是赫尔巴特及其弟子们提出的教学过程的阶段划分，经过凯洛夫改造以后，在我国产生了深远的影响，形成了把教学过程分解为四个阶段的经典模式，即"感知教材—理解教材—巩固知识—运用知识"以及相应的"组织教学—复习检查—进行新课—巩固练习—布置作业"的综合课教学环节。随着 20 世纪世界性教育改革的兴起，很多对教学过程环节的研究相继问世。

（二）具体操作的参照

从不同的角度分析教学过程，会对教学过程的阶段或环节提出不同的操作框架。如果不是从严格的意义上划分，只是着眼于教师上课时的具体操作，那么我们通常讲的"教学过程的阶段""课堂教学的环节""课的结构""课堂教学的模式"等也就多少有一些交叉和重叠。下面我们分析三种重要的参照。

1. 教学过程的认识论分析

这是一种具有哲学取向的对教学过程的分析。我国学者遵循辩证唯物主义的认识论认为，教学过程一般要经过四个阶段：

① 引导学生获得感性知识；

② 引导学生理解知识；

③ 引导和组织学生进行实践作业；

④ 检查和巩固知识。

教学过程的四个阶段不仅是相互渗透、相互促进的，而且具有相对的独立性。并不是每堂课的教学都必经这些步骤，我们不能把它作为呆板的公式看待。教学过程既可以由具体到抽象，又可以由抽象到具体；既可以由认识到实践，又可以由实践到认识。

显然，教学过程阶段的划分，为教学程序安排提供了一个框架，一个认识论的基础。

2．课的结构分析

课是学校进行教学工作的基本组织单位，课堂教学总是以教师上课的方式进行的。课的结构是指课的组成部分及其进行的顺序和时间分配。根据课的结构的含义，我们可以从以下三个方面分析课的结构。

（1）课的结构的组成部分

课的类型决定了课的结构，课的类型可分为单一课和综合课两种。单一课是在一节课内完成一种教学任务的课，一般有新授课、复习课、练习课、检查课以及分析作业课、实习作业课等。综合课是一堂课内完成多方面教学任务的课。课的类型不同，课的结构也就不同。例如，综合课的结构由下列几个部分组成：

① 组织教学；

② 复习检查；

③ 讲授新课；

④ 巩固新课；

⑤ 结课（包括小结、活动和布置作业）。

上述五个环节是综合课结构的基本组成部分，其他课型的结构也无非是这些基本部分的不同组合。随着教学改革的不断深入，课堂教学结构的组成部分也在发生变化，具体表现为如下倾向：① 将"预习"作为课堂教学环节纳入了课堂教学结构中；②"复习检查"这一环节有取消的倾向，因为将一堂课的黄金时间用于复习检查，势必会影响新课任务的完成，降低教学效果；③ 打破教师讲、学生听，教师独霸讲台的单向信息交流模式，鼓励学生参与课堂教学活动，允许学生在课堂上"七嘴八舌"，相互切磋；④ 加强"巩固新课"环节，教师应注意当堂检查教学效果，及时获得反馈信息，以便采取矫正、补救措施。

（2）课的组成部分进行的顺序

综合课的结构模式是建立在将教学过程划分为感知、理解、巩固、运用、检查等阶段理论基础上的，因此，这五个环节的顺序是教学过程顺序的具体体现，可作为课堂教学的基本顺序。一般来说，各学科教学可依据此顺序确定教学步骤，依次演进。但是，课堂教学的顺序又受教材的逻辑顺序和学生的认知顺序所制约，因此，教师在安排教学环节的顺序时还必须遵循上述的两个"序"，通盘考虑，灵活安排，变通运用，不可机械地照搬，千篇一律。在环节的设计上，教师可突破"五环节"教学模式的框框，只要将一堂课划分为前后相继、互相关联和配合的几个大部分，然后再将各部分划分为更具体、更细致的进行步骤就行。但要力避烦琐，便于学生掌握知识。

在课的组成部分的顺序上，既可采用"递进性"顺序（前后相继，井然有序），又可采用"波浪性"顺序（波浪起伏，疏密相间），还可采用"螺旋性"顺序（将教学内容设计为一个个小循环，使之螺旋上升，逐步升华）或其他顺序。但不可追求形式主义，务必要保证其科学性和实效性。同时，教学顺序的设计要体现教学过程的完整性，不要顾此失彼，厚此薄彼，应确保教学任务的全面完成。

（3）各组成部分的时间分配

科学地分配各教学环节的时间是提高教学效率的重要途径。时间分配得科学与否，其依据是，是否保证了教学任务的完成，教学过程是否是全面安排、机动灵活的。关于课的结构的研究，为课堂教学活动的组织和教学步骤的安排提供了一种操作的"范式"。长期以来，课堂教学程序的安排大都是按照这一"范式"（包括许多变式）来运作的，但这一程序的安排对课堂教学中学生心理活动的变化显然关注得不够，也未能充分考虑知识的不同类型对学生学习的要求。

3. 教学活动的心理学分析

随着教学心理研究的进展，人们对学习者在学习过程中的内在心理活动越来越重视，并且把教学看作创造一定的外部条件和环境来激发、维持和加强学习者内部活动的过程。例如，美国心理学家加涅就认为，学习是一个发生于学习者头脑内的活动，这一活动有八个阶段：动机阶段、了解阶段、获得阶段、保持阶段、回忆阶段、概括阶段、作业阶段、反馈阶段。教学必须有与这些活动相应的适当措施来促进学生每一阶段的学习活动，这样，相应的适当措施就成了教学过程的重要因素。同时，教育心理学家们还注意到，不同类型的知识（陈述性知识、程序性知识、策略知识）应当有不同的学与教的过程模型。我国学者在综合这些研究和广泛实践的基础上，提出了一个能反映陈述性知识、智慧技能和认知策略的学习与教学的一般过程的模型。这一模型对于我们学校中最普遍的认知教学的程序安排很有意义。

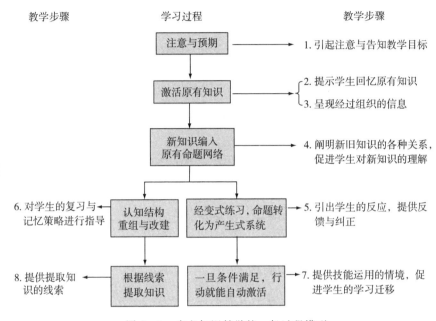

图 4-1　广义知识教学的一般过程模型

该模型表明，教学为学习创造了必要条件，能帮助学习者有效地学习。学生是学习的主体，教师起主导作用，教学过程服务并服从于学习过程。

认知学习由注意与预期开始，这是学习的动力过程。由预期激活原有知识，与预期要学习的新知识有关的原有知识进入工作记忆状态，随时准备吸收新信息。在原有知识的指导下，学习者有选择地认识所接触到的新信息，把新信息暂时贮存于短时记忆中。新信息经过在工作记忆中的加工，要么自身组合成了大的组块，要么与原有知识建立了各种联系（包括各种上、下位联系和并列结合联系），使新知识与原有知识形成了命题网络。这是知识学习的第一阶段，即陈述性知识习得阶段。此后，命题知识一分为二，一部分继续以陈述性知识形式贮存，并通过复习而得到巩固，以供日后提取之用；另一部分属于概念和规则形式的命题知识，经过变式条件下的练习、反馈和纠正，转化为以产生式系统表征和贮存的技能。此后，一旦条件满足，技能便会自动激活。知识类型不同，在学习完成之后的测验和评价标准也不同。一份测验试卷总是要呈现若干问题（用心理学的术语来说是刺激），目的是引出被测验者的适当反应。知识类型不同，测验中的问题不同，所引出的学习者的反应也不同。

（三）各有特点的类型

学生的学习大体可分为"系统知识学习"与"问题解决学习"两种。与此相对应，学生的学习也离不开"接受学习"与"探究—发现学习"这两大相互联系的类型。一般说来，学习系统知识较为适合采用"有意义言语接受学习"的方式，解决问题则应更多地运用"探究—发现学习"的方式。当然，这种划分方式只是相对的和粗略的，每种学习类型都有一些"变式"，而且有许多难于归并的典型与细节。

1. 适于系统知识学习的类型

这是一种在传统教学论基础上发展起来的教学程序设计类型，它能较为有效地发挥教师的主导作用，有利于用较短的时间传授比较系统的知识。这种类型的教学程序设计应注意启发学生的自主能动性，尽可能促进学生的参与、动手和迁移应用，把教师的指导与帮助学生的积极活动有机结合起来。这一类型的教学程序包含以下几个相对独立而又相互联系、相互衔接的环节：

① 激发学习动机；

② 感知教学材料；

③ 理解教学材料；

④ 巩固知识经验；

⑤ 运用知识经验；

⑥ 教学效果测评。

2. 适于问题解决学习的类型

这是从杜威的"现代教育"主张中引发出来的一种教学设计类型。杜威以及后来的布鲁纳、施瓦布、萨其曼等在"现代教育"方面都各有其独特之处。杜威分析了课堂学习中系统知识可能产生的"惰性"和"固化"现象，提出要用问题解决的方式促进知识的活化和思维的发展。杜威等人重视"经验"的作用，重视"主动性的作业"。他们认为，"问题情境"能引发反省思维，再经过搜集解决问题资料（数据与信息）的过程，检索已有的经验与观念，提出解决问题的方案，最后付诸应用中检验和修正假设。经过这种尝试、实验、反思后，知识的理解和智慧的发展也就能得以实现了。因此，杜威设计了以下的教学活动程序：

① 在实际生活经验的情境中形成问题；

② 观察、调查问题，认清问题的症结所在；

③ 搜集解决问题所需的资料（数据、信息）；

④ 考虑各种解决问题的方案，并加以研究，做出假设；

⑤ 实际应用并验证假设。

3．课题系列学习的类型

这是一种整合上述两种类型的教学设计类型，它的特点是扬弃和统一了赫尔巴特学说与杜威学说，创造出了将系统的发展作为"活的知识"（它同探讨、思考、应用各门学科的基本知识的态度与能力结合）的组织化、系统化的教学过程。为此，教师需要一步步地使学生掌握系统的知识技能，并通过能动的创造性的自我活动掌握它。这样，教师就得顺次提出引导学生掌握知识技能，并且能够紧紧抓住学生的心，使之展开积极的探究活动的学习问题、学习课题的系列，并要以解决这些课题为主轴，展开教学。

课题系列学习的程序大体包括以下几点：

① 提出问题与课题，使学生直面矛盾与障碍（困难），引发其学习动机。

② 让学生学会分析问题与课题的目标与条件，认清矛盾与难点所在，抓住真正意义上的问题，理解课题。

③ 探讨适当的解决原理、可能的解决方法及手段，计划解决活动。

④ 实施解决活动的计划，实现问题与课题的目标。

⑤ 检验、评价、总结学习的结果，使学生进一步进行反复练习与应用练习。

四、 多种教学模式的构建

（一）教学模式与教学程序

在科学研究中，常常将"模式"看成对某一过程或某一系统的简化与微缩式表征，帮助人们形象地把握某些难以直接观察或过于抽象的事物。一些研究者提出，如果我们把教学看成构造环境，看成对需要、兴趣、能力各不相同的学生的经验进行有效组织的过程，那么，教学模式则为组织教学环境提供了一定的结构、程序和步骤。也就是说，所谓教学模式，就是"导向特定结果的一步步的程序"。

安德鲁斯和古德林曾指出：一种教学模式就是一组综合性成分，这些成分能用来规定完成有效教学任务中的各种活动和功能的序列。故而，在选择教学模式时，人们可以将教学活动或过程化解为某些关键要素或成分，并借助其简化的、微缩的方式研究与探讨有关的现象。从这个意义上讲，教学模式是一种旨在完成特定教学任务的相对稳定的一步步展开的教学事件的组合，它将创设教学情境、组织教与学的活动、运用各种教学方法和媒体都安排在了一个顺次推进的操作框架之内。所以，静态地看，教学模式是一种由多因素组成的结构；动态地看，教学模式是一系列链接起来的活动。我们可以说，在教学模式中，最突出的特征是操作层面上的情境、程序与方法的集合。因此，我们说，在各种教学模式中，将方法组合起来纳入一定的程序是其最重要的表现形式。

（二）课的结构模式

关于课的结构，苏联著名教学论专家马赫穆托夫的观点令人瞩目，马赫穆托夫认为，要解决课的结构问题，应当以系统观点为基础，从课的外部因素和内部因素有机统一、辩证结合的原则出发，分析和划分课的基本要素。他认为，要分析课的基本结构要素，应当在下列三个水平上考察课的结构：教学论的水平、逻辑心理的水平和教学法的水平。他创立的"课的结构模式"包括一个主结构——教学论结构和三个亚结构。三个亚结构是指一个教学法的亚结构和两个逻辑—心理亚结构（见下图）。

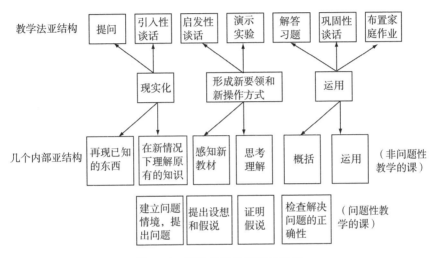

图 4 - 2　课的教学论结构示意图

马赫穆托夫认为，课的一般教学论结构是对组织一节课的总的指令和总的算法，它是紧密联系的统一体，是相对稳定的，但是它的顺序和实施方式可以经常变化，可以通过教学法的亚结构（作为方法体系的教学法）展开并具体化。可见，在课的教学论结构中存在一个教学法亚结构。马赫穆托夫还认为，在教学论结构与教学法结构之间还有一个起联结作用的环节，那就是课的内部结构心理的亚结构，它借助内部心理活动与外部的教学法操作相匹配。这样，马赫穆托夫就为我们分析和设计课的程序提供了科学而清晰的思路。

（三）常用教学模式的构建

各种教学模式的构建都必然要给出一个相对稳定的操作程序，因此，我们可以通过对不同教学模式的解析，大体认识它们各自的设计程序。

国内外关于教学模式的研究可以说汗牛充栋，国外如巴特勒、加涅、梅里尔等对合作学习与个别化教学的研究，国内如甄德山、阎承利等的研究，都为我们提供了相当有价值的成果。20 世纪 70 年代以来，以乔以斯和威尔为代表的学者研究了 80 多个理论、学派、研究计划，并抽出 15 个模式进行了分析和总结。国内的学者，如钟启泉、丁证霖、高文等也对此进行了评价、梳理和开发。由于研究的视角不同，他们在教学模式的分类与关注点上有相当大的差异。有学者把《当代西方教学模式》一书中的外国教学模式以及国内常见的此类书中列举的一些教学模式归并为六类，绘表如下：

表 4 - 1　基本教学模式及其变化或变式

基本教学模式（族）／变式（个）	接受性教学模式	发现性教学模式	交往性教学模式	练习性教学模式	情感性教学模式	自学辅导教学模式
1	先行组织者模式	概念获得模式	课堂会议模式	社会模拟模式	松弛模式	数学自学辅导模式
2	青浦模式	归纳思维模式	群体调研模式	训练模式	脱敏模式	茶馆式模式
3	目标教学模式	探究训练模式	角色扮演模式	虚拟教学模式	情境教学模式	程序教学模式
4		案例教学模式	直率性训练模式		非指导性教学模式	魏书生模式
5		问题解决模式	意识训练模式			

从具体操作的角度看，有参考价值的是，有的研究者参照我国学者甄德山先生于 20 世纪 80 年代提出的教学模式类型图，结合当代现实，提出了下列教学程序选择模式（见表 4-2）。①

表 4-2　教学程序选择模式

教学侧重

知识技能 ———————————————— 能力个性

内容难度

难 ———————————————— 易

难 ———————————————— 易

师生条件　　　　硬件条件

教师活动 学生活动				
讲授式	讨论式	发现式	范例式	自学式
激发动机	提出问题	创设情境	归类提炼	自定计划
导入新课	阅读思考	提供资料	教师讲授	教师参谋
讲授新课	小组讨论	学生探究	模仿自学	学生自学
强调巩固	教师精讲	验证结论	复习巩固	教师督导
反馈调控	课堂练习	练习转化	检测矫正	交流分享

五、　与时俱进的探索创新——新课程
　　实施中教学程序的设计

我国基础教育的课程改革正在顺利推进，课堂教学的改革已经取得了初

---

① 刘如平. 更新教学理念，立足整体设计：谈中小学课堂教学落实素质教育 [J]. 课程·教材·教法，2001（05）.

步的成效。从教学程序的设计来看，广大教师遵循教学过程的客观规律，尽力调动学生的自主积极性，使学生能在教师的指导下有效地学习。他们既注重教学的有序性，又不认为教学该由教师预先设定一个"框子"，让学生跟着教师亦步亦趋。许多教师认为，教学的程序是"开放"的，包括教学程序在内的课堂教学活动，会在教学的对话与互动中不断"生成"与"变化"。特别是当学生生命的活力得以张扬的时候，冲破种种预设的"按部就班"的程序，出现并非事先规定的新事件和活动，是应当被容许和成全的。因此，新课程的教学要"有序"，但不能"程式化"和"刻板化"。

开放性课堂教学的基本特征：

① 教师是学生学习的支持者，要确立资源分享的合作型师生关系。

② 课堂成为学习生活的一部分，教师不再刻意追求课堂结构的完整。

③ 学习材料的来源多样化，活动成为学生参与课堂教学的主要形式。

④ 享受学习的乐趣成为学生学习的主要动力，积极的自我激励成为评价的主流。

⑤ 原有的课堂纪律受到挑战，学生参与学习规则的再制订。

[摘自《中小学管理》2002 年第 3 期]

那么，课堂教学的展开是否就"无章可循"呢？当然不是，从课程改革中教师们的实践来看，课堂教学的思路还是十分明晰的。

（一）从创设情境、激发动机切入，调控全程

教学情境有很强的激发动机和引起行为的力量，情境的创设又是一种教师可操控的变量。把教学情境的创设作为教学程序安排中的重要"事件"，让教师的意图和独白式表现隐匿在情境的背后，这不仅有利于调动学生的学习积极性，发挥他们的自主能动性，使学生"学会学习"，而且能使整个教学活动过程充满情趣，充满一种内在的精神自由。

教育情境的性质与种类①

情境通常是指由特定要素构成的有一定意义的氛围或环境，它可以通过风气、习俗、事件、物质条件等形式表现。教育情境是对教育效果产生直接影响的，由特定要素构成的，有一定教育意义的氛围与环境。

教育情境有许多种类：

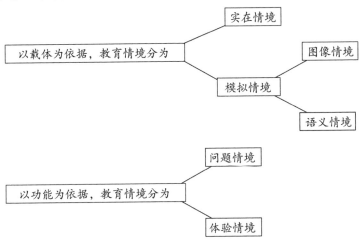

教育现象极为复杂，教育情境的种类难以尽述，它们之间又是紧密联系，甚至是互相包容的。"情境"的特征表现为：

第一，感性因素比较丰富，具有直观性；

第二，内部蕴含主题，具有典型性；

第三，可以反复感知，具有稳定性。

事例点击

看照片学过去时时态

这是一节英语听说课，本节课的练习内容是通过观看《走向未来》英语电视节目，学会如何用英语谈论过去。其中，重点练习在口语中过去时的应

---

① 熊川武，等.实践教育学［M］.上海：上海教育出版社，2001：17-19.

用。这位教师并未一上课就打开电视让学生观看，而是通过投影仪为学生展现了一些自己在不同年龄阶段的照片。看到教师真实的成长照片，学生的兴趣顿时来了，不用说，他们都在急切地等待教师讲讲他的过去。于是，教师便很自然地用英语讲述起了他的成长历程，学生听得专心致志。不知不觉中，第一步——教师演示如何谈论过去已完成，而且比直接看电视更生动、有趣，更吸引人。

为了继续引起学生对教师过去特别感兴趣的心理，这位教师又给了学生一个向他提问的机会，即用英语询问教师有关过去的事情。这样，学生在踊跃提问的过程中不仅自然而然地使用了今天要练习的过去时，而且会觉得实际上用英语说话并不那么困难。

然后教师再导入"看电视"环节。此时，学生不仅已被激发起很大的兴趣，而且对于所看内容也容易听懂并模仿，因为这一切都已在教师的演示与指导下实践一次了，这叫不知不觉进入角色。

这节课，教师用自己的"老照片"创设了图像情境并伴之教师语言陈述的语义情境，自然而然地让学生接触、感知并理解了英语的过去时，整堂课都被这种情境所"笼罩"了。在师生的互动中，学习的内容轻松自然地就为学生所掌握了。这种活动的安排不仅注意了情境与内容的巧妙结合，而且给出的教学刺激在新颖、富有趣味、联系学生生活经验方面很有独到之处。

（二）用自主学习、尝试探究启动，相机引导

学生自主积极性的启发虽然离不开教师设置的一定情境，但更重要的是教师要引导置身于情境中的学生自己去尝试与探索，由此使学生从自身的"智力探险"中产生结果，获得体验。在这样的课堂教学设计中，教师在关键处要言不烦的启发和恰到好处的点拨都是不可或缺的。

展现探索的"过程"

教师提出一个课题：用一条直线等分长方形，有多少种分法？

教师就这个课题讲了一个童话。大意是：从前有两个小朋友请求动脑筋爷爷帮助他们变聪明。老爷爷拿出一块长方形的纸板说："这叫'智慧之板'，许多人都靠它学会了动脑筋，有的还成了大发明家。"小朋友们听后争着要这块板。老爷爷又说："谁能用一条直线把这块板分成大小一样的两部分并且想出十种以上的分法，我就把它送给谁。"两个小朋友一开始只能想出三种办法，后来他们开动脑筋，果真想出了十种以上的分法，他们得到了这块智慧之板。

学生们听过童话之后，都感到这个课题很有趣且跃跃欲试，他们争先恐后地到教师那里领取长方形纸，热情地投入了解题活动中。

开始，他们只是依据经验直观地思考，如用上下或左右折叠的方法将长方形纸分成两个相等的图形，或连接对角线将其分成两个相等的三角形。而后，他们通过分析，发现分割后的图形都是相同的形状，于是又试着画斜线，将这个长方形纸分成两个相等的梯形。再往下找出其他划分法就比较困难了，学生们停手沉思起来。这时候教师稍稍启发说："把已经发现的各种方法的等分线集中画在一起想一想，说不定可以发现新方法。"然后，教师利用投影仪把上述划分方法的线段依次重叠地投射到屏幕上。

通过观察、综合思考，学生很快便发现了"所有的线段都交在一点上"这个共性。于是他们惊叫起来："啊！通过这一交叉点的直线都可以把长方形分成大小一样的两部分。""现在别说十种以上的分法了，要多少种，就有多少种。我们能发现这一点，多么好啊！"学生体验到了创造性活动的愉快，并乐意继续探求新知识。这时，教师提出"等分线不是直线行吗""如果不是长方形，能用这个办法吗"等问题，学生带着这样的"新问题"，又进入了更深层次、更富有创造性的思考。

这个案例的特点是，教师利用语义情境启动了学生的尝试探索。在教师的引导下，学生从亲历的过程中"发现"了知识的意义，体验到了创造的快乐，也掌握了相关的"结果"。更可贵的是，这堂课并没有"完结"，开放的课堂孕育了不倦的寻觅与思考。

（三）让质疑问难、商议讨论在前，寻求共识

让学生在自主研读教材的基础上，提出他们有疑问的地方或渴求解决的问题，通过教师与学生、学生与学生的对话商议，达到"视野融合"，形成对教材较为一致的理解。这样的教学设计尊重了学生独特的经验与体验，发扬了教学民主，给了学生更大的自主选择空间。可以说这是对教师过分张扬自己知识权威地位，不顾学生已有经验和感受的话语霸权的一种反驳。

请看下面的案例。

一堂公开课的启示
——《五柳先生传》的人物探究

陶渊明到底是一个怎样的人呢？如何全面正确地看待陶渊明？对于这些问题，教师没有滔滔不绝地讲解，而是在开课的导语中简介了陶渊明面对作威作福的督邮不折腰的故事。在激发了学生的探究欲望后，教师让学生翻开课文，引导他们初步疏通文义，并围绕着五柳先生的性格，分小组探讨，提出自己最关心、最想了解的问题。在一番酝酿之后，学生主要提出了三个问题。

第一个问题："我最想了解五柳先生的长相。"这个学生一说完，其他同学哄笑起来，因为这个问题出人意料地浅显，甚至有点幼稚。但这个学生的心情是可以理解的，陶渊明是一位文学家，他所创造的"世外桃源"已让我们陶醉，谁不想知道陶渊明的长相呢？于是，教师让学生根据教材提供的只言片语，推测五柳先生的外貌，体会五柳先生的个性。此时教室热闹了起来，同学们议论纷纷。有一个学生说："他长得胖胖的，腆着一个'啤酒肚'，体重应该在70公斤以上。主要依据是，他'闲静少言，不慕荣利'，又'性嗜酒'，心宽体胖嘛。"另一个学生说："他应该长得很瘦弱，体重在50公斤以下，根据是'短褐穿结，箪瓢屡空'，'环堵萧然，不蔽风日'。他穷得吃不饱、穿不暖，生活环境恶劣，还要'种豆南山下''带月荷锄归'，哪能胖得

起来啊!"针锋相对的发言引来了学生的一阵掌声。五柳先生到底长得怎样？此时教师迅速点击鼠标，从电脑中调出陶渊明的特定参考画像。不胖不瘦的长相让学生发出了"噢～原来是这模样"的惊呼。最后，教师引用了一句描写罗丹"思想者"的名言来总结陶渊明的长相："具有艺术家的睿智和劳动者的体魄。"

第二个问题："我想了解五柳先生的日常生活。"一千五百多年以前，没有沐浴露，没有调味品，没有公交车，没有电视……我们似乎很难想象五柳先生是怎样过日子的。教师让学生从衣、食、住、行、工作、休闲等方面去猜想当年五柳先生的生活。有一个学生说："住——环堵萧然，不蔽风日；穿——短褐穿结；吃——箪瓢屡空；行——步行；工作——采菊、种豆；休闲——读书、饮酒、著文。总之他的生活是食不果腹、穷困潦倒的。"他的发言招来了一些"嘘"声。"难道你们还有其他的高见吗？"教师采用了激将法。一位同学站起来投下了一枚重磅炸弹："我认为完全不必把五柳先生想得如此悲惨。照我看，'箪瓢屡空'说明五柳先生常到别人家蹭饭吃，'短褐穿结'是领导时装新潮，'环堵萧然，不蔽风日'是训练野外求生的能力，步行说明了'饭后百步走，活到九十九'的道理，采菊、种豆已成社会名流的最好休闲方式，读书、喝人头马、写小说已成为最潇洒的工作。五柳先生与社会风气背道而驰，终成为一代叛逆偶像。"这个同学用现代人的思维曲解了古人的行为，引起一阵大笑。教师并没有批评学生的"胡说八道"，反而表扬他为全班同学提供了一种新的思维方式，然后再进一步介绍东晋末年黑暗动荡的社会现实，介绍五柳先生贫寒生活的真相，引导学生领会五柳先生对人世、生活无比执着、任性率真的卓然个性。

第三个问题："我想知道五柳先生回到现代社会的话，会从事什么工作。"如果有那么一天，五柳先生通过时光隧道突然出现在我们眼前，他该如何生存呢？观看动画片和科幻作品长大的孩子，对这种想象性话题特别敏感。问题一抛出来，就在教室里激起了一片波澜。教师让学生根据五柳先生的兴趣、特长为他选择合适的工作。一个学生说："五柳先生是一位大文学家，回到现代社会，他会当语文老师，兼任文学社社长。"全班又哄堂大笑起来，因为眼前的语文老师就是现任文学社社长，学生无意中幽了教师一默，教师笑了笑。

有的学生说："从'种豆南山下'和'采菊东篱下'这两句诗，可以看出他对种植很有研究，加上他的文才，我建议他去竞聘植物园园长一职。"有的学生说："'性嗜酒'说明他对酒很有研究，他完全可以胜任大酒店调酒师一职。"有一个同学反驳说："其实五柳先生根本就不用去找什么工作，他是名人，到电视台做做广告就财源滚滚了。另外，他的许多诗词散文再版，版权费也会让他一辈子都用不完的，所以他根本不用当园长和调酒师。"全班又是一阵哄笑。教师充分表扬了学生想出的这许多"金点子"，同时委婉地告诉学生，作为一个人，应该"生命不息，奋斗不止"。

这节公开课受到了听课者的普遍赞誉，它对我们的启示也是多方面的。特别是让学生在自学的基础上有选择地提出问题，再通过师生、生生互动，在对话中实现经验共享和意义建构。

（四）以活动参与、实践操作引领，总结提升

倡导学生主动参与、乐于探究、勤于动手是新课程实施的要求。在教学程序的设计中，教师不仅应为学生参与实践和操作活动留"一席之地"，而且要让活动教学和综合实践成为引领学生学会学习的重要一环。事实上，学生对知识意义的建构和他们学习能力的发展，都是在活动中表现出来并由此得以实现的。因此，在教学程序的设计中，教师要把学生的活动参与、实践操作放到突出的位置，通过学生动手、动口、动脑，在"做中学"，"用中学"，促进外部操作向内部心理结构的转化。下面介绍一个教学设计的案例供大家研究。

面积与体积

目　标：

做一个将面积与体积联系起来的实验。

核心要素：

解决问题的能力；

比较、对照得出结论。

材　料：

黑板或图表纸、粉笔或记号笔、硬的构图纸、剪刀、胶带、米、豆。

步　骤：

① 通过提问引入活动。问儿童：知不知道面积（二维量，即几根线间的面的大小）和体积（三维量，即某个物体占据空间的多少）？在图表纸或黑板上记下儿童的回答。

② 让儿童完成以下实验：将一张纸对剪为两张（让儿童知道两张纸是同样大小），把两张剪好的纸卷成筒状，一张以长边卷成长筒状，底边的圆形较小；另一张以短边卷成短筒状，底边圆形较大，并在接头处粘牢。

③ 问儿童两个筒是否可以装相同数量的米或豆。如果所装的东西数量不相等，哪一个装得多一些（哪一个体积大一些）？让他们装装看。

其他活动：

① 如果班里有小地毯，让儿童估计它的长、宽及所占地方的大小（面积），然后测量。在学校里找找其他能放得下这块地毯的地方，测量一下，证实自己的想法。或者，让他们在教室里看看哪里能放置一些大件家具，如桌子、书柜等。

② 开展更多与体积有关的活动，如收集不同尺寸的盒子，然后看哪个盒子装的书最多或哪个盒子装的铅笔最多。

［摘自《多元智能理论与儿童学习活动》］

我们知道，心理学大师皮亚杰曾经把活动看成智力发展的根本原因和机制。美国教育家索尔蒂斯也说："知识不仅仅是头脑和书本中所具有的东西，还包括我们参与社会生活时，动手操作与行动中包含的东西。"当然，活动与操作本身并不能自动成为学生内在的心理图式，这需要教师的归纳、概括、指导与提升。从以上新课程教学程序的设计思路中我们可以看到，"先学后教""先练后讲"，在"做中学""用中学"，正在成为许多教师安排教学程序时的一种选择。

第五章

课堂教学的方法

课堂 教学方法是教师完成教学任务的必要条件，是促进学生全面发展和终身发展的重要保证，也是课程与教学改革的突破口。

在课堂教学中，要想把教师、学生、教学内容等要素联结起来，就必须采用一定的方法。《孟子集注》中有："事必有法，然后可成，师舍是则无以教，弟子舍是则无以学。"教学方法是教师完成教学任务的必要条件，是促进学生全面发展和终身发展的重要保证，也是课程与教学改革的突破口。

一、 丰富多彩的类型体系

（一）教学方法及其特征

"方法"一词源自古希腊语，意指做事的步骤或手段。一般来说，方法具有主观性，是人们认识世界与改造世界的工具和手段。在认识世界中采用的方法称为认识方法或思想方法，在改造世界中采用的方法称为工作方法或行动方法。教学方法是师生在教与学双边活动中，为了有效完成特定的教学任务所采用的方式与手段的总称，它既包括教师的教法，又包括学生在教师指导下的学法，是教授方法与学习方法的有效组合。

钟启泉教授对教学方法概念的诠释[1]

教学方法作为教师达成教育目的的手段体系，是教师教学实践力的最直观表现。教学方法概念是一种复合概念，同时指涉一组繁复的概念或活动流程，拥有不同于一般方法的独特性。

所谓"教学"，是"教授与学习的过程"。教授与学习并不是单纯的并存关系，真正的教学唯有通过教师的教授活动触发学生产生学习活动，并据此展开教授活动才能产生。这是一种合作性的交互作用过程，而教学方法是"引导、调节教学过程最重要的教学手段"。

---

① 钟启泉. 教学方法：概念的诠释 [J]. 教育研究，2017（01）.

所谓"方法"，就是依据作为现实的客观认识理论，形成行为或是操作的规则体系。方法具有规范性，其功能在于引导人实现目标行为，因此它具有人的行为楷模或规律性要求的性质。方法的本质有如下几方面：第一，方法是旨在实现目标的手段；第二，方法受客体的制约，并适用于客体的操作系列，即方法是受内容制约的；第三，方法的基础是理论，方法接受理论的指导；第四，方法是规则的体系，具有指令性；第五，方法具有结构，是构成一个体系有计划的一连串行为或操作。教学方法同其他方法一样，"是从一定的条件出发，导向规定的目标、规定的可操作系统的原理与规则系统"。

教学方法研究需强化作为教学方法的方法意识——应答性沟通。在此前提下，教学方法研究至少涵盖如下三个范畴的研究：第一，教学形态，大体包括三种教学形态的分类，即个别学习、小组学习与班级的同步学习；第二，教学方式，诸如阐释性学习（有意义接受学习）、探究性学习（发现学习、问题学习、项目学习等）、个别性学习（程序学习、网络学习等）的研究；第三，教学方略，即教学形态与教学方式的组合，此组合不是单纯的方法或技法的选择，而是兼容了内容之知、方法之知和体验之知的教学战略与策略研究。

我们可以从美国的教师知识研究中把握教学方法研究的现代走向。从历史上看，教师的形象经历了"工匠型教师"到"方法型教师"，再到整合了两种教师形象的"有学识的专业教师"三种形象。所谓"有学识的专业教师"是指这样一种教师形象：拥有融合了"关于内容的知识"和"关于教学方法的知识"的PCK（学科教学）知识，以及基于知识与经验建构起来的实践能力的教师。近些年出现了从"有学识的专业教师"出发，界定"学习的专业教师"的动向。在这种教师形象中，教师被界定为"每日每时与同僚一道创造着教育实践，终身向同僚教师、学生和课堂持续地学习的存在"。从这个意义上我们可以说，教学方法的发现与超越，归根结底是教师学习的过程。

中外教育学者曾给"教学方法"下过许多定义，通过归纳这些定义我们可以发现一些共同的地方：

① 教学方法是为达成教学目的，完成教学任务服务的；

② 教学方法是教师与学生以教材为中介相互作用的方法；

③ 教学方法是一个多种活动因素构成的操作系统。

现代教学方法的特征[①]

现代教学方法区别于传统教学方法，其特征如下：

① 双边性。苏联教育学家巴班斯基说，教学法是教师与学生之间相互联系的活动方式与途径。美国心理学家布鲁纳说，现代教学方法就是"教师与学生合作"的方法。法国教育家 M. R. 加里在《教育学现状》一书中说，教学法就是教师的教和学生的学统一起来的方法。传统教学方法是教师活动的方法；现代教学方法是以解决教学任务为目的，师生共同活动的方法。

② 双部性。所谓"双部性"是指，教学方法既有外部表现出来的操作性特征，又有内部活动必须具备的功能，内外活动协调配合，对学生的发展产生整体影响。苏联教育学家休金娜说："教学方法的教育学价值常常是由认识过程隐藏的、内部的方面决定的，它不取决于该过程的外部表现形式。"现代教学方法十分注重外在形式的内部效应。

③ 双型性。所谓"双型"，就是接受型和创造型。接受型是指学生通过授受活动来获得现成的知识和技能，创造型是指学生通过创造活动来获得新知识。现代教学方法既要借助于学生的接受活动，使学生获得现成的知识，又要借助于学生的创造活动，使学生获得"新"的知识。现代教学方法不仅重视教师传授知识，而且注重对学生独立探索知识和发明创造能力的培养。

④ 最优化。任何教学方法都会因教学目标、教学内容、师生特点、教学条件等的差异而具有不同的效用。现代教学方法注重分析各种相关的制约因素，追求适应特定情境的效用最大化。

---

① 商继宗. 教学方法：现代化的研究 [M]. 上海：华东师范大学出版社，2001.

（二）教学方法的分类

目前在教学实践中运用的卓有成效的教学方法数不胜数，据不完全收集整理，可能有 700 余种。面对如此丰富多样的教学方法，不同的研究者从不同的视角对它们进行分类，自然会有不同的见解。下面我们介绍几种富有特色的分类，使大家对教学方法有一个整体的概略性认识。

1. 按教学方法的形态分类

以语言传递信息为主的方法。这是一类以教师运用口头语言向学生传授知识、技能以及学生独立阅读书面语言为主的教学方法。这类教学方法与人类教育教学活动一起产生，先是以口头语言作为主要媒介，文字产生以后，又增加了书面语言作为媒介，至今仍然是教学活动的主要方法。这类方法主要有讲授法、谈话法、讨论法和读书指导法。

以直接感知为主的方法。这是一类教师通过实物或直观教具的演示及组织教学性参观等，使学生利用各种感官直接感知客观事物或现象而获得知识、形成技能、发展能力的方法。这类方法具有形象、直观、具体和真实的特点，能激发学生的学习兴趣，吸引和维持学生的学习注意力，但需要有较多的时间保障。这种教学方法一旦与以语言传递信息为主的方法结合起来，就能既获得良好的教学效果，又提高教学效率。这类方法主要有演示法和参观法。

以实际训练为主的方法。这是一类在教师指导下，学生通过练习、实验和实习等实际活动，学习、巩固和完善知识、技能与技巧的方法。这类方法以学生的实践活动为基本特征，主要包括练习法、实验法和实习作业法。

以欣赏活动为主的方法。这是指创设一定教学情境或利用特殊内容和艺术形式，使学生通过体验事物的真、善、美，陶冶性情并培养正确的态度、兴趣、理想和审美能力的方法。

以引导探究为主的方法。这是指教师组织和引导学生通过独立的探究或研究活动学习知识、形成技能、发展能力的方法。其主要特点在于，在探索解决学习任务中，学生的独立性能得到高度发挥，进而使其能自主学习和巩固知识，培养技能技巧，发展探索和创新的意识与能力。这类方法主要有尝试法、发现法和研究法。

2. 按学习刺激的类型分类①

美国学者拉斯卡认为，教学方法中的任何一种都与不同类型的学习刺激有关。因此，我们应以心理学研究为基础，以学习理论为依据，对教学方法进行分类。这种分类在西方教学方法理论中具有广泛的代表性。

表 5 - 1　按学习刺激类型对教学方法的分类

方法	学习过程的假设	教师作用	提供学习刺激类型	学生作用	运用的特定方法
呈现	基本是无意识地学习，不需要学生特别努力，大脑是容器，知识来自外部	选择并用适当顺序呈现学习刺激	A 种刺激（前反应）	消极	讲授、图片、校外考察、示范等
实践	学生逐步达到预期的目的，逐步完成学习任务，需要实践	确定学习题目并组织实践活动	B 种刺激（前反应）	积极	朗诵、训练、笔记本作业、模仿等
发现	学生经过努力发现预期学习成果，知识来自内部	组织和参与学生的发现活动	C 种刺激（前反应）	积极	苏格拉底法、讨论、实验等
强化	学生表现出对学习结果的特定行为后，给予奖励或强化	提供系统的强化	D 种刺激（前反应）	积极	行为矫正、程序教学等

---

① 约翰•A. 拉斯卡. 四种基本教学方法 [J]. 袁桂林，译. 外国教育，1985（05）.

3. 按师生交流的媒介与手段分类

这是格兰顿提出的分类系统，其内容如下表。

表 5 - 2　按师生交流的媒介与手段对教学类型的分类

教师中心的方法	相互作用的方法	个体化的方法	实践的方法
1. 讲授：学生是被动的；对低水平学习和大班有效 2. 提问：检查学生学习；鼓励学生参与学习，可能引起学生的焦虑 3. 论证：学生是被动的；能说明概念和技能的作用	1. 全班讨论：班组应小一些；鼓励学生参与学习；可能浪费时间 2. 小组讨论：班组应小一些；学生参与学习活动；对高水平学习有效 3. 同伴教学：须认真计划和指导；可利用学生的优点；鼓励学生参与学习活动 4. 小组设计：须认真计划；对高水平学习有效；鼓励学生参与学习活动	1. 程序教学：对低水平学习有效；结构严谨，有反馈信息；学生可按自己的速度学习 2. 单元教学：总计划灵活；学生可按自己的速度学习；可能浪费时间 3. 独立设计：适合较高水平的学习；学生是主动的；可能浪费时间 4. 计算机教学：需要时间和金钱；非常灵活；学生可根据自己的速度学习；学习活动多样	1. 现场和临床教学：学习活动在现场进行；学生积极参与学习；管理和评价较困难 2. 实验室学习：学生积极参与学习；须认真计划和评价 3. 角色扮演：对情感和技能领域的学习有效；学生是主动的；须提供"安全"的经验 4. 模拟和游戏：可提供特殊技能的实践；学生是积极的；一些学生可能会产生焦虑 5. 练习：提供积极的实践机会；适合低水平的学习；有时不能引起学生的动机

4. 按教学活动的方式分类

日本教育学者佐藤正夫认为,在教学方法的分类上要着眼于教师、学生与内容的相互关系状态,一般可以归纳出三类基本方式:一是教师提示的方式,二是学生自主活动的方式,三是教师与学生之间的交谈、对话、讨论、一起思考、共同探讨、合作解决问题、共同发现新知的方式。这样,我们就可以分出提示型教学方法、自主型教学方法、共同解决型教学方法三类。①

提示型教学方法。使用这类方法时,教学活动的焦点是教师,由教师进行提示、说明、报告、讲解等。教师实施强有力的指导,学生受教师的主导,因此学生学习的特征是受纳性的。我们必须看到,教师提示的内容只有在能够激励、鼓舞学生的自我活动时,才能被学生接受。这类方法的价值在于其有省时高效,发挥教师语言教育能力,促进学生间接经验的学习,发展其思维能力和接受知识能力的特性。当需要在短期内教学大量知识素材时,这种教学方法无疑应该是教师的首选。这类方法包括"示范""呈现""展示"和"口述"等。

自主型教学方法。这类方法的焦点不在教师身上,而在学生身上。自主型教学方法是在教师组织指导下,学生自发主动地开展学习活动的方法。其典型特点是,第一,教师提出课题,学生解决课题,教师为学生提供适当的时间;第二,课题一旦提出,学生必须竭尽全力寻求最好的解决方法。这样,我们将会在教学活动中看到学生自主型活动的生成。

共同解决型教学方法。这是借由师生对话,共同思考、共同探求、共同解决问题、共同获得知识的教学方法。其基本形态是教学对话和课堂讨论,核心是以集体讨论和集体思考为基础的学习活动。这类方法的焦点在师生双方的身上,重点在师生互动上。研究和实践表明,这类方法尤其有利于发展学生的创造能力、社交能力和自主能力,使其形成社会态度。

5. 按照教学方法的功用分类

苏联教育学家巴班斯基根据教学方法的功用,把教学方法分为组织和实施学习认识活动的方法、刺激学生认识活动的方法、检查学生认识活动效果

---

① 佐藤正夫. 教学原理 [M]. 钟启泉,译. 北京:教育科学出版社,2001:289-323.

的方法，列表如下：①

表5－3　按教学方法的功用对教学方法分类

教学方法								
第一类方法				第二类方法		第三类方法		
组织和实施学习 认识活动的方法				激发学习和形成 学习动机的方法		教学中的检查和 自我检查的方法		
第一 小类	第二 小类	第三 小类	第四 小类	第一 小类	第二 小类	第一 小类	第二 小类	第三 小类
按传递和接受教学信息来源分（感知的方法）	按传递和接受教学信息的逻辑分（逻辑的方法）	按学生在掌握知识时思维的独立性程度分（求知的方法）	按控制学习活动的程度分（控制学习的方法）	激发学习兴趣的方法	激发学习义务感和责任心的方法	口头检查的方法	书面检查的方法	实验室——实际操作检查的方法
口述法：讲述，谈话，讲演；直观法：图解，演示；实践法：实验，练习；教学生产：劳动	归纳法；演绎法	复现法；问题探索法	在教师指导下学习；学生独立学习；阅读书籍；书面作业；实验作业；执行劳动任务	认识性游戏；学习辩论；创设道德情绪情境	说明学习的意义；提出要求；履行要求的练习；表扬和批评	个别提问；全班提问；口头考查；口头考试；程序类型的提问；口头自我检查	考查性书面作业；书面考查；书面考试；程序类型的书面作业；书面自我检查	考查性实验作业；机器考查；实验实践自我检查

6. 按教学方法的抽象—具体的程度分类

我国学者黄甫全提出："对我国教学理论中各种各样的教学方法进行分

---

① 巴班斯基. 中学教学方法的选择［M］. 张定璋，高文，译. 北京：教育科学出版社，2001.

析、比较和概括，可以使我们认识到教学方法本质上具有层次性。从具体到抽象，教学方法是由三个层次构成的。"它们分别如下表所示。

表5-4 三个层次教学方法的比较

层 次	对象问题	特 点	举 例
原理性方法	师生的关系和地位；学生与内容的关系；教学价值取向	抽象性；适用于各种内容和各种形式；无固定程序；原理性：指导作用	启发式；发现式；设计教学法；注入式；等等
技术性方法	师生与不同性质内容的相互关系；媒介问题；教学价值取向	抽象与具体相统一；适用于相同性质的内容；有一般性程序；技术性：中介作用	讲授法；谈话法；演示法；参观法；实验法；练习法；讨论法；读书指导法；实习作业法；等等
操作性方法	教学过程与学习过程的相互关系；内容与手段的时间结构问题	具体性；内容的特定性；有固定程序；操作性：课堂教学的实用价值	语文课的分散识字法；外语课的听说法；美术课的写生法；标枪课的小步子法；音乐课的视唱法；劳动技术课的工序法；等等

从以上不同的分类中我们可以窥见教学方法的丰富性，也可以领悟到不同教学方法各自的特点、适用的情境以及运用时应当注意的事项。当然，任何一种类型的概括都无法完全反映某一教学方法的全貌，也难以穷尽不断被创造出的新方法。了解和认识各种教学方法的目的是充实我们的教学方法资

源库，编织好我们应对教学情境时的"图式"，为灵活而有效的操作做好准备。

《〈论语〉十则》的教与学①

1. 教学目标

① 能流畅地朗读课文，做到当堂成诵，学会整体感知浅易的文言文。

② 了解并积累一些常用的文言词汇，正确理解课文的意思，学会质疑问难。

③ 结合自身的实际情况，进一步反省自己的学习态度、学习方法及品德修养。

2. 自学准备

了解诸子百家及其著作名称：查阅孔子、《论语》及儒家学说的有关资料；搜集有关孔子及其弟子的小故事，整理一些相关的成语、格言；借助工具书，诵读课文。

3. 教学流程

（1）导入

师："上下五千年，纵横九万里。"我们中华民族有着几千年的灿烂文化，早在春秋战国时代就出现过不少光耀千古的文化巨人，为后人留下了宝贵的精神财富。请同学们说一说他们的名字和著作。

（让学生在课下搜集与课文有关的资料，丰富自己的知识，了解先秦文化对我国几千年政治、思想、文化所产生的深远影响）

师：现在我们共同学习探究《〈论语〉十则》，一起来感受古代文化的魅力。（出示课题）

（2）课前激励

将全班学生按座位分为四组，在本节课的学习活动中比一比、赛一赛，将最终名次记入每个人的平时成绩。每一组表现突出者酌情加分，"笑到最后"的一组被奖励到阅览室或电脑室活动。

---

① 《人民教育》编辑部. 新课程优秀教学设计与案例（初中语文卷）［M］. 海口：海南出版社，2003：52-57.

（小组比赛的名次与平时分挂钩，这种精神奖励的刺激能够帮助学生建立自信，让其在为小组争光的活跃气氛中锻炼思维，训练口语，培养积极性。阅览室、电脑室是学生最感兴趣的地方，这种奖励可谓投其所好，而且能促使他们养成经常看书和查阅资料的习惯，使他们不断充实自己。小组合作学习有利于激发学生的学习兴趣，点燃他们的思维火花，也有利于在班级内形成竞争机制，产生激励氛围，有利于培养学生的合作意识、表达能力、交际能力和进取精神）

（3）讲小故事并交流展示查寻成果

每组派一名代表讲有关孔子及其弟子的小故事，要求简明扼要、通俗易懂，限时一分钟，在其他组点评后教师评分。教师可以在大屏幕上出示关于孔子和《论语》的画面，并配以古典音乐，让学生自主介绍查阅的资料，展示搜集的成果。教师要对学生及时予以鼓励，为每组评分，最后出示要重点掌握的文学常识。

（以讲小故事的形式激发学生的兴趣，锻炼其语言组织和口头表达能力，通过师生互评以促提高。教师要充分利用电脑进行多媒体教学，创设一种学习情境，给学生以视觉、听觉上的享受）

（4）朗读比赛

出示下列词句，每组派一个学生回答三道读音测试题，其他同学说理由并正音（音义结合），教师出示正确读音，然后根据正确率评分。

不亦说（　　）乎。不亦乐（　　）乎。学而不思则罔（　　）。

人不知而不愠（　　）。知之为（　　）知之。传（　　）不习乎。

三省（　　）吾身。为（　　）人谋而不忠乎。是知（　　）也。

可以为（　　）师矣。思而不学则殆（　　）。

教师要对学生进行朗读方法的指导，可采用"摇头晃脑"式，语速稍慢，语调抑扬顿挫，在停顿、节奏、语气、感情等方面也要给予学生点拨。学生先自由朗读，然后每组选一名代表进行朗读比赛。一组读完后，其他三组进行点评，最后进行分组齐读比赛，教师根据实际情况打分。

（新课程强调凸显个性，尊重学生的个性化行为，其在语文课上的表现之一就是强调个别朗读。的确，个别朗读有凸显学生朗读个性，提高学生朗读水平等长处。然而，教师也要布置听的任务。个别朗读的时间越长，多数学生读书的时间就越短；被动听读的学生越多，单位时间内的朗读效率就越低。实际上，齐读不仅为全体学生的朗读实践提供了机会，而且具有扶"优"携"差"、共同提高的作用。适当的齐读不仅不会扼杀个性，而且有利于全员训练，有利于学优生和学困生在各自的水平上更上一层楼）

（5）在积累词汇、疏通文义的基础上整体把握课文

"读书百遍，其义自见。"学生可以根据自己的预习，在组内自主讨论，疏通文义。可以由一组提出三个文言词，其他三组抢答注解，不许重复。每一组根据教师指定的内容翻译两三则论语，教师根据正确率评分。

整体感悟：你从《〈论语〉十则》中读懂了什么？请读一读原句，说一说你的理解。

各组自主抢答：一人一次，一次一句，不能连续回答。如有不同意见，可以表示反对，限时半分钟。

教师要对学生的回答进行适当补充，使解释更准确，然后根据学生的回答情况评分，最后请各组概括课文的主要内容（大屏幕显示）。

学习方法："学而时习之"，"温故而知新，可以为师矣"，"学而不思则罔，思而不学则殆"。

学习态度："知之为知之，不知为不知"，"见贤思齐焉，见不贤而内自省也"，"三人行，必有我师焉。择其善者而从之，其不善者而改之"。

思想品德修养："人不知而不愠"，"为人谋而不忠乎？与朋友交而不信乎"，"任重而道远……死而后已"，"己所不欲，勿施于人"。

（新课程的教学理念要求课堂教学是民主平等的对话过程，教师要想方设法地激发学生学习的积极性、主动性，形成乐学的氛围，要充分调控学生的注意力，要舍得夸奖学生。在"整体感知"这一环节中，教师要努力改变文言文学习的课堂气氛。有时，教师的热情并不一定能引起学生的共鸣，原因何在？有些教师在公开课上"你真棒""好聪明"的表扬声不绝于耳，但却不能达到预期的效果。其实，表扬、鼓励作为激励学生的一种手段，并非一用

即灵，凡用皆灵。表扬要适度，要因人而异，要讲究方式，要让学生感到教师的微笑、点头、赞许是一种很高的精神奖赏，做到该表扬的决不吝啬，该高歌的决不低调，该委婉的切忌过露）

（6）通过质疑问难、交流体验进行自我反思

学生要学会归纳拓展。《论语》中有不少成语或格言，可以让学生从文中找出来或是课外摘抄，并联系切身体会进行自我反思：自己哪些方面做得好些？哪些方面还有欠缺？今后有何打算？

每组在讨论后选一名代表发言，教师通过大屏幕出示：不亦乐乎；温故知新；见贤思齐；择善而从；任重道远；死而后已；知之为知之，不知为不知；三人行，必有我师焉；己所不欲，勿施于人。然后评价给分。

每组自主讨论质疑（如"温故"一定会"知新"吗），提问组有权指定同学回答。学生可以从任何角度进行反思（如"仁以为己任"体现了儒家学说推行的"仁"的思想，对于我们的言行有着深刻的指导意义），对难懂词句的理解（如"岁寒，然后知松柏之后凋也"的深刻含义）教师应加以点拨、补充，然后进行评分。

大屏幕出示"己所不欲，勿施于人"。第一、二组为正方，第三、四组为反方，两方同学进行辩论比赛，力求观点鲜明，理由充分，辩论后教师评分。

（新课程的一个重要特征是改变传统的教师讲、学生听的局面，倡导自主、合作、探究的学习方式。教师在教学中要有大量的课堂时间让学生质疑讨论、交流评价，让学生自主学习的能动性、合作交流的互助性、探究未知的开拓性得到优先发展。实践证明，这种学习方式要求学生要有一定的学习基础与个性品质。学优生具备这一条件，自主质疑时他们是发问者，合作讨论时他们是组织者，发言交流时他们是代表者，他们的潜能得到了充分发挥。但学困生基础薄弱，参与性、主动性欠缺，思维的敏捷性、深刻性稍逊，总是落后学优生半步，常常是问题刚想到一半，结果已被他人答出，这使他们无形中失去了思考、发言、表现的机会，在一定程度上被变相剥夺了学习的权利。因此，教师在课堂中应充分认识、研究这一现象，格外注意呵护学困生，想方设法为其提供机会，促进他们的发展）

（7）背诵接龙

教师指导学生进行背诵，要求语音准确，声音响亮，切忌断句、破句。参考朗读标准，四组选代表背诵接龙，每组十个人，一人背一则，其他组点评。然后每组一齐背诵接龙，最后教师打分。

（全篇课文除去"××曰"等字眼不过200个字，学生完全能做到当堂成诵。但教师要保证学生的诵读时间，以灵活、生动的方式指导学生进行背诵练习，这样会收到事半功倍的效果）

（8）自主小结

学生小结：这节课有什么收获？

教师对学生的回答适当点评，并指出《论语》对于我们的学习、做人的重要指导意义。各小组评出表现突出者，教师对其进行赞赏，最后宣布本节课活动的获胜组。

（通过学生小结学习内容，教师可以比较全面地了解、掌握教学情况，以便查漏补缺、及时更正）

（9）延伸作业

多读、多背课文，课外自愿选读《论语》。

请根据文中的成语、格言写一篇读《论语》心得，要联系自己学习、做人方面的实际，进行自我反省。然后把习作贴在教室里，同学间互相对照、监督。

（生活体验是语文学习的重要基础，语文学习的过程实质上是不断激活生活体验的过程。同时，生活体验能照亮语文学习，语文学习在不断地理解已有的生活体验，而已有的生活体验也在不断地解读语文。生活体验愈丰富，愈能从不同的角度和深度进入语文并掌握语文。教师应鼓励学生写出自己真实的学习体验、生活经历，通过联系实际来指导自己的言行，充分利用语文资源沟通课内、课外，重视语文与生活的紧密结合。这样，学生学到的不仅是活生生的语文知识，更重要的是养成了关心生活、留心语文的习惯。由此可见，只要语文学习与生活体验相连相接，就能双赢）

二、 选择运用的一般要求

（一）教学方法的选择和组合

教学方法多种多样，从教学实践的角度说，每种教学方法都有其独特的性能、适用范围和条件。在教学过程中，我们不可能用一种或几种"万能"的教学方法去完成复杂的教学任务。这是因为，教学要使学生对所掌握的知识技能"懂""会""熟"，而传授知识技能的任务包括传授、巩固和应用新教材等几个方面。教学还有发展认知能力和体力，进行思想品德教育等任务，要完成这些任务，教师就须选择适宜的教学方法并将它们合理地组合起来。而且，学科的内容和性质也决定了要采用多种教学方法才能适应教学实践的需要。同时，教学方法的选择还受学生年龄特征和个体差异的制约，也受学校具体条件的影响。教学方法还体现出教师的个性特点，每个教师都应根据自己的特点，扬长避短，灵活运用各种教学方法。

1. 选择和组合教学方法的依据

现代教学对教学方法的要求日益提高，提倡以系统的观点为指导来选择教学方法和教学手段，以便使教学过程优化，发挥出它的最佳整体功能。一般来说，教学方法和手段的选择主要依据如下几个方面。

① 教学目的和任务；

② 教学过程规律和教学原则；

③ 本学科的具体内容及其教学法特点；

④ 教学方法本身的特性；

⑤ 学生的可接受水平，包括生理、心理等；

⑥ 教师本身的条件，包括业务水平、实际经验、个性特点等；

⑦ 学校与地方可能提供的条件，包括社会条件、自然环境、物资设备等；

⑧ 教学的时限，包括规定的课时与可利用的时间；

⑨ 预计可能取得的真实效果等。

2. 选择和组合教学方法的思路

以系统的观点选择和组合教学方法并使之最优化有许多思路，下面介绍两种观点。

（1）系统分析说

日本名古屋大学教授广冈亮藏认为，教学是一个多变量过程，受多种因素的制约。要设计最优化的教学方法，就要从这许多个制约教学过程的变量中寻找出一些主要变量来进行研究。他认为，制约教学过程的主要变量有三个：

① 教学目标因素：要看是主体操作能力的形成，是系统知识的掌握，还是个人能力和思维的发展。他认为前两者是低级教学目标，而后者则是高级教学目标。

② 教材因素：要看是知性教材（即理论教材）、表达教材（描述性教材），还是技术教材。

③ 学习者的发展阶段因素：要看儿童是处于行为把握阶段、图像把握阶段，还是符号把握阶段。所谓行为把握，是指学生的发展阶段较低，要通过动作、活动来把握事物。如果是通过实物、绘图等图像线索来理解和把握事物，那么就处在图像把握阶段。符号把握阶段是学生的高级发展阶段，是发挥抽象思维的作用，用以语言为符号的抽象概念和原理来理解和把握事物的阶段。

如果是高级教学目标、知性教材，且学生已达到符号把握阶段，那么就可选用主体性探索式的教学方法。其主要教学环节为，在具体情景中抓住问题→提出假设→验证假设→得出结论→应用。

如果是低级教学目标、表达教材，且学生处于图像把握阶段，那么就主要选用接受性启发式的教学方法。其主要教学环节是，获得信息→复合思维（沿教师或教材专设的途径，通过分析、综合活动加以掌握）→巩固和应用。

如果是低级教学目标、技术教材，且学生处于行为把握阶段，那么就主要选用接受性的操作教学方法。其主要教学环节是，摆弄实物亲身感受→出色操作，有时可能需要教师手把手地教。

从教学实践的情况来看，在选择教学方法上，教学目标和学生发展阶段这两个变量较教材类型变量更具有决定意义。

（2）板块组合说

我国华东师范大学教科院贺师礼认为，发展性教学方法（即启发式教学方法，是指在教师主导下，学生在主体活动中得到发展的教学方法）具有十大基本构成因素：① 自学（阅读、预习、准备）；② 问题（提问、启发、质疑）；③ 实验（观察、调查、直观教具）；④ 讨论、问卷、辩论；⑤ 归纳（小结系统、结构）；⑥ 讲述（讲解、辅导）；⑦ 练习、操练；⑧ 发现（探索、研究）；⑨ 设计（创造、创新）；⑩ 控制（反馈、自我强化）。一般来说，前八种是教学中普遍适用的因素，第九种是高层次学生适用的因素，而第十种则是教学过程中不可缺少的基本因素。

选择最适合的基本因素，对其进行适当的组合，这样能形成一个整体的最优结构系统，从而实现教学过程和方法的最优化。这些基本因素排列组合的原则有四条：

① 根据教学目标、心理特点的不同要求；

② 根据能力培养的不同特点所要求的不同训练方法；

③ 根据不同教材内容特点和学生不同的生理、心理状况；

④ 根据教学认知和发展过程的规律。

3. 选择和组合教学方法的程序

选择教学方法应遵循的程序包括四大步骤：

第一步是明确选择标准。标准必须具体化，首先是具体化的教学任务和规定的教学时间，其次是此时此地教师使用某种或某组方法的实际可能性，如教学设备和教学环境等。

第二步是尽可能广泛地提供有关教学方法，包括每种方法中的具体活动形式和细节。教师搜集、了解到的教学方法越多，就越便于其进行最优化选择。

第三步是教师应了解该怎样合理运用有关教学方法，即对各种可供选择的教学方法进行比较。先比较运用各种具体方法的可能性，以具体的教学方法为纵坐标，以其对"形成""发展""教学速度"的功能为横坐标进行比较，再比较可供选择的教学方法的适用范围和条件。这时，教师应考虑学生的年龄特点和认识活动特点。

最后一步是，在既定的教学任务、教学内容、师生特点、教学时间等条件下，教师对各种方法进行筛选，做出最优化的决定。这一决定是依据有科学根据的选择做出的，选择出从一定标准看是该具体条件下最合理的方法或这些方法的组合。

（二）教学方法的运用[①]

在确定了教学方法并设计出教学方案后，到了实际教学活动中，还有如何正确实施应用的问题。

1. 要发挥教学方法的整体功能

教学方法的应用，一是要考虑充分发挥由教师、学生和课程构成的教学的整体功能，使之实现整体大于部分之和的系统功能；二是要注意发挥出不同教学方法构成的综合整体功能，使各种方法有机配合，收到良好的教学效果，提高教学质量。

2. 要坚持启发式教学指导思想

启发式既是一种教学方法，又是一种教学指导思想，它是相对于注入式而言的。注入式是教师从主观出发，把学生置于被动的地位，忽视学生的主体能动性，把学生看成单纯接受知识的"口袋"，只注重教学过程的知识灌输。启发式是教师从学生的实际情况出发，把学生当成学习的主体，运用各种方式方法调动学生学习的积极性、独立性、主动性和能动性，引导学生通过自己积极的学习活动掌握知识、形成技能、发展能力并促进其个性健康发展。启发式尊重学生的主体人格，强调教师对学生学法的指导，重视学生的技能形成、能力发展和个性展示。

---

① 黄甫全，王本陆. 现代教学论学程［M］. 北京：教育科学出版社，2003：321.

所有的教学方法都既有启发性质，又有注入性质，是一把"双刃剑"，全在于教师如何使用。如讲授法，如果教师只是一味地讲，枯燥地讲，那么就是注入式；如果教师以适当的问题和实例开头，激发学生的学习动机，再配以形象、风趣的讲解，那么就是启发式。又如问题解决法，如果问题在形式上和内容上提得恰到好处，适合学生的心理，能激发其学习动机，那么就是启发式；如果问题提得过难或过易，连珠炮式地提一大堆问题，就会压抑学生的学习积极性，使之生厌，那么就成了注入式。因此，教师在应用教学方法时，须自始至终贯彻启发式的指导思想。

　　3．要综合应用各种教学方法

　　无论是教学目标、教学内容，还是教师的素养、学生的身心发展，都是多方面的，教学手段、媒体也是多种多样的，这就决定了任何一个教学活动都应综合使用各种方法。教师在教学方法的设计应用中应坚持综合化，形成具有内在有机联系的教学方法组合。

　　4．坚持灵活性，渗透教育机智

　　不同教学方法的设计和使用、使用时间的长短以及使用中学生的反应等都是非固定性的，都是因时、因地、因人而异的。这就要求教师在教学方法的选择和使用中，要灵活机智，随时把握好不同方法的应用，特别是要具有方法使用机智，能根据课堂教学中不同方法使用中出现的特殊课堂气氛和突发的因素，巧妙地因势利导，采用一些新颖的教学方法，从而收获意料之外的效果。

三、 改革发展的基本走向

　　随着世界范围内的课程与教学改革的不断深入，教学方法的改革也出现了新的走势，以下五个方面很值得我们关注。

（一）互动方式的多边性

多边性主要是指现代教学方法不再局限于传统的单向活动论和双向活动论，而是强调教学是一种多边活动，提倡师生、生生、师师之间的多边互动。现代心理学认为，多向交流较单向交流和双向交流有着更加显著的效果，能最大程度地发挥相互作用的潜能。因此，现代教学方法倡导教师与学生、学生与学生进行全面的、广泛的社会互动。这种新走势对于充分开发与利用教学系统中的人力资源，减轻师生的负性负担，提高学生学习的积极性与参与度，增强教学效果，达成教学目标，无疑有着积极意义。

（二）学习情境的合作性

合作性主要是指，现代教学方法越来越强调教学中各种动态因素之间密切合作的重要性。这种合作不仅是为了集思广益，相互切磋，提高学业成绩，也是为了培养学生的合作意识与行为，形成良好的非认知品质，从而顺应教育社会化的需求，培养现代社会所需要的人才。

20世纪70年代兴起于美国，目前盛行于世界各地的"合作学习法"可以说是最具合作性特点的一种现代教学方法。这种教学方法提倡利用小组合作学习来提高学业成绩、学习合作技能、增进同伴友谊、学会关心和理解等。由于合作学习不仅能大面积提高学生的学业成绩，而且能培养学生正确的合作观与竞争观，达成智力因素与非智力因素的和谐发展，顺应教育社会化的需求，因此其备受世界各国教育工作者的欢迎与喜爱，很快就成了一种主流的教学方法。合作学习以小组合作活动为主要教学形式，不仅强调生生、师生合作，而且要求教师与教师就所授课题进行合作设计，从而显示了令人瞩目的实效。

（三）价值取向的个体性

个体性主要是指现代教学方法更加趋向于个别适应与因材施教，更加注意增加个性学习的参与度，更加注意发展学生的潜能。从教学史上看，教学方法的发展大致经历了个别化教学→班级教学占主导地位→班级教学和个别教学并存三个阶段。自 20 世纪 90 年代以来，经济与社会发生了剧烈变化，为了顺应社会发展的需要，各发达国家在教育改革中都强调教育制度必须弹性化，教学方法尤其要注意个性化和多样化。

现代教学方法改革的个体性趋势主要表现在两个方面：一方面，个体性活动已成为许多教学方法的重要组成部分；另一方面，现代教学技术手段的发展为教学方法提供了一个新的发展空间，师生相互作用的条件趋于多元化，这使得学生在知识、能力、兴趣、特长和个性品质等方面的适性发展成为可能。

（四）目标达成的全面性

全面性是指现代教学方法越来越重视知识与技能，过程与方法，情感、态度与价值观等各种目标的协同达成，强调知、情、意、行的有机统一。教学方法是达成教学目标的工具或手段，任何一种教学方法都是与特定的教学目标相对应的。而教学目标又是教育目的在教学中的体现，因此它具有很强的时代性。透过教学目标理论的发展历史，我们不难寻到这样一个轨迹：掌握知识→发展智力→开发非智力因素→培养技能→认知与情感、态度、价值观的协同达成。现代教学方法追求为全面实现教学目标提供强有力的支持，它并不是要抹杀某种方法的特殊作用，而是要让教学方法充分发挥其多方面的功能，使其更具有包容性和科学性。

（五）选择使用的综合性

综合性是指现代教学方法在被选用时，人们开始注重多法结合、互配使用，以期达到最优化的教学效果。近些年来，国内外不少教育学者都提倡多种方法的综合使用。他们认为，在众多的教学方法中，一种方法的优点可能恰恰是另一种方法的不足所在，反之亦然。若能利用各种方法之间的这种互补性，并将具有互补性的方法互配使用，则一定能取得好的教学效果。如"合作掌握学习法""引导发现教学法"都是这方面的成功例子。

四、 匠心独运的艺术创造

教学是一种艺术，尤其是教学方法的运用，更是一种艺术创造。在充满生命活力的课堂上，教师不可能照搬那些关于教学方法的训诫与教条，更不可能在条分缕析的方法谱系中去寻找应对复杂性情境的处方。关于"教学方法"的知识是需要学习的，但这种学习的目的是要把它们变为"实践智慧"。古话说：运用之妙，存乎一心。因此，我们习得教学方法时，应当特别注重对它的创造性应用。

（一）曲尽其妙：彰显每种方法的优势

每种教学方法都有其特定的适用范围，也都有其优势和局限。教师要善于选择适合完成某一教学任务的方法，充分利用其优势，这样就能最大限度地发挥其作用。

一

讲授是一种能充分发挥教师主导作用，有利于高效率地促进学生接受系统知识的教学方法。讲授的艺术在于其能用准确、鲜明、生动的语言，调动学生已有的知识经验，激起他们的思维积极性，帮助学生建构知识的意义。下面是一位数学教师讲授"点的轨迹"的教学片段，我们看看他是怎样利用学生的日常表象和经验，使学生获得对抽象概念的真正理解的。

教师向学生提出："什么是点的轨迹？"学生看着教科书上写的"具有某种性质的所有点组成的图形叫作具有这种性质的点的轨迹"，感到迷惑不解。这时，教师拿出一个蓝色的粉笔头说："同学们，我这里有一个刚从蓝墨水瓶里爬出来的'小虫子'，现在我让这只小虫子从与距定点 A 相距 30 cm 的地方开始爬行，它爬呀爬呀，身后留下了一条墨水轨迹，这就是'小虫子'运动的轨迹……"他一边说，一边在黑板上画图，逐渐显现出由"点点墨水迹"组成的圆。学生受到启发，积极地思考，认识到圆上所有的点都具有相同的性质，也认识到平面内与一个定点距离相等的点的轨迹就是圆。这样，他们逐步理解了点的轨迹的定义。

二

特级教师于漪是"提问"的高手。我们知道，问答法（或谈话法）的优势是启发学生思考，提示学习的重点、难点，教会学生怎样分析和解决问题，引起学生的注意。研究下面的课例，看看对我们有什么启示。

特级教师于漪教《在马克思墓前的讲话》时，向学生提出了这样的问题："对马克思的逝世，文中没有用'停止了呼吸''心脏停止了跳动'，而是用了'停止了思想'，这是为什么？"一个问题引发了学生对这位伟大的思想家的影响的深入思考。

在执教《孔乙己》一课时，于漪老师设计了三个问题。

第一个问题是："孔乙己叫什么名字？"

学生仔细地研读课文，找出了答案。

在学生回答后，她又问："孔乙己没有名字说明了什么？"学生在思考和议论之后进行了回答。

最后她再问："为什么会有这种现象？"这个问题激起了学生从更深的层次上开掘出新"问题"的动力，拓宽了他们的认识境界。

这三个问题由浅入深，最后一个问题并没有固定的标准答案，它们碰击出了一串智慧的火花，"兴趣"也油然而生。

（二）水乳交融：注重各种方法的统合

每种教学方法都有它的独特效用，但在实际的教学中，没有哪种方法是可以"包打天下"的，因此，教师要注重发挥各种方法相互结合的整体效应，使各类方法能围绕教学目标融入课堂互动的格局。这样，一堂课就如一件完整的艺术品，各种"技法"虽然曾经发挥作用，但在作品中已难见斧凿之痕了。

《游园不值》教学片段①

师：由这一枝出现在眼前的粉红的杏花，诗人便断定那满园春色已关不住了。假如你是诗人，你能想象出园内有哪些景物呢？它们都是什么样的呢？你能给大家描述一下吗？

生1：园内百花盛开，五颜六色，红的似火，粉的如霞，白的赛雪，漂亮极了。几棵高大的柳树像用碧玉装饰成的，柔软的枝条在风中飘摆。

生2：小草绿油油的，像给花园铺上了绿色的地毯。花丛中，一只只蝴蝶翩翩起舞，辛勤的小蜜蜂正忙着采蜜。

生3：一条小河从花园边上哗哗地流过，河水清澈见底，绿树、红花、蓝天、白云映在水中，如同一幅动人的图画。

---

① 杨颖，关文信，赵晶红，等. 新课程理念与小学语文课堂教学实施［M］. 北京：首都师范大学出版社，2003：117-119.

师：你们的想象力真丰富啊！诗人就像你们一样，眼看出墙"红杏"，心想墙内百花；眼看出墙"一枝"，心想墙内万树。此时他的心情又是如何的呢？

生：诗人会高兴起来，觉得没有白来。（教师板书"高兴"）

师：谁能带着这种心情来读一读这两行诗？（教师指名学生有感情地读诗）

师：既然大家已经体会到了诗人的感情，就请同学们做一回诗人叶绍翁，到前面来边吟诗边表演诗中的情景，老师给你们配乐。谁想来？其他同学要认真看，然后依据你们对诗句的体会评价他们的表演。

（一个学生走到前面表演。他慢慢走来，轻轻敲门，等了一会儿，踮起脚张望，然后又轻轻敲门。过了一会儿，他长长地叹了一口气，吟道："应怜屐齿印苍苔，小扣柴扉久不开。"正要转身离开时他一抬头，眼睛一亮，满脸惊喜，踮起脚，伸出手，拉过一枝"红杏"，凑到鼻子下，吸气，闭眼微笑，吟道："春色满园关不住，一枝红杏出墙来。"）

生1：我觉得他演出了诗人由失望到高兴的心情变化。但是，我想园外的路上也会有青苔，如果诗人也爱惜它们，那么走路的时候就应该小心些，躲闪着脚下的苍苔。

生2：我觉得他准确地表现了"小扣""久不开"等词语。可我想既然"红杏"已经出墙来了，在春风中诗人不必凑过去就应该能闻到香味，他这里表演得不太合适。

（另一个学生再次表演，其他同学不由自主地随着吟诗）

师：红杏和绿柳从古至今都是春色的典型代表，而本诗中的这枝红杏更因为预示了满园春色而流传千古。其实，春色一旦满园，不仅是杏花，其他景物也会冲破围墙，向我们宣告春天的来临。下面，同学们就用除杏花之外的其他景物来改写最后一行诗，"春色满园关不住"下一句怎么接？有困难的可以组内合作改写。

（学生在组内讨论、推敲，教师到各组参与讨论，合作学习5分钟）

生1：春色满园关不住，阵阵花香扑鼻来。

生2：春色满园关不住，绿柳如丝出墙来。

生3：春色满园关不住，蜜蜂蝴蝶翩翩来。

生4：春色满园关不住，河水叮咚入耳来。

生5：春色满园关不住，杨花柳絮过墙来。

（师生共同对改写的诗句进行评价）

师：看起来同学们不仅读懂了古诗，也能写诗了。课后，同学们就模仿这首《游园不值》，写一首赞美春天的诗，能行吗？（学生兴奋地点头）

师：其实，赞美春天的优美诗句还有很多，老师今天就再为同学们推荐一首《春江花月夜》，可以在《唐诗鉴赏词典》中查到。这首诗共有36句，被闻一多先生誉为"诗中的诗，顶峰的顶峰"。课后大家运用古诗图式来读一读这首诗，周五的读书汇报会我们就专门来欣赏这首诗。

在这个案例中，教师的讲解与点拨，师生间的合作与对话，学生的读书、表演与创作，可说是浑然一体，水乳交融。这真是综合运用各种方法的神来之笔。

（三）别开生面：讲求方法细节的变化

教学方法的运用贵在有常有变，不落窠臼。其实，在课堂教学中，教师与学生交互作用的情境会给教师以触动，这时教师的"灵感"会油然而生。当然，"灵感也只会光顾有准备的头脑"，因此，教师平时应该不断提高使用教学方法的素养，涵育对教学情境反应的敏感性，注意推陈出新，使教学方法能激起学生的兴趣和美感。

富有创意的方法运用

第一个例子是学习《挺进报》时的一堂说话课，教师在学生学完课文后并没有提出要"复述"课文的要求，而是做了一个动作："神秘"地将一把扫帚小心地挂在了窗台上，接着问："这是哪一篇课文的细节描写？谁能根据这一动作说一段故事?"孩子们的眼睛忽地亮了,举手的越来越多,兴致勃勃地抢着发言。

接着,教师又拿出半截铅笔、一包香烟和一把破刀片放在台上。教室里又活跃了起来,一个学生甚至脱口而出:"《挺进报》第一期,白公馆出版。"多有趣!这种教学方法最大限度地吸引了学生参加听说活动。

第二个例子是教师在上语文《新型玻璃》时,出示了一份招聘启事:"现代科技创新公司研制出了五种新型玻璃,有防盗玻璃、变色玻璃、吸热玻璃、吸音玻璃、夹丝玻璃。公司要招聘这五类玻璃的推销员,你想应聘哪一个?请对其中一种玻璃的特点和用途进行介绍,有创意的优先录取。"

(四)激情引趣:营造快乐学习的氛围

让学生"乐学",努力使教学充满情趣,这是教学方法改革的一种趋向。课堂教学中的游戏、表演、比赛等能唤起学生学习热情的活动正在使课堂生活变得充满生气,也正在使学生在一种心理自由和心理安全的愉悦气氛中感受成长的快意和智力劳动的乐趣。

事例点击

一位物理教师在执教"轮轴"一课时,设计了一个游戏:看谁力气大,手劲好。他故意挑选了身高、体型相近的男女同学各一名,请他们上讲台掰手腕。女同学胆小,不肯和男同学掰手腕,引起了部分学生的议论和笑声,都认为不用比,女同学肯定会输。比赛下来,果然是女同学输了。然后,教师拿出了一个啤酒瓶,再请这两个同学比试一下,男同学握住啤酒瓶的颈口部分,女同学握住啤酒瓶的瓶身部分,各自用力向相反的方向旋转,结果女同学赢了。这一下课堂里炸锅了,引起了同学们的议论。这时,教师问学生:"为什么力气大的男同学反而比不过力气小的女同学呢?"通过这个游戏,同学们的兴趣一下子就被激发了起来。在教师的引导下,他们一步步地探究有关"轮轴"的知识。

（五）走向开放：拓展学习活动的领域

广阔的生活领域也是"课程"的领域。学生不仅要在课堂中学习知识，而且要在现实的应用情境中掌握知识。要让生活的清风吹进课堂，也要让课堂的学习延展到生活的空间里去。这样不仅会使课堂充满一种新鲜的气息，也会使学生汲取更多丰富的营养，激发他们更多的灵性。

事例点击

一

教完了《论语三章》，学生很想多了解一下孔子。经过师生的共同讨论，教师决定开展一次"走近孔子"的研究性学习活动。在教师的指导下，学生走进图书馆、上网、与专家学者对话，各种形式的"沙龙"如火如荼地开展了起来。

二

在学习中国近代史时，教师为学生布置了一个作业："下周我们要搞一个模拟法庭——庭审李鸿章。大家可以分别组成小组，担任不同的角色，如'法官''公诉人''律师''陪审团成员''公众'等，每一个小组都要根据自己的角色去查阅资料，准备发言，让我们下周在'法庭'上见吧！"

第六章

课堂教学的组织形式

教学的组织形式是同社会需要、培养目标、教学任务、教学内容、教学程序与方法紧密联系在一起的。科学合理地确定教学的组织形式，也有助于提高教学的质量，也有助于促进学生个性充分、自由和全面的发展。

任何一种教学活动都要把受教者按照一定的形式组织起来，以便有效地进行学与教。怎样组织这种学与教的活动是一个颇有意义的古老课题，因为只要有教学，就必然存在一定的教学组织形式。教学的组织形式是同社会需要、培养目标、教学任务、教学内容、教学程序与方法紧密联系在一起的。科学合理地确定教学的组织形式，有助于提高教学的质量，也有助于促进学生个性充分、自由和全面的发展。

一、 教学基本组织形式的确立

（一）"教学组织形式"的含义

教学组织形式，是教师和学生按照一定的制度和程序实现的协调的教学活动结构形式。通俗地说，就是能将学生组织起来进行教与学的形式或较为稳定的关系。"教学组织形式"的含义涉及以下三个方面。[①]

1. 一定的师生互动方式

教学作为"教师的教与学生的学"共同组成的双边活动，必然存在着相互作用的方式。这种作用方式既可以是直接的，又可以是间接的；既可以在班集体中进行，又可以在小组内或个体间进行。师生比例及互动关系的不同结构，决定了不同的教学组织形式，而特定的教学组织形式又会影响教与学的活动功能。

2. 特殊的时空安排

师生活动必须在一定的时空背景下完成。实际上，确定和运用教学组织形式，在某种意义上就是选择、组织一种特定的教学时空环境，然后在这种时空环境中建立一定的师生活动模式。不同的教学时间分配和不同的教学空

---

① 黄甫全，王本陆. 现代教学论学程 [M]. 北京：教育科学出版社，2003：354-355.

间组合可以产生不同的教学时空环境，进而导致教学组织形式发生相应的变化，影响其作用的发挥。课时是现代教学组织的基本时间单位，教室（包括实验室和体育场所）是现代教学组织的基本空间单位。课时的程序化安排与教学目标、教学内容、教学方法有着密切的联系，空间的物理组成也影响教学目标、教学内容和教学方法的实施。

3．教学因素的某种组合

从一定意义上说，教学组织形式是各教学因素的配置系统，它涉及各教学因素怎样在特定的师生关系和时空关系中集结、综合及发挥作用等问题。教学的目标、内容、媒体、方法手段等因素在教学中各具独特的作用，它们只有通过教学组织形式的优化配置，才能综合发挥教学的效用，从而实质性地促进学生个性的发展和学习质量的提高。

（二）教学组织形式的发展

教学组织形式的发展大体经历了从个别教学到集体教学，再到个别与集体相结合的综合化、多样化教学形式。发生这种变化的根本原因在于生产力的发展水平和社会发展的需要。教学的组织形式在超越了古代学校的个别教学和班组教学以后，从17世纪上半叶夸美纽斯在理论上确立班级授课制，到19世纪后半叶班级授课制在实践中确立起来，其间整整经历了250年。此后，对教学组织形式的改革与探索一直没有停止。在班级授课制普遍流行的同时，人们注意到了它的缺陷，并尝试用种种更能适应学生个别差异、尊重学生个性的教学组织形式来弥补，甚至取而代之。因此，一系列具有重大影响的教学组织形式就应运而生了。

几种有代表性的教学组织形式

除了"班级授课制"以外，以下一些教学组织形式也对教学改革有着较大的影响。

（1）道尔顿制

它是由美国道尔顿城的教育家柏克赫斯特提出并试行的。这是一种典型的自学辅导式的教学组织形式：教师每周进行有限的集体教学，然后指定学习内容，学生接受学习任务后，在各专业课堂上自学，独立完成作业，然后接受教师考查。合格后，继续接受新的学习任务。

（2）文纳特卡制

这是美国教育家沃什伯恩 1919 年在芝加哥市郊文纳特卡镇公立学校实行的教学组织形式。按照这种教学组织形式，课程分为两部分：一部分按学科进行，由学生个人自学读、写、算与历史、地理方面的知识和技能；另一部分是通过音乐、艺术、运动、集会以及开办商店、组织自治会来培养学生的"社会意识"。这种形式的特点：第一，按单元进行学习，各单元都有明确的学习目标和具体的学习内容，并配以小步子的自学教材；第二，学习完每个单元的内容，在经过测验诊断后，继续学习新的单元；第三，教师随时对学生进行个别指导。

（3）分组教学

为解决班级授课制不易照顾学生个别差异的弊端，19 世纪末到 20 世纪初，在西方出现了分组教学制，有能力分组、作业分组、外部分组、内部分组等。分组教学能根据学生的学习能力或水平差异进行分层教学，便于教师组织教学，也使教学能够适应不同层次学生的学习准备和学习要求，有利于因材施教。其弊端则表现为，不利于学生个性的健康发展，能力强的学生易滋生骄傲情绪，能力差的学生易产生自卑感。同时，由于缺乏不同水平学生间的相互交流，学困生发展的机会受到了限制。

（4）特朗普制

特朗普制是由美国教育家劳伊德·特朗普在 20 世纪 50 年代创立的。它把大班上课、小组讨论、个人自学结合到了一起，以灵活的时间单位代替了固定统一的上课时间。先进行大班集体教学，由优秀教师采用现代化教学手段为几个平行班统一上课。之后分成小班组，研究讨论大班课上的教学材料，由 15～20 人组成一个小组。最后由学生个人独立自学、研习、做作业。教学时间分配：大班上课占 40%，小组研究占 20%，个人自学占 40%。

（5）开放课堂

开放课堂的特点是教师不再分科系统地按照教材传授知识，而是为学生创设学习环境，由学生根据自己的兴趣在教室或其他场所自由活动或学习。

总的来说，教学组织形式可划分为个别化教学、集体教学和综合教学三类。其中，个别教学、道尔顿制、文纳特卡制、开放课堂基本可划为个别化教学一类；班级授课、分组教学、导生制可划为集体教学一类；特朗普制则是属于综合教学类。个别化教学组织形式虽然能弥补集体教学的不足，但也只能作为集体教学的补充。班级授课作为集体教学的代表，是当前及今后较长时期内的主要教学组织形式，因此其必须随着时代的发展而进行变革。今后的教学组织形式应该是融合了个别教学与集体教学优点的综合性教学组织形式。

（三）基本的教学组织形式——课堂教学

班级授课制是在文艺复兴之后，教育开始走向大众化的历史前提下被逐步确立起来的。最先从理论上对其加以概括的是捷克著名教育家夸美纽斯。

课堂教学是班级授课制的基本表现形式，也是现代学校教学的基本组织形式。学校教学的目标和任务主要是通过课堂教学来落实的。

1. 课堂教学的优点

课堂教学具有其他教学组织形式所不具备的优点。

第一，有利于提高教学效率。教师可以面对众多学生进行集体教学，不必将同样的内容和问题重复若干遍，从而提高了教学效率。课堂教学以课为单位，按课时教学，课间有一定的休息时间，使教学工作能够连续地、有节奏地进行下去，学生也可以劳逸结合，以充沛的精力投入学习，取得良好的学习效果。所以，从时间和空间来看，课堂教学是培养人才的一种有效、经济的形式。

第二，有利于发挥教师的主导作用。在课堂教学中，教师按课程标准或教学大纲和课本的规定科学地组织教学过程，学生在教师的指导下进行活动，能快速、有效地掌握系统的知识技能，这体现了教师在整个教学过程中组织各种教学活动的主导地位。

第三，有利于发挥学生集体的教育作用。课堂教学是在班集体中进行的，并且学生的年龄和水平相近，所学内容相同，有利于开展讨论交流和学习上的竞争，使课堂教学起到互相促进、互相激励、互相帮助的作用。集体成员的朝夕相处、共同的学习目标和集体生活还有利于学生个性的健康发展。

2．课堂教学的不足

虽然课堂教学具有无可比拟的优点，但在长期的教学实践中，它也表现出了难以克服的缺点。

第一，不利于照顾学生的个别差异。教材统一，要求统一，进度统一，这就很难照顾到每个学生的个性特点，难以做到因材施教。

第二，不利于培养学生的探索精神、创造能力和实际操作能力。在课堂教学中，学生的学习主要是接受性学习，动手、动口、动脑的机会较少，这对发挥学生的积极性、主动性，充分发展他们的智力和能力有一定的局限。

课堂教学所具有的优越性使其在产生后的三百年中经久不衰，成了各国教学组织的基本形式。虽然人们针对它的缺陷进行了许多改革与探索，但所产生的新的教学组织形式还不能从根本上取代课堂教学的地位，只能作为它的补充或辅助形式。不过，课堂教学毕竟不是一种完美无缺的教学组织形式，因此仍须我们不断对其进行改革、完善和创新。

二、 各种教学组织形式的相互补充①

在教学组织形式走向综合化的变革过程中，每种教学组织形式都吸纳了其他形式的长处，形成了各种教学组织形式扬长避短、相互补充的新趋向。

---

① 黄甫全，王本陆．现代教学论学程［M］．北京：教育科学出版社，2003：360-365．

（一）基本的教学组织形式日益完善

课堂教学作为最基本的教学组织形式，在变革中不断地进行着发展和完善。从教学实践来看，课堂教学的具体形式大致有三种：全班上课，班内分组教学，班内个别教学。

1. 全班上课

这是现代学校中最典型、使用最为普遍的课堂教学组织形式，是在教师的直接指导下，班级全员一起进行学习的形式。其主要特点：① 教师同时面对全班学生施教，学生能把所有对教学的反映反馈给教师，它采取的是同步学习的方式，即所有学生每次的学习内容、学习进度及所采用的教学行为都是一样的；② 以教师系统讲授为主，辅之以其他各种有效的方法向学生呈现教材，如讲解、示范、谈话、课堂讨论等；③ 教师的讲授是学生学习的主要信息来源，但学生在课堂上可与教师、同学进行多向交流；④ 教师可用自己的情感、态度和行为直接影响学生，并使他们产生相应的反应。

在全班上课时，学生始终在教师的直接指导下，有步骤地朝着目标进行有效的学习，他们是通过捷径来掌握知识技能的。在时间和教师付出的精力上看，全班上课可以说是一种最经济的教学组织形式。但从学生自我活动这一点上看，它不能说是最有效的。每个学生都处于不同的水平上，在学习起点和学习速度方面有较大的差异，合在一起进行教学会使学得快的学生感到乏味，学得慢的学生感到灰心。有些学生需要不同的教学媒体，以适合他们个人的学习方式。而全班教学强调整齐划一，这必然会影响某些学生的学习。总之，全班上课难以适应学生在学习速度、学习方式和个性等方面的个别差异。

2. 班内分组教学

班内分组教学是根据教学或学习的各种需要，把全班学生再细分成若干个人数较少的小组，教师根据各小组的共同特点分别与其接触，进行教学或布置他们共同完成某项学习任务，学生以组为单位进行自主性的共同学习，在同学之间进行信息交换。其主要特点如下：① 在全班上课的基础上开展小组学习活动，班级依然保留。教师的主导作用、教学的计划性和系统性等主要原则在班内分组教学中依然适用。② 小组不是永久性的，而是临时性的，主要是为了具体的教学活动而组建的，可以是学科小组，也可以是活动小组，主要视所要完成的任务、活动的目的和性质而定。③ 各小组的人员也不是固定的，小组规模的大小要视学生的发展阶段、班级人数、学科、所布置的课题、作业的类型及其量的大小而定，小组的人数一般可为 2～10 人。

适合采用班内小组教学的教学情境多种多样，有时是因为一定的教学方式，如主题讨论、开展小范围合作活动等，有时是因为特定的教学任务、教学内容的需要。

采取班内分组教学时要考虑到班级中学生之间的具体差异，要灵活掌握教学要求与教学进度，调整教学组织结构，改进班级授课。倘若对分组学习有充分的准备，审慎地对其加以应用可以产生很多好的教学效果。合作活动必然要交换思想、切磋意见、争论有效方法、增长见识，尤其在各小组解决课题时，使学生交替发挥各自的作用，可以帮助教师发现学生的才华，发展他们的能力。分组学习可以大大地促进学生的自我活动，有助于他们形成自我教育的要求与能力。通过分组学习，教师可以在学生发挥各自主动性的过程中训练其合作活动的习惯。但是这种组织形式必须具备两个前提：一是有分组的科学依据，二是有足够的教师配备。同时，它还对教师提出了较高要求，使得教学的工作量也明显增加了。

3. 班内个别教学

这是在课堂情境中进行的符合学生个别差异的教学。它主要是学生个人与适合个别学习的教学材料发生接触，并辅以教师和学生之间的直接互动。不像古代的个别教学那么拘泥于师生一对一的教与学，它是通过各种教学因素的优化配置来提高学习效果的。如语言实验室中语言学习的教学，学生单独进行学习，各自坐在规定的个体座位上，或是各自带着自己的录音机和自己的课本，他们以耳机或是间壁与其他同学隔开。教师逐个地介入每个学生的学习过程，对他们的学习成果进行检查，修正他们的错误并对其进行评价。当每两个学生组成"伙伴"时，教师功能的一部分就由学生承担了。

采用班内个别教学，教师可以在全班上课的基础上因人而异地为学生布置学习任务。学生的学习材料一般是由教师或教学法专家精选或专门编制的，如程序教学材料、自学辅导材料或教学参考资料等，学习速度可以根据每个学生的能力进行设计。教师可以对每个学生进行追加辅导，可以为他们布置补充题，也可以对个别的学生或是一定数量的学生布置经过特别选择的课题。在班级个别教学中，教师的作用主要是指导和帮助学生自学并独立钻研。教师要不断地监督学生的问题解决过程，使所有学生都能采取有效的方法集中地进行作业。当学生感到为难，无法解决问题时，教师应当介入，对其进行讲解、帮助和追加教材。当为了推动个别化学习的过程，需要再进行一次基本指示时，教师应先中止个别学习，然后再进行集体指导。如果需要帮助的只是一个学生，那么教师就可以在作业现场对其进行指导。对于面临同样性质困难的学生，教师可以给予临时指导。

这种教学形式允许学生有比前两种形式更灵活的学习进度和学习时间安排。教师可以根据各个学生的不同需要，与学生一起制订学习范围和进度，并为其提供各种材料，还要及时给予学生反馈和评定。这种教学方式尤其适合组织适用于每个学生能力的学习过程，它常被用于巩固知识技能的练习，也可被用于掌握并扩大新的知识、技能，深化思考。

从本质上说，个别学习必须依靠学习者自己去独立解决问题，完成课题，独立思考和行动。因此，从教育学的角度看，正确地插入符合课程目标的个别教学，对于自我教育态度与能力的培养具有特别的意义。另外，班内个别教学有利于学生在一定程度上的能力训练和技能掌握。在班内个别教学中，每个学生都可以反复进行练习，直至能正确、确凿地掌握知识技能为止。

不过，班内个别教学也有一些弱点：第一，在个别学习中，学生潜心于自身课题的解决，因此与其他学生几乎没有交流；第二，教师无法不间断地直接指导每一个学生，也无法对每一个学生的一切方面和一切问题进行适当的讲解、指示、提示和帮助。采用程序化教学材料可以在某种程度上弥补班内个别教学的这些缺陷，但是，程序教学也只能使学生展开某种均衡的学习过程，而不能对每个学生学习过程的各个阶段直接进行适当的指导。因此，班内个别教学必须与同步学习或小组教学结合，或以同步学习为基础，从同步学习、同步教学中引出，再回归到同步学习、同步教学中。

（二）辅助教学组织形式进一步发展

针对课堂的空间局限和对学生发展的负面效应，人们设计、实施了一系列辅助性的教学组织形式，其中主要有课外的活动教学和现场教学两种。

1. 课外的活动教学

目前我国中小学的课程主要分为两大类，即学科课程和活动课程。课堂教学是学科教学的基本组织形式，是学校教学工作中最重要的组织形式。课外的活动教学是进行活动课程教学的组织形式，是学校教学工作中日益重要的组织形式，也是教学组织形式现代化发展的产物。活动课程被纳入正式课程体系之后，课外的活动教学就从游离于正式课程之外的形式变成了教学组织形式，其内涵有了质的变化。

与课堂教学相比，课外的活动教学有两大突出特征。第一，突出学生的主体地位。课外的活动教学注重学生的自我组织和互相启发，能充分发挥学生的自主性、能动性、创造性。学生可参与从活动设计到评价的全过程，他们既是学习者，又是活动的组织者。第二，体现主体活动的多样性。它能超越传统学科教学的局限，为学生提供广泛吸收新知识、参与社会生活的机会，拓宽学生的视野，丰富学生的精神生活，甚至影响学生未来的爱好与职业选择。

课外的活动教学的具体形式主要有：小组活动、班级活动、年级活动、校级活动。一般来说，它比课堂教学的组织形式更加灵活多样，总体上以分组活动为主（如学科小组、科技小组、艺术小组、体育小组、家政小组等），辅之以班级活动和个人活动。各种形式的活动与不同的活动内容结合，就构成了多类型、多层次、丰富多彩的课外教学体系。

2. 现场教学

现场教学就是教师组织学生到生产现场或其他现场（如纪念馆、博物馆、山川、河谷等）进行的教学。这种教学组织形式能把书本知识中说明的现象及其发生、发展、运动变化的本来面目呈现给学生，并能使学生置身于自然、社会环境中，置身于生产、现实生活中，使其能在活生生的情境中学习。如在物理课讲传动装置时，教师可把学生带到工厂车间实地观察；在化学课某些课题的讲授中，教师可组织学生参观化工厂、冶炼厂等。现场教学是正确处理间接经验和直接经验关系的必要手段，是促使理论联系实际的有效途径。

现场教学与课堂教学有着密切的联系，教师应根据教学任务和教学内容的需要选择课题，然后配合课堂教学把一个班或几个班级的学生带到野外、工厂、农村、社区等，与现场有关人员共同对学生进行教学，以验证课堂内所学的书本知识或为学习有关知识积累感性经验。因此，现场教学是课堂教学的补充、继续和发展。因为学校教学的主要任务是传授间接经验，所以现场教学组织的次数不能过多，这就导致了它只能是教学的辅助形式。

（三）特殊教学组织形式继续发挥作用

复式教学是一种特殊的教学组织形式。复式教学是把两个或两个以上年级的学生编在一个班里，由一位教师分别用不同程度的教学材料，在同一节课上对不同年级的学生采取直接教学和自动作业交替的办法进行的教学组织形式。它可以节约师资力量、教室和教学设备，在人口稀少的地区经常使用这种教学方法。复式教学其对经济和文化教育落后地区的普及教育具有重要意义。

复式教学具有班级授课教学的基本特征，与单式教学相比较，其最根本的特点是"复"字。当教师给一个年级的学生上课时，其他年级的学生要根据教师的指示进行预习、复习、练习。前者称为直接教学，后者称为自动作业。在课堂上，教师要将这两种方法交替和配合使用。

三、 走向综合、 注重差异的实践创新

综观教学组织形式变革的进程，多样化、综合化、个别化的趋势已经凸显出来。这种变革主要受到以下因素的制约：一是社会生活和生产技术的要

求，二是教学内容的广度和深度，三是课程的结构及其复杂程度，四是教育技术的进步状况，五是教学理论的成熟程度，六是人们对教育的价值观尺度。

我国基础教育课程改革的有序实施，为教学领域的全面变革提供了新的契机，教学组织形式的变革也出现了许多令人瞩目的新特点。

（一）课堂教学同实践活动、综合学习相匹配

随着新课程结构的确立，在我国基础教育的课程结构体系中，不仅有了作为独立课程形态的"综合实践活动"，而且有了为学习方式变革提供支撑的学科"综合性学习""实践与综合应用"等领域，因此形成了课堂教学同实践活动、综合学习相互匹配、相辅相成的新亮点。

捉错别字小记①

四月的一个周末，李老师为了培养我们的能力，让我们到街上去查找错别字。同学们听说后，都觉得很新鲜，当然也很乐意参与这项活动。

当天下午，我们便开始行动了。我们分成了四个调查小组，每个小组"承包"一段街道。我和卢涛一组，负责查找张公桥和新村一带街道上的错别字。

我俩骑着自行车慢慢地在街上游转，眼睛不停地向两旁看，看见商店就走进去。我们先看墙上的服务公约，然后又弯着腰在柜台外仔仔细细地看商品的每一个标签，看见错别字就赶紧记下来。出门时，还把商店的名称也抄下来。售货员对我们这种行动大惑不解，用一种诧异的，甚至是恼怒的眼光看着我们。刚开始我们接触这种眼神时，不禁会打几个冷战，但看多了也就习以为常了。有时，因为怕店主不让我们进去，我们就装作买东西的样子，然后悄悄地调查，把发现的错别字记在心里。每当此时，我们都有一种"地下党干革命"的感觉。这不，我们又走进了一家商店。一位售货员神情麻木

---

① 李镇西. 从批判走向建设：语文教育手记［M］. 成都：四川少年儿童出版社，1999.

地问我们："买什么？"我们说："不买什么，看一下。""不买东西进来干什么？真奇怪！"我们没有说话，仍然在仔细地察看着商店里的每一个字。她讨了个没趣，一个人走到一边坐下了。我们在这家商店找到了几个错别字，心里十分高兴。我们冲着售货员笑了笑，出了店门，骑上车走了。不是很长的一条街，我们走走停停，两个多小时才做完调查工作。

第二天，我们全体同学一起开会，把每个人找到的错别字汇总，竟然有一百多个（还不算重复的）。于是，我们写了一份调查报告，把错别字统计到了一张表里，然后又印了八十份。我们把这些调查报告分别送到了教育局、文化局和各个有错别字的商店。

最后，我们手抄了一份调查报告寄给了《乐山报》。信寄出后，我们天天等着，天天在《乐山报》上搜寻着。过了十几天，一个早晨，我们收到了一封厚厚的信。我们看见信封上的寄出单位是报社，于是高兴得跳了起来。撕开来看，里面是四张同一天的《乐山报》。我们在报上飞快地找着，"找到了！这儿！"我们兴奋地叫了起来，看着报上印着我们的名字，心里甜滋滋的。这篇调查报告虽然不长，但它是我们的劳动成果，表达了我们对正确使用祖国语言文字的社会责任感。

字词学习是语文学习中的基本功课，把这种学习与语文社会实践活动结合起来可以使知识学习变得更有意义，更实在。其他学科又何尝不是如此呢？

（二）集体教学同小组学习、个体学习相融合

课堂教学活动是为实现教学目标而展开的定向活动，采用什么形式来教与学，应视教与学的任务而定。一般来说，教师面向学生集体高效地传授知识或要言不烦地点拨是必要的，学生以小组学习的形式进行互动也是必要的，且这些形式最好是建立在学生自主的个体学习基础上。因此，在课堂教学中融集体教学、小组学习、个体自学为一体，最能把教师的主导性与学生的主体性结合起来，提高教学的实效。这样的教学案例在新课程教学的课堂上是随处可见的。

（三）同步教学同分层递进、分类指导相兼顾

学生发展的不平衡性与差异性是一种客观存在。课堂教学怎样把面向全体与因材施教结合起来呢？这在教学组织形式变革中是一个必须要解决的难点问题。尽管运用个别教学或班内分组教学的形式已为解决这一矛盾提供了思路，但具体到一定教学内容时，还要将集体的"同步教学"与分层递进、分类指导的"异步教学"统一起来，以便能够兼顾各个层次的学生。

分层递进教学的探索

上海学者胡兴宏等在20世纪90年代初提出了"分层递进教学"的设想。首先，根据学生学习可能性的特点与水平，可以将不同的学生区分为若干层次或类型。这是由于个体与个体之间不但存在差异性，而且具有某些共同性。课堂教学是一种以群体教学为主的教学形式，不可能完全顺应每个学生的特点与水平。但是要预防与克服学业不良，大面积提高教学质量，又需要教学去适应每个学生，做到因材施教。首先，将某些重要特征相似的学生归为一类或一层，有助于针对这一层学生的共同特点和基础开展教学活动，这样既能提高教学效率，又可以在群体中增加个别化施教的因素。其次，要强调学生层次的可变性。根据某些重要特征将学生区分为若干层次，是为了便于开展有针对性的教学，而不是为了给学生贴上标签，束缚他们的思想。因此，层次变化有助于避免分层带来的负效应。更主要的，鼓励学生由较低层次向较高层次"递进"，是教学的基本目标，也是激发学生学习动机的重要手段。此外，分层的标准是多方面的，从某一个维度分层并不一定能客观地反映出学生学习可能性的整体水平。在必要时变换分层的标准，有助于更全面地把握学生的特点，提高教学质量。

目前，上海、江苏、广东、浙江等地区部分中小学生已经开始按照上述"分层递进教学"的理性构想，通过实验来构建操作模式了。例如，江苏省常州市小学"分层递进教学"课题组所构建的分层递进课堂教学机制，包括教

学目标的选择机制、课堂问答的作用机制、"分"与"合"的结合机制、学生个体间的互动机制和作业的弹性机制。

该课题组认为，"分"与"合"就是分组学习与集体同授的协调，是分层施教的主要操作手段。其内涵如下：

（1）合。教学起始阶段的集体同授，主要目的是营造群体学习心理氛围，是分层施教的主要操作手段，为后续的"分组学习"做准备。这一阶段的教学特别要注意对分组学习的学生进行方法上的示范和思路上的启发。教学方式一般有：

① 引入性教学。通过复习旧知、铺垫、背景介绍、激趣设疑等方式，检查学生的学习准备情况，创设学习情境，引入一堂课主体内容。

② 示范性教学。通过讲读课文的一个段落或讲解一道例题，使学生经历一段学习过程，为学生提供方法上的示范或思路上的启发。

③ 总起性教学。教师陈述本堂课的主要内容和基本思路，明确教学目标，拎出主线，使学生能按主线循序学习。

（2）分。这一阶段是学习新教材的主要阶段，主要采用分组学习的方法。低层或中低层学生继续由教师领学，而高层或中高层学生开始自学。后者自学的适用条件是：

① 具体学习准备充分且教材难度不大；

② 教材各部分之间的结构（或题材）类似，思路明显；

③ 有先前的学法指导和示范；

④ 有口述的或书面的较为具体的自学提纲。

领学组的教学要做到：① 引导学生小步掌握有关的知识技能，使其能达到高层学生自学提纲内中低层次项目的要求；② 扶中有放，教师在讲解时要注意激发学生自主思考，并留出时间让他们自学课文、自练习题，逐步培养他们的自学能力；③ 经过训练，教师可为中低层学生编制更为具体的自学提纲，让他们尝试自学。

"分"的阶段对教学管理的要求相当高，即：① 在时间上，自学与领学的结束要基本同时，不能产生"时间差"；② 在内容上，自学与领学的结束处正是后继教学的逻辑起点；③ 教师要优化教学组织，灵活地排除干扰，培养学生的自控能力。

（3）"分"之后的"合"。其主要功能：① 反馈，即通过提问自学提纲中两组交叉的学习要求，了解不同层次学生的掌握情况。② 提高，即由自学组的学生回答提纲中较高要求的思考题，教师给予适当的评讲点拨，使低层或中低层的学生也能在教师领学的基础上有所提高。③ 互动，即提出问题共同讨论时，由不同组的学生分别对对方的发言进行评价，交流各自的见解，从中碰撞出思维的火花，以此来克服分组产生的负面影响。④ 整合，即教师通过讲评小结，提示重点、难点，梳理知识，使知识条理化、结构化。⑤ 回授，即对于"合"中反映出来的共性问题，组织补救教学，回授纠正。

（四）常规教学同个性化学习、开放性学习相统筹

由于学生的知识基础、资质禀赋、学习习惯、认知风格都不完全一样，常规的教学组织形式所追求的统一性就很难满足同一课堂上学生的各种需求。最理想的办法是创造一种更加开放、更加自由的教学组织形式，让学生自主地进行个性化学习。这样的实验在 20 世纪的早期就已经开始了，可惜由于在实践上存在一些困难，就没有取得预期的效果。改革开放以来，伴随着"解放学生"的呼声，我国在建立开放课堂、实施个别化教学方面也有了一些新探索。如山东高密一中的"语文实验室"就允许学生提出自己的语文学习计划，不必一定要听某些课，可以到"语文实验室"中有选择地自主学习语文。

"魔力"是这样产生的①
——合肥十中"语文课进阅览室"实验纪实

倘若要问合肥十中高二（4）班的学生们最喜欢哪天的课，他们会异口同声地告诉你：星期二！因为每周这一天的语文课都是在学校的阅览室里度过的。

---

① 俞路石."魔力"是这样产生的 [N]. 中国教育报，2003-06-14.

学生杨晓娟曾经在题为《倒计时45分》的短文中这样描写自己在阅览室上语文课的心情："阅览室内的倒计时45分钟似乎是以光速计算的。下课的铃声已在催促大家了，但每个人的脸上却都写满了意犹未尽。于是我们开始期待，期待下一个倒计时45分钟。"

究竟是什么"魔力"让过去并不受学生喜爱的语文课在这一学期变得如此受欢迎了呢？

学生：我们是学习的主角。

"魔力"其实很简单，那就是语文课进阅览室之后，学生们真正成了学习的主角。

传统的语文教学往往是教师的"一言堂"，对课文肢解性的讲析使得语文既失去了活力，又缺乏魅力。合肥十中曾对高一学生进行过新教材课外读本的阅读情况调查，在600名学生中，能够认真全部阅读的仅占5％，勉勉强强读过的占18％，2/3以上的学生完成情况很不理想，这组数字让语文教师们十分震惊。如何改变这种"高耗低效"的状况呢？教师们把突破口选定在了改革阅读教学，发挥学生主动性上，"语文课进阅览室"的创意得到了学校领导的支持。学校选择高一、高二年级的五个班进行每周在阅览室上一节语文课的实验。

既然是实验，就要有比较。高晓荣老师在安排实验班级时，就有意在自己任课的两个班中确定了一个语文成绩差一点的理科班，并有意把进阅览室的时间安排在了下午的第三节课，而且是在体育课之后。一段时间下来，高老师惊讶地发现了两个"没想到"。第一个是没想到课堂秩序会这么好。原来在体育课后上语文课，刚刚进行了剧烈活动的学生需要一段时间才能静下心来。现在进了阅览室，大家立刻各就各位，而且能很快进入阅读环节。第二个是没想到见效这么快。半个学期的十多节课下来，学生们的阅读能力和写作水平普遍有了改观，期中考试的语文成绩也有了明显进步。

学生田雨的话也许最能够代表成为学习主角的学生们的心情："上课可以光明正大地看'闲书'，再也不必担心被'老板'活捉了。"

教师：要当好学习的导演。

"语文课进阅览室"，学生成了学习的主角，教师该干些什么呢？在合肥十中担任实验课教学的语文教师们的体会是：要为学生自主学习当好导演。

毕竟，让学生进阅览室学习的目的还是激发他们的学习积极性，从而提高其语文学习的能力和成绩。因此，自由、自主的学习并不意味着放任自流。而当好学生学习的导演，需要教师付出的心血比正常的课堂教学还要多。高二（4）班是文科班，担任实验教学的王国文老师针对学生语文基础较好的实际，指导学生们在阅读时把注意力相对集中在自己喜欢的刊物上，并组成兴趣小组，将阅读与研究、交流相结合，设计出了"语文课进阅览室交流平台"，以学生为主持人发表他们的"荐杂志""知类文""赏奇文""谈方法""说感悟"，让学生在阅读中发现问题，激发他们的学习成就感。

刘中华老师在指导学生进阅览室上语文课时，把阅读扩展到研究性学习的领域。他把整整一个学期的阅读课设计为"古月照新尘"的大主题，围绕"月亮"，分解出"月亮与情感""探索月球""'月'字演变""咏月古诗""月亮与民俗"等十几个专题，然后学生按照自己的兴趣组成相对应的兴趣小组。在阅读过程中，他让学生查找、摘录资料，做笔记，写心得，并根据阅读的进程开展"观察月亮""吟唱歌曲""演讲故事""创作新月诗""制作新月报"等丰富多彩的活动。这些不仅对架构立体语文进行了成功尝试，而且使学生的阅读涵盖了语文、物理、政治、历史、地理等学科知识。大半个学期下来，刘老师的电脑里已经装满了学生们的研究成果。

学校：搭建完善的平台。

"语文课进阅览室"，对于师生而言，是方式和角色的转变带来了学习态度和学习效果的根本变化；对于学校而言，更多的则意味着在教学资源整合与配置上的嬗变。

阮光厚校长认为，把学生带进阅览室上语文课的教学改革实验，主旨是实施资源教学，使语文教学"立体化"，在拓展语文教学的外延和丰富其内涵的过程中，全面提高学生的语文素养。他说，合肥十中近年来软硬件环境都得到了明显改善，这为各科教学改革搭建了平台。譬如，物理、化学、生物等理科课程都以探究性实验取代了传统的演示性实验，依靠的就是十多个标准实验室。能够顺利开展"语文课进阅览室"实验，也是因为学校科学馆里配置了200多平方米的阅览场所和5万多册藏书、150多种报刊。

这个案例可以为我们打开教学新思路。在课程资源极大丰富的今天，我们是否应当按照"生成缔造的课程实施取向"，为学生个性的充分自由发展，为他们自主学习方式的形成，提供一种更为开放和宽松的学习环境呢？

第七章

课堂教学的发展

基于对课堂教学在学校内涵发展和改革创新中重要作用的战略性思考，课堂教学改革已成为我国改革开放以来推进教育现代化发展的一个关键领域，并且已经取得了历史性的研究成果。

课堂教学是学生生存发展的重要方式，是实施素质教育的主渠道。基于对课堂教学在学校内涵发展和改革创新中重要作用的战略性思考，课堂教学改革已成为我国改革开放以来推进教育现代化发展的一个关键领域，并且已经取得了历史性的研究成果，成为中国教育大变革、大发展中的一个大亮点。

一、　自主创新：　课堂教学变革的走势

　　我国著名教学论专家裴娣娜教授指出，自改革开放以来，我国课堂教学改革走出了一条自主创新的发展道路，构建了基本的研究框架，形成了多样化的实践形态，并实现了研究方法的创新。[①]

（一）对课堂教学改革发展的审视

　　改革开放以来，我国课堂教学改革的发展历程可划分为三个阶段。

　　第一阶段：在整顿恢复基础上开展的教育实验研究，课堂教学改革成为专门的研究领域（1979—1998 年）。

　　这个时期的理论争辩和实践探索厘清了以前关于课堂教学的诸多困惑，从根本上颠覆了凯洛夫教育理论和心理学对教学、认识、发展等基本概念的传统界定，在理性、宽容、多元的学术氛围下，迈出了重建课堂教学改革研究的重要一步。

　　第二阶段：伴随新课程改革，课堂教学改革研究的深化（1999—2008 年）。

　　这个时期，课堂教学改革的总体态势是，改革转型中理论与实践存在诸多争论与分歧，改革的过程成了一场剧烈的锻造过程，这就促进了课堂教学改革理论品性的提升及实践理性的升华。

---

① 裴娣娜. 为了每一个学生：中国课堂教学改革 40 年的实践探索［J］. 中小学管理，2018（11）.

第三阶段：基于原创的超越，课堂教学改革的现代构建（2009—2018 年）。

这一时期课堂教学改革的目标是建构高品质教育，主题是"创新，发展"。课堂教学的深度改革主要表现在以下四个方面。

第一，提出课堂教学改革的新思路。首先是对课堂教学本质特征的探讨，叶澜认为，"发展"作为一种开放的生成性动态过程，不是外铄的，也不是内发的，人的发展只有在人的各种关系与活动的交互作用中才能实现。因此，思考学生的发展问题应以"关系"与"活动"为框架。有些学者基于主体教育实验，认为课堂教学是在实践与活动的基础上，通过合作与交往促进学生差异发展的过程，因此其具有基础性、实践性、社会性和文化性。郝志军将课堂教学概括为"活动—实践性""交往—社会性""文化—价值性"三个维度。其次是确立课堂教学改革的研究问题。基本共识是，多视角讨论教学本质，揭示学生学习的内在机制及特点，探索能体现学生主体发展的教学设计与策略的实施、教学内容的选择、有效教学的水平评估以及学习方式的变革等。

第二，依据学生学习的要素进行分析，形成解释课堂教学改革的新框架。有的学者基于构建基础教育未来发展"三力模型"中的学习力结构要素研究认为，只有实现学生学习力发展系统三要素的深化及其在时空上的绵延，才能合理地解释在教学中学生个体差异发展与群体发展的关系，以及教与学的关系。有学者从实现学生深度学习的角度，分析了学生学习活动具有的联想与结构、活动与体验、本质与变式、迁移与应用、价值与评价五个特征。有的学者从社会建构主义视角强调了语言、文化在学生主动建构过程中的重要作用，还有些学者从学科能力的角度对其进行了具有较强针对性的研究。这些研究沉淀为重新界定的"学习"的概念，提出学习是学生通过主动参与教学活动主动建构的过程及能动的改造过程。这些研究认为学习是一种社会性交往活动，重点阐明了现代学习的自主性、选择性、实践性、社会性和创新性。

第三，形成课堂教学进程设计的新结构。叶澜认为，课堂教学过程的内在展开逻辑是"多向互动、动态生存"。殷世东指出，课堂教学活动不仅要遵循普通逻辑，而且要遵循诗性逻辑，通过营造真实的体验情境，让课堂充满自由想象、审美理想与人文性。朱德全和李鹏基于系统论视角，认为课堂教学是多重时间要素的复杂组合，是多维变量的集合且展现为过程性结构系统。张晓洁、张广君从生成论教育哲学角度提出，课堂教学应具有生成性、实践性、关系性和超越性。这些学者的探讨拓展了研究的视野，最终初步形成了由理念、内容、进程与方法组成的课堂教学基本框架，实现了对课堂教学过程要案的基本把握。

第四，明确校长和教师角色的新定位。多年来的课堂教学改革，凸显了校长的战略性谋划能力和领导力、智慧型教师的教学创生能力，并孕育了具有中国特色的教学流派。这里，我们仅以李吉林的情境教育为例进行介绍。情境教育建构了以"审美、智慧、情感"为特征的"快乐·高效"的课堂，它重新确立了儿童观、教学观、学习观和知识观，构建了"以美为境界、以情为纽带、以思为核心、以儿童活动为途径、以周围世界为源泉"的操作系统，实现了对课堂教学中人文与艺术的把握。这是一项具有世界意义的开拓性研究，在中国教育改革发展史上写下了重要的一页。

（二）课堂教学改革研究的进展[①]

我们可以看到，受苏联教育理论的影响，直到 1985 年出版的《中国大百科全书·教育卷》中，"课堂教学"词条的解释仍是与"个别教学"相对应的"班级上课制"，即教学组织形式。无论是三百多年前夸美纽斯的班级授课制，还是 19 世纪赫尔巴特的教学阶段理论，甚至是 20 世纪 50 年代凯洛夫的教学五环节，均未将课堂教学作为学生学习与发展的生存方式和实现学校内涵发展的重要途径。改革开放以来，我国课堂教学改革研究已经实现了深刻的历史性转变。

1. 揭示了课堂教学生成发展的核心内涵

课堂教学改革的核心概念包括五个方面：体现发展观的教学目标及其多元价值取向，实践活动与教学认识，合作交往与教学的社会性，人文、科学

---

① 裴娣娜. 为了每一个学生：中国课堂教学改革 40 年的实践探索 [J]. 中小学管理，2018（11）.

统整与教学文化性，教与学方式变革与学生差异发展。

课堂教学改革形成了三个基本命题：课堂教学是一种使人找到生命自觉的变革性实践；从"学会生存""学会关心"到"学会发展"，这是课堂教学阶段性目标实质性的超越；课堂教学是在变革与适应、解放与控制、继承与创新的互动中建构和生成的。

2. 重构了课堂教学结构要素及其研究体系

课堂教学以学生的学习与发展为核心进行了重构，形成了"目标理念、内容选择、进程设计、方式策略、反思评价"五个基本要素。

在目标理念上，课堂教学经历了从"知识点""三维目标"到"四基"的发展过程，实现了从关注知识体系向关注学生学习成长，从学科中心向学生中心，从应试和知识本位向注重提高素质、以育人为本的转型，同时实现了学校教育从"工具论"到"发展论"研究主题的时代位移。

在内容设计与选择上，新的课堂教学批判旧的唯理智主义知识观，关注学科知识的整合，关注学生生活经验的积累，关注与现实生活的实际联系，关注为学生提供更多自主选择进行学习的机会。

在课堂教学进程的设计上，新的课堂教学关注学生的主动参与，让学生在观察、操作、讨论、质疑、探究和情感的体验中学习知识，完善人格。从以教师的系统讲授为唯一的教学方式，到学生自主 、合作的学习探究，再到关注学生学习过程中问题意识和创造性思维品质的培养，这无论是对已往以知识学习为中心的"目标—策略—评价"来说，还是对以儿童经验习得为中心的"活动—体验—表现"来说，都无疑是一个重要突破。

在课堂教学方式上，我们要以关注生命自觉、主动生成为核心，重建学生的学习方式。

3. 创生了课堂教学实践的多种形态

课堂教学实践的多种形态集中在对"要构建什么样的课堂"这一问题的回答上。我国中小学实践工作者打通了理论向现实转化的路径，创生了名目繁多、各有特色的课堂形态。

笔者尝试对当下的各种课堂形态进行了描述性归纳：① 基于生命自觉的

课堂，如生命课堂、生本（学本）课堂、快乐课堂。② 基于情境教育、生态观、素质教育、教学文化的课堂。这种课堂致力于创设问题情境、展示思维过程，使学生能有较高质和量的思维活动。③ 基于回归生活的课堂。这种课堂教学关注的是"联系生活""创设情境""活动体验"。④ 基于合作交往的课堂。这类课堂更关注对学生社会交往意识、社会角色规范和社会交往技能的培养，也注重引导学生学会合作，学会人际协调，相互尊重，自尊自信，培养他们的社会适应性。⑤ 基于信息技术条件下的智慧课堂、个性化学习课堂。此外，除了从国外引进的课堂模式，如"翻转课堂"，还有关注成效的若干个"高效课堂"，体现为区域性推进的"品质课堂""自主学习与发展的课堂"等。无论是何种类型的课堂形态，均呈现出了课堂教学的基础性、实践性和文化性。

4. 构建了基于本土实践的课堂教学研究范式

研究方法论的变革是使课堂教学改革保持生命力的根本动力，这种研究方法主要呈现出以下三个特点：

第一，多学科的研究视角。多学科的研究视角不仅有教学论、学科教育学、教育心理学，还有教育社会学、语言学、生态学、发生学、现象学以及信息科学等，如从心理学角度审视和剖析学生学习过程中的思维品质、认知发展知识的获得。多学科的话语体现了中国课堂教学改革开放、多元的重要趋势。

第二，具有中国特色的教育实验研究。首先，要坚守"教育实验首先是教育思想的实验"这一命题，以高位理念引领，充分挖掘实验主体的主观能动性和创造性，使其区别于自然科学的实验。其次，要呈现出多种类型，即既有在一定教育思想理论指导下，由高校及科研单位研究者策划主持的教育实验，如主体教育实验、新基础教育实验、课堂教学社会学研究、"结构—定向"教学实验等，又有以解决实践中学生学习成长中的问题为核心，以教育实践工作者为主体的数量众多的教育实验，如整体改革、创新教育、差异教育、情境教育等实验。除此之外，还有引进国外先进理论的验证性实验和以大面积提高课堂教学质量为目的的教育实验，如目标教学实验、新教育实验、初中学习困难学生的教育实验、中学 JIP 教育实验等。这些实验以减负增效为目标，针对性强，规模大。

第三，优势互补、联合攻关的研究团队。我国课堂教学改革形成了由高校研究人员、中小学实践工作者以及地方教育行政干部组成的合作共同体研究队伍，三方合议，全程跟踪，在理论与实践的对话碰撞中共同完成创造，使学校教育成为一个真实的意义世界，这同样是一种有创意的研究范式的建构。

对于中国课堂教学改革未来的发展，裴娣娜认为，课堂教学是当下学校内涵式发展和改革创新的关键。在2018年9月召开的全国教育大会上，习近平总书记发表了重要讲话，讲话中指出，我国教育改革将进入一个腾飞跨越的新时期。面对新阶段、新境界、新发展，教育工作者必须抓住发展契机，把握我国课堂教学改革未来发展的趋势和走向，进而形成深化改革的重点和举措。我们要在以下三个关键问题上厘清思路：一是从时代转型的高位分析和把握我国课堂教学改革发展的阶段性特征，二是从学生发展的状况分析和把握我国课堂教学改革现实存在的主要问题，三是从国家教育发展战略部署中分析和把握我国课堂教学改革在推进国家教育现代化建设中的责任。

（三）遵循中小学课堂的基本教学逻辑[①]

长期以来，我国中小学课堂一直被误认为是以教师为中心和以教材为中心的。事实上，我国中小学课堂既不应该以教师为中心，又不应该以教材为中心，而是应该以学习为中心，服务于学生的学习和发展。

以学习为中心的课堂教学模式既是一种实践的存在，又是一种理论的存在，其背后既有教育实践智慧，又有基本理论逻辑支撑。这种以学习为中心的课堂，其背后同样有文化的因素——以儒家思想为重要构成的中国传统教育文化，也有家庭支持、集体主义、注重和谐、强调秩序等教育特色。从整体上看，以学习为中心的课堂教学范式，具有以下几种内在理论逻辑。

---

① 冉亚辉. 以学习为中心：中国基础教育课堂的基本教学逻辑 [J]. 课程·教材·教法，2018(06).

1. 学校课堂教学中学生学习发展的目标定位

在以学生学习为中心的课堂教学中，学习是课堂教学的核心目标。当然，课堂教学中也有学生情感、态度、价值观及学习的过程与方法等维度的目标，但作为中小学课堂教学，最重要的教学目标是学生的学习发展，毕竟学校是传授知识、引导学生学习的地方。课堂教学注重学生的学习过程，既指向学生对知识的学习，又指向学生学习能力的养成，这种目标定位能使学校真正成为求真和求知的场所。学校也要发展学生在各种领域内，应用所获得的知识系统地、独立地和批判地解决特殊问题的能力，尽管学校的这种功能可以构成教育的合法目标，但与它传授知识的功能相比，这种功能远不能处于中心地位。无论是从合理地分配给这种功能的时间来看，还是从民主社会的教育目标来看，抑或是从对大多数学生的合理期望来看，都是如此。学校不能脱离知识和学习，离开了知识和学习，学校教育就会走向虚化。

2. 教师在课堂教学中的经验和方法服务于学生学习发展的过程设定

在以学习为中心的课堂教学中，教师的行为和职能是服务于学生的学习的，教师本身既不是课堂教学的目的，又不是课堂教学的中心。在中国基础教育课堂教学中，教师既是"为学而教"，又是"以学定教"。"为学而教"是教育目的，"以学定教"是教育艺术。"为学而教"是坚定教师的教育理想信念，而"以学定教"是课堂教学中教师教学艺术和智慧的体现。课堂教学要求教师要为了学生的学习发展而教，同时要求教师要以学生的学习基础和可能作为教什么和如何教的依据。在课堂教学中，教师要根据自身的教学经验和教学艺术，以学生已有的学习基础和教学内容为依据来设计课堂教学过程。教师要依据学生的学习习惯，采取最有利于学生学习的教学方式进行教学。教师需要基于对课程内容、对学生以及对教学的深刻理解，通过演绎式教学，推动学生对课程文本的理解、事件的透析和结构化知识的掌握。在具体的课堂教学过程中，中国的教师并不像刻板的"教师中心"课堂教学中的那样武断和专制，恰恰相反，他们会尽力提出激发学生思维的问题，为学生反思留出时间，并且会根据学生的需要调整教学方法。中国教师还会依据学生的实时课堂表现，适时调整自身的教学方式和教学计划，尽量呈现出更适合学生的课堂教学模式。

3. 学校课堂教学是学生群体学习发展的空间

以学习为中心的课堂教学模式，强调学校课堂教学是学生群体学习发展的空间。与此相对应的是，课堂教学不是服务于学生个体的空间，因为课堂教学要推进全体学生的学习发展，教师一般不愿意为了个别学生而耽误全班学生的学习时间。同时，课堂教学的重点应该是学习，而不是其他领域的训练。中国的课堂教学强调将德育融入课堂教学之中，即时时德育、处处德育。但这种德育融入课堂教学主要是一种教育理念，强调教师要肩负起德育的职责，并不是完全用德育代替智育。所以在课堂教学中，教师不能简单地依据学生的情感好恶和兴趣爱好，随意调整课堂教学的内容和计划。在集体主义文化情景下的课堂学习中，人际关系与合作意识对培养学生的学习能力相当重要。课堂教学还需要关注学生的整体和谐，这可能与自由主义文化的课堂教学存在一定差异。中国基础教育课堂教学中会渗透一些生活化的理念，但生活化不会成为中国基础教育课堂的主要内容。

4. 课堂教学中教师和学生的行为都服务于学生的学习

以学习为中心的课堂教学，注重课堂效率，强调课堂教学整体的结构化，教师和学生的行为共同服务于学生的整体学习。课堂教学中的教学环节复杂，教学内容、教学方法、教学重点、教学难点等都涉及具体的选择和执行，且这种选择和执行都应注重服务于学生的学习。简而言之就是，对学生学习有利的就选择，不利于学生学习的就摒弃，这实际上也是中国中小学课堂教学中的实践智慧。所以，中国基础教育课堂教学中改进教学效率，提升教学质量，都是以学生的学习为核心的。在以学习为中心的前提下，如果课堂能够更为轻松和高效，那么这种课堂当然会被鼓励和认可。高水平教师的课堂，常常在学科知识传递中强调知识内容之间的关联性与生活化，表现出引导学生通过审辩、假设、探究等方式进行基础知识学习以及学科间整合的趋势。这种具有实践智慧的课堂教学，自然是中国基础教育所鼓励的。

5. 课堂教学离开学生学习会变得空洞

课堂本身是因为教学而存在的，如果离开了学生学习这一核心，课堂教学将会变得非常空洞。学生的知识体系建构、心理素质培养、学习能力的提升和训练，都是建立在课堂教学的基础上的。正是在课堂教学中，教师才能完成多维度的教育教学目标。但在具体的课堂教学目标中，教师必须将学生学习当作课堂的核心目标，否则，课堂将会变得杂乱无章，也会失去基本的结构性，从而导致基础教育难以履行对学生基础性教育的职责。教师是提供教学以服务于学生发展的专业技术人员，学校是提供教学服务帮助学生发展的社会机构，所以不管是教师还是学校，都是基于学生学习发展这一教育目标而存在的。在具体的课堂教学中，自然也必须以学习为中心。

二、 能力发展： 体现核心素养的诉求

核心素养是学生能够适应社会发展和终身发展的必备品格与关键能力，世界上有些研究项目就把核心素养归结为一种能力。如 PISA（国际学生评估项目），经合组织关于"核心素养"的内涵所强调的要点是：① 它是一种高度综合且复杂的解决问题的能力；② 这种能力能够满足个体和社会的重要需要；③ 这种能力既与特定情境有联系，又能在多样化的情境中具有广泛的迁移性；④ 这种能力具有道德性，它能给个体和社会带来负责任的、有价值的结果；⑤ 这种能力具有民主性，它对所有人都很重要；⑥ 这种能力具有 21 世纪信息时代的基本特征，它是"21 世纪素养"的一种。

我国学者也提出，教学要由"知识中心"转向"能力（素养）中心"，教师要培养学生形成高于学科知识的学科素养。① 钟启泉认为，学科教学与"能力·素养"犹如一个硬币的两面：学科教学是该时代对学校教育所期许的"能力·素养"的具体体现，"能力·素养"是借助学校的学科教学实现的。

---

① 钟启泉. 学科教学的发展及其课题：把握"学科素养"的一个视角 [J]. 全球教育展望，2017 (01).

（一）学科学习能力是核心素养形成的立足点

目前的学科能力研究，研究角度多样，研究成果丰富，但也存在着一些问题，如学科能力与知识经验分离，能力分类比较繁杂混乱，缺少对学科能力的知识经验、内涵本质、思维机制和能力表现的整合研究，各学科领域之间各自分离，缺少相互关联。同时，学科能力的理论研究与能力表现评价和能力培养的学科教学实践一直处于相脱离的状态。为了解决存在的问题，北京师范大学学科教育团队从 2011 年开始，围绕"中小学生学科能力表现"如何厘清学科能力的构成、如何评价学生的学科能力、如何以发展学科能力为目标进行教学诊断和教学改进等进行了比较系统的研究。[①]

1. 学科能力的要素及其表现

学科能力是学生顺利进行相应的学科认识活动和问题解决活动所必需的、稳定的心理调节机制，包括对活动的定向调节和执行调节机制，其内涵是系统化和结构化的学科知识技能及核心学科活动经验图式（稳定的学科经验结构）。学科能力表现就是学生完成相应学科认识活动和问题解决活动的表现，即学生面对特定的研究对象和问题情境，运用学科的核心知识和活动经验，顺利完成相应的学科能力活动的表现。其构成主要表现为以下几个方面。

第一，学科的学习理解能力，是指学生顺利进行知识和经验的输入和加工活动的能力。具体表现为能否完成记忆和回忆、辨识和提取、概括和关联、说明和论证等学习理解活动。

第二，学科的应用实践能力，是指学生进行特定的学科活动，以及应用学科核心知识经验分析和解决实际问题的能力。具体表现为学生能否利用所学核心知识分析和解释实际情境中的原理、进行预测与推论、选择并设计问题解决方案等应用实践活动。

第三，学科的迁移创新能力，是指学生利用学科核心知识、学科特定活

---

① 王磊. 学科能力构成及其表现研究：基于学习理解、应用实践与迁移创新导向的多维整合模型 [J]. 教育研究，2016（09）.

动的程序性知识和活动经验等，解决陌生和高度不确定性问题以及发现新知识和新方法的能力。具体表现为能否进行复杂推理、系统探究、发散思维、想象、创意设计、批判思考、联系发现等基于学科知识经验的创造性活动。

不同学科领域的学习理解、应用实践和迁移创新活动，既具有共通性的要素，又具有各自的学科特质要素，这些既是各学科的关键能力要素，又是核心能力的活动类型。对于学生而言，学科能力是学生的学习理解、应用实践和迁移创新能力在各学科能力活动中的表现，也是各学科对于学生学习理解、应用实践和迁移创新能力的具体贡献和发展要求。

表 7-1　各学科的学科能力 3×3 要素

	学习理解	应用实践	迁移创新
语　文	识记	解释说明	鉴赏评价
	信息提取	分析推断	发散创新
	整体感知	感悟品味	解决问题
数　学	观察记忆	分析计算	解决综合问题
	概括理解	推理解释	猜想探究
	说明论证	解决简单问题	发现创新
英　语	感知注意	描述阐释	推理判断
	记忆检索	分析论证	预测想象
	提取概括	整合运用	批判评价
物　理	观察记忆	分析解释	直觉联想
	概括论证	推论预测	迁移与质疑
	关联整合	综合应用	建构新模型
化　学	辨识记忆	分析解释	复杂推理
	概括关联	推论预测	系统探究
	说明论证	简单设计	创新思维

续　表

	学习理解	应用实践	迁移创新
生　物	观察记忆	科学解释	复杂推理
	概括	简单推理	建立远联系
	概念扩展	简单设计	创意设计
政　治	观察体验	综合归纳	迁移发展
	了解认识	分析解释	价值判断
	记忆概括	搜集论证	行为倾向
历　史	记忆	解释	叙述
	概括	推论	论述
	说明	评价	探究
地　理	观察记忆	解释实践	迁移探究
	比较关联	计算技能	区域判断和定位
	概括归纳	综合推理	评价规划

2．学科能力的内涵实质

以学科知识、活动经验及认识方式为核心的学科能力的内涵实质有以下几点。

第一，学科核心知识和活动经验是学科能力的基础。学科能力是个体能够顺利完成特定的学科认识活动和问题解决任务的稳定的心理调节机制，具体包括定向调节机制和执行调节机制。其中陈述性知识是定向调节机制的基础，活动经验，即程序性知识和策略性知识，是执行调节机制的基础。

第二，学科认识方式是学科能力的核心机制。每个学科都有其特定的认识、研究领域和对象，都有其特有的认识活动和问题解决任务，需要独特的认识事物及分析和解决问题的角度、思路和方法，即比较特定的学科认识方式和推理模式。特定领域的认识角度和认识思路与学科知识密切相关并相互匹配，学科的核心知识具有重要的认识方式功能，为学科知识提供核心的认识角度，能使学生形成重要的认识思路和推理路径。学科知识和活动经验是学科能力的必要条件，但不是充分条件，能否成为学科能力还取决于知识经验能否转化为学生自觉主动的认识角度、认识思路和相应的认识方式。

第三，将学科知识能力转化为学科素养。学科知识需要经过学习和理解、应用和实践、迁移和创新等关键能力活动，才能完成从具体知识到认识方式的外部定向、独立操作和自觉内化。知识只有变为自觉主动的认识角度和认识思路才能转化为学科能力和学科素养。学科素养是学生经过学科学习逐渐形成的，能从容面对陌生不确定的问题情境的关键能力和必备品格，对应知识经验的迁移创新能力。

3. 学科能力构成模型

北京师范大学学科教育团队，以能力的类化经验说等能力理论为基础，基于对学科核心认识活动和问题解决活动的系统心理分析，以及对国内外课程标准、考试大纲、国际大型学业成就测试等学科能力要素的综合抽提和概括，构建了学科能力活动表现、内涵构成及发展水平的多维整合模型（如图7-1）。该模型既是学科能力及表现的测评和诊断框架，又是学科能力培养和发展的路径。

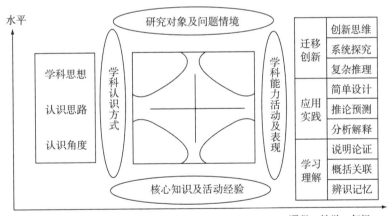

图 7-1　学科能力构成模型

4. 学科思维的层次及培养

从学习活动的角度看，思维贯穿于学习活动的始终，思维能力是学习能力的核心。① 思维能力具体表现在两个层面：一是通用层面，主要表现在抽象概括与逻辑分析的能力上，是接受知识、发现知识和建构知识的基本前提；二是学科层面，主要表现为学科特有的理解和分析问题的思维方式，是学习者能够像学科专家一样深入思考问题所需要的一种能力，② 这种能力可理解为学科思维能力。

（1）学科思维的特性

首先，学科思维具有较高层次的抽象性。为了方便起见，我们在"双基"或"四基"对比的基础上进行讨论。从人的素养构成的抽象层级来分，基础知识和基本技能属于较低抽象层次的基础；基本方法（暂时认为其包含学习的方法和问题解决的方法两个部分）属于较高抽象层次的基础；学科思维（含态度）应该属于更高抽象层次，是世界观和方法论的层次。学科思维包括基础知识、基本技能、基本方法、基本态度与价值观，这些构成了新"四基"，新"四基"又共同构成了学生终身发展的基础，并具有跨学科性。

其次，学科思维的获得过程具有长期性，不可能一蹴而就，必须经历长时间系统而复杂的学习活动和心理过程才能获得。学科思维所要求的学习形式与过程，需要依赖于体验性的学习活动及反思性的实践，通过体验和抽象概括，将所学知识内化为学习者的内在品质，使学科思维既不停留在"双基"层面的掌握上，又不止步于问题解决式的学习活动层面上。

最后，学科思维具有社会性，主要体现在学习者通过学科学习所养成的对社会或周遭世界的洞察能力上，即体现在从不同角度观察、理解、融入和参与社会实践和变革的思维能力上。进一步来说，获得学科思维的学习者并不仅是简单地"能"思维，而且要"会"思维、"善于"思维、"自由"思维。例如，历史的时空观念、多元联系是理解社会事件和社会关系的基本方法，数学的量化思维、逻辑思维是理解社会发展的重要手段，科学技术类课程所携带的科学思维则是理解现代社会科技元素和科技创新的基础。

（2）学科思维的框架

有研究者指出，学科核心素养由三个层面构成：最底层的"'双基'指

---

① 毕华林. 学习能力的实质及其结构构建［J］. 教育研究，2000（07）.

② 李艺，钟柏昌. 谈"核心素养"［J］. 教育研究，2015（09）.

向"（称为"'双基'层"），以基础知识和基本技能为核心；中间层的"问题解决指向"（称为"问题解决层"），以解决问题过程中所获得的基本方法为核心；最上层的"学科思维指向"（称为"学科思维层"），指在系统的学科学习中，通过体验、认识及内化等过程逐步形成的相对稳定的思考问题、解决问题的思维方法和价值观，实质上是初步得到的学科特定的认识世界和改造世界的世界观和方法论。也可将其视为核心素养的三层架构，如下图所示。

图 7 - 2　核心素养的三层架构图

（3）三层架构的关系

三层架构形成了一个完整的系统，这三个层级有着密切的内在联系。其中，"双基"层最为基础，学科思维层最为高级，问题解决层则发挥着承上启下的作用。从上到下或从下到上，三个层面遵循着"向下层层包含，向上逐层归因"的规则，它们相互依托，又相互归属。三层架构可解读为，问题解决以"双基"为基础，学科思维以"双基"和问题解决为基础。学科思维层是学科课程的灵魂，也是学科课程与"人的内在品质"的本质所在，它作为人内在品质的基本背景，唤醒并照耀着问题解决层和"双基"层，使之一并产生价值和意义。失去了学科思维层的唤醒和照耀，问题解决层和"双基"层便失去了色彩，人也就沦为了工匠。

一个具有学科核心素养的人，应该表现出形成关于学科思维和方法的习惯，这种习惯是由长期训练而来的，它富有底蕴且会自然显露。一个具有学科核心素养的人，还会对学科知识产生信任感、依赖感、归属感和忠诚感，如对来自数学课程逻辑方法的信任及忠诚，对物理课程所揭示的物理世界的忠诚及归属等。

由此，我们便得到了一般意义上的核心素养的结构性刻画。一般核心素养是由学科核心素养推演而来，理解了学科核心素养，一般核心素养也就不难理解了。

5. 学科能力的基础构建

从一般意义上讲，学科能力是一种与特定内容及其结构相对应的特殊能力，它的形成与发展离不开一定的智力基础。这些基础性的能力，既是特殊能力得以形成的条件，又是学科能力进一步发展的支撑。学科能力是经过烨炼与升华后才逐步成为核心素养的，这是一个逐步内化、深化、概化的过程。就实践而言，有三种基础能力特别值得我们关注。

（1）学习能力

按照信息加工的观点，学习是认知的形成、重组和使用过程。[①] 提升学习能力，其内在机制就是促进学生的认知发展。关于"认知"，美国学者约翰·豪斯顿等人在《心理学纲要》中归纳出了以下五种内涵：认知即信息加工，认知即心理上的符号运算，认知即问题解决，认知即思维，认知即一组相关的心理活动。我国学者施良方在一般意义上把"认知"表述为"知觉、记忆、思维和问题解决的过程，用信息加工理论的语言来说，就是吸取信息、贮存信息、运算信息和使用信息的过程"。

联合国教科文组织编写的教育图书《教育——财富蕴藏其中》在谈到"学会认知"时指出："这种学习更多的是为了掌握认识的手段，而不仅是获得经过分类的系统化知识。既可将其视为一种人生手段，又可将其视为一种人生目的。作为手段，它应使每个人学会了解他周围的世界，至少能够使他有尊严地生活，能够发展自己的专业能力并进行社会交往。作为目的，其基础是乐于理解、认识和发现。"

因此，学习活动的组织，不仅是掌握一定的知识内容，而且是在学习这些内容的过程中学会学习、生成智慧和发展个性。

① 学会学习。曾任联合国教科文组织总干事的埃德加·富尔在其所著的《学会生存》一书中提出，未来的文盲不再是不识字的人，而是没有学会怎样学习的人。美国著名学者加尔布雷思在说到维持性学习与创新性学习或扩展性学习的不同时指出：未来，一个人能否取得成功将不再取决于他已经知道

① 胡谊，郝宁. 教育心理学：理论与实践的整合观 [M]. 上海：华东师范大学出版社，2009：122.

多少，而是取决于他怎样才能学到更多，这便是知识劳动者的一个显著特征。①"学会学习"涉及在学习过程中让学生习得一定的学习策略和学习方法的问题，这里的"学习策略"与"学习方法"是不完全相同的概念。美国学者乔纳森就曾提出，策略是制订计划、选择方法或进行有目的活动中的一系列决策，方法则是实施策略过程中的各种战术。策略好比蓝图，提供的是目标而非具体的措施。② 我国学者在总结 20 世纪国内外学习策略研究时认为，从学习策略构成的成分看，它应是操作成分（学习方法、认知方式等）、情态成分（情感策略等）、元认知成分（计划、监控策略等）几个基本因素的有机统一。③

　　② 生成智慧。我们谈到"知识"时，通常涉及两个层面：一是"知识"即人类社会历史经验的概括和总结，称为"公共知识"；二是"知识"即个体头脑中的经验系统，称为"个体知识"。我国一些学者指出，我国课程改革从本质上说就是知识观的转向，这一变化的一个突出特点就是个体知识的凸显和发展。所以，促进知识内化为智慧，自然就成了新课程教学和学生发展的要求。事实上，这种注重让知识成为学习者内在素养的趋势已得到了普遍的认同，如联合国教科文组织编定的《国际教育标准分类》对"知识"的表述是：知识是指人的行为、见闻、学识、理解力和态度、技能及人的能力中任何一种可以长久保持（并不是先天或遗传产生）的东西。经典智力理论将智力视为人脑的内部特性和有待开发的心理结构，而现代智力理论则倾向于认为智力是人脑对各种信息进行加工、处理的能力，这就把知识的掌握与智力的发展联系了起来，要求人不仅要吸收知识信息，而且要在这一过程中变得更有智慧。

　　③ 完善个性。学生的发展不仅专指认知的发展，而且包含个性（人格）的发展。国外对心理学的"热认知"研究，已经不再单纯地将动机、态度、情感等作为影响认知活动的因素来对待了，而是将其作为与认知领域的目标相并列的学习结果，从而丰富了教学目标分类的框架。

---

　　① 盛群力，马兰. 现代教学原理、策略与设计 [M]. 杭州：浙江教育出版社，2006：12，329.

　　② 盛群力，马兰. 现代教学原理、策略与设计 [M]. 杭州：浙江教育出版社，2006：12，329.

　　③ 史耀芳. 二十世纪国内外学习策略研究概述 [J]. 心理科学，2001（05）.

课堂上的教学是学生学校生活的主要活动，他们学习的课程内容是从人类文化的集合中精选出来的，这些文化精华的积淀富含营养价值，课堂教学也通过学习活动日复一日地对他们的个性品质进行了有目的的历练。正像培根早就说过的："读史使人明智，读诗使人聪慧，演算使人思维精密，哲理使人思想深刻，伦理学使人有修养，逻辑修辞使人思维善辩。总之，知识能塑造人的性格。"

就根本目的而言，教与学是服务于学生人格塑造的，即通过智育、德育、体育、美育、劳动教育等的和谐配合，让学生终身拥有科学的态度、精神和世界观，拥有能够正确认识自己、他人、人类社会和自然世界，并处理好这几者之间的关系的品质和能力，拥有一个富有智慧的大脑，成为一个情感丰富、意志坚强、自我健全、在精神上永远幸福的人。因此，"化知识为智慧，积文化为品格"应当是教师的永恒追求。

（2）思维能力

思维是智力和能力的核心，也是教学中师生最主要、最本质的活动。

教学活动是教师教的活动和学生学的活动的有机统一。对于学生学的活动来讲，不论是明确学习目的、感知学习材料、理解所学知识、掌握学科方法、迁移运用知识、反思学习过程，还是提出问题、分析问题、解决问题、师生互动、生生互动等，其核心活动都是思维。科学的教学理论都以促进学生积极思维、发展其思维能力作为课堂教学的核心。

① 激发思维的积极性。学习作为一种有意识的自觉活动，是由多种心理因素构成的。按照心理活动对学习所起的作用，我们可以把这些心理因素分为两大类：一类是进行智慧操作的认知因素，即感知、记忆、思维与想象方面的因素，也称智力因素；一类是引导、推动和维持认知活动的意向因素，也称非智力因素。

教育改革的实践使人们越来越注重学习中认知活动与意向活动的相互依存和相互转化。认识的积极化要依靠以需要为核心的意向的主导，而认识活动的展开又可以唤起、激发并创造新的需要与意向。因此，教育心理学家更倾向于在统一的学习活动中，通过强化认识过程本身引起、维持和激励学生学习的意向，更注重认知需要、智力情绪之类的内发性动机。

苏联教育家巴班斯基在谈到"教学上的感情刺激方法"时说："艺术性、形象性、鲜明性、趣味性、惊奇、精神上的感受可以让一个人的情绪兴奋，兴奋的情绪又可以激励人积极地对待学习活动，这是形成认识兴趣的第一步。"他建议教师采用能激发学生认识兴趣心理效应的方法来唤起他们学习的意向，如内容、形式和方法的"新颖效应"，不同看法的"冲突效应"，出乎意料的"惊奇效应"等。

②　增强学习的挑战性。培养能力的课堂教学不仅要使学生保持现有的发展水平，而且要让学生超越现有的发展水平，使其学业成绩、认知能力、个性品质等都能齐头并进。因此，优质的课堂教学必定是"走在发展前面的教学"。苏联学者维果茨基非常主张实施"走在发展前面的教学"。他在分析学生在课堂情境中的差异时提出，人类认知过程在个体和群体两种水平上可能表现出不同的功能。进一步说，维果茨基认为，儿童至少有两种发展水平：第一种水平是儿童现有心理机能的发展水平（儿童实际的发展水平）；第二种水平是儿童在成人的指导和帮助下所达到的解决问题的水平（儿童潜在的发展水平），也就是通过教学所获得的潜力。根据这两个发展水平，维果茨基提出了"最近发展区"的概念，其意指认知发展的真实水平（由独立解决问题所决定）与认知发展的潜在水平（由在成人的指导下或与其他更能干的同龄人合作解决问题所决定）两者之间的距离。

为了促进学生的认知，特别是思维的发展，学校的教学应该紧靠学生的最近发展区，通过挑战性的任务、必要的提问和指导、合作中的交流与互动等举措，让学生在"跳一跳摘下桃子"的思维紧张和意志努力中，发挥自己的潜能，实现从现有发展区向最近发展区的跨越。

③　展现思考路线图。对于任何一门学科而言，过程方法的知识与概念原理的知识都是两类不同的知识，前者表征该学科的探究过程和方法论，后者表征该学科的探究结果，两者相互作用，相互依存，相互转化。一方面，什么样的探究过程和方法论必然对应着什么样的探究结论或结果，概念原理体系的获得依赖于特定的探究过程与方法论。另一方面，探究过程和方法论又内在于概念原理体系之中，并随着概念原理体系的发展不断变化。不同学科的概念原理体系不同，其探究过程和方法论也存在区别。学生要想真正理解

和掌握知识，就不能不从知识的来龙去脉中领会知识的真义及其发展路径，也不能不在用知识攻坚克难、解决问题的作为中体味其运用方法。因此，在学习知识的活动中注重展示过程与方法是一种"水到渠成"的教学艺术，也是一种引导学生进行认知学习和智慧运作的"示范"和训练。

第斯多惠曾经说过："'坏'教师奉送真理，'好'教师教人发现真理。"有时，"过程"比"结论"更有意义，因为它能唤起学生探索与创造的欲望，激发他们的认识兴趣和学习动机。"过程"展现思路和方法，教会人们怎样学习，它还能帮助我们建构进取型人格，通过"效能感"完善"自我"。它对实施素质教育所要求的"智育"、展现知识的产生和发展过程都具有十分重要的意义。

（3）实践能力

在心理学中，对实践能力的众多研究都集中在实践智力上。美国心理学家斯腾伯格对实践智力的研究最为深入，他认为，实践智力是一种将理论转化为实践，将抽象思想转化为实际成果的能力。

我国学者认为，实践智力并没有真正回到实践的本义上来，因此他们提出，应把实践定位于认识指导下的问题解决过程，将实践能力定义为保证个体顺利运用已有知识、技能解决实际问题所必须具备的那些生理和心理特征。实践能力就是在个体解决问题的进程及方式上直接起稳定的调节控制作用的个体生理和心理特征的总和。个体的实践能力以其解决问题的层次和质量为衡量指标。[①]

① 唤起实践动机。实践动机是指由实践目标或实践对象所引导、激发和维持的个体活动的内在心理过程或者内部动力。泰勒等人研究发现，适度的动机有助于提高完成工作的效率。实践动机是人类实践活动的前提，对于个体的实践活动具有激活、导向、维持和调整的作用。实践动机能推动个体参加实践活动，促使个体将认识转化为实践；实践动机能使个体的实践活动指向一定的对象或目标；实践动机有助于个体维持其正在进行的实践活动。实践动机主要是由实践兴趣、实践的成就动机和实践压力构成的。

---

① 刘磊，傅维利. 实践能力：含义、结构及培养对策 [J]. 教育科学，2005（02）.

实践兴趣是个体从事实践活动的心理倾向。一旦实践兴趣得以形成，个体就会对实践活动产生积极的情绪体验，实践兴趣也会随着实践活动的顺利进行不断被强化。实践的成就动机是个体希望在从事的对他有重要意义的、有一定困难的、具有挑战性的实践活动中取得优异的结果和成绩，并超过他人的动机。实践的成就动机强的个体在实践中有很高的目标，他们愿意接受挑战，即使对实践对象本身没有特别的兴趣，也会尽力做得很出色。因此，实践的成就动机对个体实践的效果有重要作用。实践压力是指客观环境对个体施加的参与实践的要求，它迫使个体从事实践活动。实践压力具有一定的外在性和情境性，它不是个体内在的心理需要，但可以转化成个体内在的实践动机。

在实践动机的三个方面中，实践兴趣和实践的成就动机占主导地位，实践压力也可以激起个体参与实践活动，但是只有在它转化为实践兴趣或者实践的成就动机时，才具有维持个体主动参与实践的功能。

② 获得实践技能。技能实际上是工种的专项实践能力，它依赖于个体的一般实践能力，包括问题情境的感知、机体运动、交流和一般工具的使用等。技能虽然是一种经过练习而形成的活动方式，但它始终有认知因素的参与。按照苏联心理学家列昂节夫的活动理论：活动是由定向—执行—反馈三个相互联系、循环往复的环节构成的，而这些环节只能在认知和元认知的调节控制下展开。

技能的掌握要重视"知"与"行"的联系。我们知道，技能是经过练习而获得的使某种活动得以顺利进行的动作方式，任何技能的形成都有其规律。第一，要掌握某种技能就必须领会这种技能的基本知识，弄清它的本质意义和适用范围，了解其组成要素和操作程序及要领，这是技能形成的基础。第二，技能总是在练习与应用中形成和发展的。例如，京剧演员的唱、念、做、打等基本功和他们在戏台上的一招一式，都是经过长期苦练而成的。只有通过实践的磨砺和锤炼，各种技能的抽象和概括才能为人所理解和"内化"，并逐渐转化为个体的经验系统。

掌握技能还要处理好"学"与"练"的关系。就技能的来源而言，技能既表现为个体的经验，又是人类经验的结晶。它植根于个体经验，但又不是个体经验的简单描述，它是在千百万次经验的基础上，经过反复筛选和实践检验而高度概括化、系统化的理论系统。它既源于经验，又高于经验，是个体经验与人类经验、理论和实践相结合的产物，反映了多样性与简约性的统一。因此，技能需要"学"，达到熟练运用要经过选择活动方式和练习。练习必须具备以下三个条件：第一，有明确的练习目的。只有这样，才能加强练习的自觉性，使练习经常在意识的控制下调节和校正，练习效果也才能逐步提高。第二，要了解练习的结果。通过练习结果的反馈才能知道如何调整和纠正动作，也才能将动作控制于意识之下。第三，反复训练。只有这样才能使活动方式达到熟练的程度。

③ 介入实践情境。情境实践能力是实践能力的一项构成要素。它是指实践者面临具体情境中的具体问题时，在综合考虑自身（包括动机、一般实践能力基础、专项实践能力水平）和环境条件的匹配关系后，做出行动决定并具体实施的能力要素。在真实的情境中提出解决真实问题的要求和条件，是提高学生实践能力的关键环节。

在具体情境中，一个真实问题的解决过程是非常紧张而复杂。因为解决真实的问题往往受诸多条件的影响和制约，它要求实践者具备相应的实践动机、一般实践能力因素、专项实践能力因素，有时候，问题是什么、问题解决的条件甚至目标状态都是含糊不清的。有些问题很紧迫，甚至棘手，实践者能否解决这些问题以及问题解决的质量对其自身具有十分重大的影响。因此，实践者将自身能力与具体情境条件的关系进行分析，并在此基础上采取行动的情境实践能力因素，对于个体的实践能力具有决定性的影响。

情境实践能力因素需要在反复实践之后，才能最终使实践者做到对自身能力与具体情境关系的评估非常贴切，对实践过程中各环节可能遇到的困难做出详尽的预案，在实践中能瞬间对突发的问题做出准确的判断和决策。在教育领域，教育者应向学生提供各种丰富、真实的问题情境，让他们在切实解决问题的过程中，锤炼情境实践能力因素。就此，国外一些学校曾做过大量有益的尝试。另外，在教育和生活中，时刻会出现各种各样真实的问题，如果能合理地加以利用，那么它们就都可以成为培养学生情境实践能力的教育契机。[1]

放错地方的资源——垃圾[2]

学生虽然对生活垃圾已经有了不同程度的认识和了解，但是在中小城市，居民整体的环境意识较差，因此生活垃圾对人们生活、工作的影响较大。由于学生的家庭条件不同，因此在设计教学活动时，教师结合当地的教学资源和学生实际，决定采取开放性可选择的学习方式，让学生依据自己的实际情况来研究探讨"垃圾—资源"的关系。

"调查取证环节"是为了引导学生收集垃圾并认识垃圾为什么那么多的原因。我们以往的做法是帮助学生设计好调查表，让学生以小组为单位到自己所在的小区去调查，完成调查表。而本次活动为了能让学生更加充分地认识到垃圾的来源广泛，亲身体验垃圾对我们生活和学习的影响，教师决定帮助学生根据自己的家庭条件选择适合自己的调查取证方式，完成调查表格上的内容。例如，有的学生家有数码相机，就可以利用数码相机来拍摄自己所在小区的垃圾来源情况；有的学生家有摄像机，就可以采用摄像的方式把垃圾的现状展现给大家；有的学生家庭条件不太富裕，就可以通过样本采集的方式收集相关的垃圾，让小组成员都来直观地感受垃圾的广泛来源。教师通过开放性可选择的学习方式，为学生展示了一个立体的自由的空间。学生主动学习和自主学习的意识增强了，不再是被动地完成调查表来应付教师留的作业。调查结果资料充实，大量的数据和充分的图像、实物为学生带来了最直接的视觉冲击，垃圾的量一下子便在学生的面前呈现了出来。这种来自学生自己手头的材料最真实，也最具说服力、感染力，达到了相互教育和自我教育的目的。

"个性化的展示"彰显了学生多元智能的特色。在深入研究的过程中，学生明确了垃圾是可以利用的资源，是可以为我所用的。教师引导学生利用手头的一些资料来发明、创造，以此来开发学生的多元智能。教师没有对材料

---

① 刘磊，傅维利. 实践能力：含义、结构及培养对策 [J]. 教育科学，2005（02）.

② 华国栋. 差异教学策略 [M]. 北京：北京师范大学出版社，2009：326-327.

的选择以及设计方案做出任何的暗示和规定，只是让学生依据自己的爱好、优势、特长来选择材料，设计利用的思路。同样的一张破挂历纸，在不同小组的设计中，呈现出了不同的思路：有的同学擅长绘画，就设计出了一幅粘贴画；有的同学擅长手工，就制作出了一个个精致的笔筒和宝塔……

"创新实践显奇才"，在"我为社区献计策"环节，教师指导学生把课堂上形成的"垃圾是资源"的意识应用到实践中，帮助家庭和社区设计垃圾处理、利用方案。因为在实际运用中，学生能力的差异可能会产生不同的效果，所以我们在活动前建议学生在实际运用中一定要发挥自己的特长，能绘画的可以为社区提供图画，能制作实物的可以把作品样本提供给相关部门，也可以口述自己的想法，让这些部门结合自己的建议来施行。活动的结果出乎教师的意料，孩子们的创意很有前瞻性，也富有想象力。

在该案例中，教师利用社区开放的教育环境和资源，尊重学生的不同智能特点，引导学生自主学习探究，培养学生解决实际问题的能力。同时，在此过程中提高了学生为社区服务的意识。

（二）自主学习能力是核心素养形成的突破口

核心素养作为从学习结果的视角界定未来人才形象的类概念，包含多种不同的必备品格和关键能力。[①] 然而，核心素养框架的构建需找到一个恰当的研究切入点，以此来实现以点带线、以线带面的辐射式系统发展，这样做还有助于促进对相关问题深入和高效的研究。那么，在诸多的关键能力中，核心素养的相关研究应以何为切入点呢？有研究者在分析了 OECD（经济合作与发展组织）对核心素养所界定的三大类能力后提出：根据 OECD 的界定，反思性正是核心素养之中心，即核心素养框架的本质与核心是反思性思考与自主性行动。而这种反思性与自主性正是自主学习能力的要旨。此外，欧盟的核心素养框架同样强调了自主学习能力或终身学习能力的核心价值。有研究者认为，自主学习能力作为核心素养框架的核心与本质，对其他关键能力

---

① 崔允漷. 追问"核心素养"[J]. 全球教育展望，2016（05）.

的发展具有引领和触发作用，适宜成为核心素养研究的切入点。① 自主学习能力的特点能体现其在核心素养框架中的核心地位。

1. 自主学习能力的特征

首先，自主学习能力强调具体情境中的问题解决能力及终身学习的能力。自主学习不仅指学习者自觉主动地学习具体的学科知识与技能，而且注重其在复杂多变的社会情境中自觉主动地使用一系列复杂的认知（如反思与批判性思维等）与非认知策略（合作及目标管理等）解决复杂的问题，以达成各种个体及社会性的发展目标。因此，自主学习能力贯穿于个体的终身发展，属于终身学习能力。

其次，自主学习能力具有可塑性、跨学科性及公平和民主性，具体表现为：① 自主学习能力并非先天的特质，可以通过后天的经营训练塑造和习得。大量研究表明，教师通过营造自主的学习环境进行"支架式"引导和启发性教学，或帮助学生进行自我评价，都有助于学生自主学习能力的提高。② 自主学习能力是一种跨学科、跨领域解决复杂问题的能力。自主学习能力包含完成不同领域和类型的社会性工作。③ 自主学习能力有助于实现教育的公平与民主。教育资源与机会的不平等与非民主性，是当今世界教育的主要问题之一。教师通过培养学生的自主学习能力，帮助学生积极主动地争取和开拓教育资源与机会，并对其进行反思性和创造性的有效利用，这是弥补并最终走向教育公平与民主的可行之策。自主学习能力满足核心素养所强调的价值性、迁移性和民主性。

最后，自主学习能力对其他关键能力的发展具有引领和触发作用。第一，自主学习能力强调自觉、自主的终身学习，一旦学习者具备了较高的自主学习水平，便可在已有知识和能力的基础上自主发展其他能力，如有效使用先进技术的能力及建立和谐人际关系的能力等。高水平的自主学习者往往能够经常而有效地使用各种学习策略进行批判性反思，以及调节自身的内、外部动机，以实现自我驱动，进而能更加深刻地认识到其他关键能力的重要价值，进行自我培养。第二，自主学习能力具有较强的情境适应性。自主学习能力

不仅局限于学校环境中学科知识的学习，而且体现在学校环境之外的工作、家庭或宗教中的学习与成长上。自主学习者能以积极主动的心态迎接各种挫折与挑战，并进行批判性反思和学习，创造性地解决各种技术或人际问题。第三，自主学习能力有助于实现自我认同和自我价值的提升。自主学习不仅指对外界事物的学习，同时强调对自我的认识，即对"我是谁"这样一个哲学命题的自我探究。只有当个体能够清晰而全面地认识自我，不断地对自我进行批判性反思、调节和完善时，他才能更好地自内而外作用于社会的发展与前进。简而言之，自主学习能力是核心素养体系的本质与核心，在核心素养的整体发展中具有不可或缺的引领和触发作用。

2. 自主学习能力的形成

任何能力都是借助于活动并在活动中形成和表现出来的，自主学习能力也不例外，它主要是通过自主学习活动形成的。

首先，关于自主学习的界定。我国研究自主学习的学者庞维国综合了各方面的看法后，主张从横向和纵向两个角度来定义自主学习。[①]

从纵向的角度界定自主学习是从学习的整个过程来阐释自主学习的实质。如果学生在学习活动前就已经能够确定学习目标、制订学习计划、做好具体的学习准备，在学习活动中能够对学习进展、学习方法做出自我监控、自我反馈、自我调节，在学习活动后能够对学习结果进行自我检查、自我总结、自我评价和自我补救，那么他的学习就是自主的。如果学生在整个学习过程中完全依赖于教师或他人的指导和调控，那么他的学习就不是自主的。

从横向和纵向两个角度来综合界定自主学习的好处是，横向界定自主学习可以帮助教师澄清学生究竟在学习的哪些方面是能够自主的，哪些方面是不能自主的，为教师确定培养学生自主学习能力的阶段性目标提供依据，也可以帮助教师更好地根据学生的不同学习特点因材施教。纵向界定自主学习可以帮助教师明确学生在学习活动过程中，什么时候需要自己更多的监督、指导，什么时候不太需要引导、帮助。这两种界定方式各具功能，互为补充，为教师分析和指导学生的学习提供了完整而清晰的思路。

---

① 庞维国. 自主学习：学与教的原理和策略 [M]. 上海：华东师范大学出版社，2003：4-5.

其次，自主能力的发展路径。自主学习能力是随着学生的认识和自我的发展，通过多种途径和反复实践逐步形成和完善的。无论是国外学者还是国内学者，都十分关注自主学习能力的获得途径问题。国外学者一般认为，自主学习能力主要通过三种途径来获得：一是有针对性的指导，二是观察他人的学习，三是学生自己设计和实施的学习实验。尽管自主学习能力可以通过三个途径来获得，但是齐莫曼指出，通过个人的学习实验和偶尔的观察来获得自主学习能力的方法，任务繁重，充满挫折，效率低下，其效果比采用直接的、有针对性的教学指导要差得多。为了更好地培养学生的自主学习能力，我们应该把教学作为一个最为主要的途径。

与国外的研究者相比，在自主学习的获得途径上，我国学者更多地强调教学的指导作用，他们认为自主学习是在教师的指导下实现的。在低年级，学生的学习主要依赖教师的讲解和指导。随着年级的升高，学生的学习能力增强，教师在教学中的地位就由讲转向了导，学生也由依赖学习转向了独立学习，由他主学习转向了自主学习。教师的指导要遵循"从扶到放"的原则，体现从教到学的转化。也就是说，我们必须认识和遵循自主能力形成的规律。

① 从他控到自控。所谓他控，是指学习活动由外界的他人，如教师、父母或其他成人制约管理；所谓自控，是指学习活动由学习者自己来制约管理。总的说来，学生的自主学习活动呈现着从他控到自控逐渐转化的趋势，即他控的成分逐渐减少，自控的成分逐渐增加。

② 从被动依赖到自觉能动。在自主学习水平较低的阶段，学生学习的依赖性很强，很难脱离教师或其他成人的指导。随着年级的升高，学生自主学习中的能动性就逐渐表现了出来，其典型的表现形式是学习的超前性和拓展性。

③ 从单维到多维。最初的自主学习表现为对学习的某一方面、某一过程的自我控制或调节。随着认知的发展和学习经验的增加，学生会逐渐发现和领会到，学习的结果是由许多因素，包括动力、方法、知识基础、心智水平等共同作用而形成的，因此要进行全面的努力。

④ 从有意识到自动化。学生最初的自主学习往往不够熟练和迅速，学习自我计划、自我观察、自我监控、自我反应等过程常常都是在高度集中的意

识水平上发生和进行的，因此需付出足够的意志努力。随着自主学习的持续践行，学习自主的活动会日趋娴熟，依赖的成分也会逐渐减弱，最终会进入自动化状态。

最后，自主学习活动的指导。为了便于说明自主学习指导各环节之间的逻辑关系和时间顺序，我们根据系统论和控制论的观点以及前面所做的理论分析，概括出了一幅自主学习的教学指导流程图（见下图）。

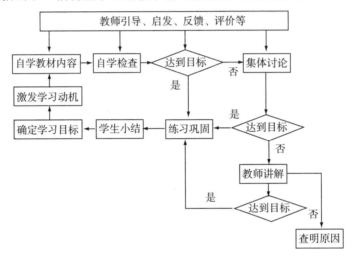

图 7 - 2　自主学习教学指导流程图

这一流程图的主体部分包含三个闭合的环路。

第一个环路是由确定学习目标、激发学习动机、自学教材内容、自学检查、练习巩固、学生小结构成的。它所表达的意思是，学生在明确了学习目标后，通过自学就能够达到目标要求。显然，在这种情况下，学习的几个环节主要是由学生自己完成的，教师只起引导作用。

第二个环路在第一个环路的基础上增加了集体讨论这一环节。它所表达的意思是，学生通过自学并没有达到目标要求，但是通过集体讨论解决了自学中的剩余问题。由于讨论主要是在学生之间进行的，因此第二个环路与第一个环路一样，教师只对学生的学习起引导作用，学习主要是通过学生个人或集体完成的，学习的自主权主要还是在学生这边。

第三个环路在第二个环路的基础上增加了教师讲解这一环节。它表明学生通过自学和集体讨论后，仍有一部分问题没有解决，这时就需要教师进行讲解，教师通过讲解帮助学生克服学习困难，达成学习目标。当然，如果通过教师讲解学生仍然不能完成学习任务，那么教师就要查明具体原因，重新讲解，必要时甚至可以暂时终止讲解。尽管如此，这一环路中所包含的多数环节仍然是主要依靠学生自己来完成的。因此，总的说来，这一教学流程把学生的学置于了教学的核心地位，教学过程的各环节主要是由学生自己来完成的，教师在这些教学环节中主要起引导、点拨、反馈的作用，这样更有利于为学生提供自主学习的机会，体现其学习的主体地位，发展其自主学习的能力。

3. 自主学习能力的测评

借鉴具有国际权威性的自主学习能力的相关理论探讨和测评经验，我们可以将自主学习能力的测评体系总结为以下四个维度。

一是认知策略的使用，如低阶的复述策略和联系策略，以及高阶的组织策略与批判性思维策略。

二是元认知策略的使用，包括元认知知识，指对自身思维、知识与行为的认识和反思，还包括元认知监控和调节，指对自身思维、知识与行为进行的监控和管理。

三是资源管理的使用，包含两个方面：① 对自我资源的监控与管理，指对属于自己的学习时间、学习环境、学习目标和努力程度等进行的监控和管理；② 对外界资源的管理，指对与他人相关的资源进行的管理，如同伴合作学习及求助等。

四是动机，主要体现在四个方面：① 外部动机，指学习动力主要来自外界的成绩、奖励、竞争或他人的评价；② 内部动机，指学习动力主要来自对事物的兴趣、好奇、挑战及自我成长；③ 自我效能感，指对自己完成一项任务的能力和技能的自我判断；④ 考试焦虑，指在考试中对于考试结果的担心和焦虑状态。

以上四个维度较为全面地涵盖了自主学习能力的内涵，同时强调和突出了某些关键能力，如批判性思维能力、反思性思维、有效合作和沟通的能力，以及在动机驱使下积极主动的实践能力。因此，自主学习能力的测评体系有助于我们了解学生核心素养培育中某些关键能力的发展状况，并揭示发展中的问题，提出相应的解决方案。

上述自主学习能力测评框架（四个维度）的意义还在于，我国本土化的核心素养体系的构建及向课程与教学实践的转化可基于以下三个方向发展：一是借助自主学习能力框架，推进基于核心素养的课程整合；二是通过对学生在不同学科的自主学习能力测评，推进学科素养体系的建设；三是通过对学生在不同学科的自主学习能力测评，推进素养本位的教学实践与研究。

（三）创新学习能力是核心素养发展的动力源

党的十八届五中全会把"创新"作为五大发展理念之首，强调创新是引领发展的第一动力，并提出要强调原始创新、集成创新和引进消化吸收再创新。这对我们教育改革发展具有极为重要的指导意义。

我国学者在梳理和分析国内外关于"学习与创新素养"的构成时认为，我们可以把核心素养聚焦为两种，即创新能力与合作能力。创新能力是智慧（智商）的集中体现，意味着"聪明的脑"；合作能力是情商的集中体现，意味着"温暖的心"。另外，创新能力和合作能力具有很强的统领、概括作用，在逻辑上，它们可以把其他素养统摄其中。[①]

1. 创新学习能力发展的特殊意义

学生是学校中的学习者，虽然他们难以直接从事社会生产劳动方面的创新实践，但也必须在学习中形成创新能力，即创新学习能力，我们可以从"发展"的角度来理解这件事。

从理论逻辑上看，对人的发展来说，创新能力是一种综合性、涵盖性很强的核心素养，可以把批判性思维、自主发展素养覆盖起来。批判性思维是创新能力的前提，创新能力内在地把批判性思维包含在内，创新能力强是主体性（积极性、自主性、创造性）强的集中体现。创新能力强的人，其自主性亦强。创新能力甚至可以把合作与交流能力、信息素养统摄起来，因为创

---

① 褚宏启. 核心素养的国际视野与中国立场 [J]. 教育研究，2016（11）.

新，特别是重要创新，需要团队合作、充分交流、互相启发碰撞并充分运用信息技术才能达成，个体单打独斗很难完成创新。简言之，创新能力是核心素养最集中的体现和巅峰表现。

从国家发展方面看，培养创新能力是提升国家竞争力的需要，是国家发展新理念的要求。一个国家和民族的创新能力，从根本上影响甚至决定着国家和民族的前途和命运。创新能力不足已经成为制约中国核心竞争力的关键因素。党的十八届五中全会提出了五个发展新理念，其中"创新发展"排在首位。习近平总书记明确提出："我们必须把创新作为引领发展的第一动力，把人才作为支撑发展的第一资源，把创新摆在国家发展全局的核心位置。"对于教育领域而言，培养创新能力是最大的政治，是对发展新理念最直接、最深刻的回应。

从教育发展方面看，培养创新能力是实现中国教育目标转型升级的关键，是深化教育改革、提高教育质量的战略选择。目前，中国学生的创新能力还不能满足国家发展和学生个体发展的需求。当前，中国教育工作正处于一个关键的历史节点上，需要由"以培养应试技能为中心"转向"以培养创新能力为中心"。这一工作重心的转移，对于实现中华民族伟大复兴意义重大。在教育领域，创新能力培养具有强大的引领作用和关联效应，会拉动课程教材、教学方式、学习方式、管理方式的整体改革，会引发中国教育发展方式的系统变革。

总之，创新能力是人作为有理性、能思维的动物的本质体现，是个人发展与国家发展，提升国际竞争力的最重要素养，是核心素养的核心。培养学生的创新能力，是 21 世纪中国教育的工作重心，是中国教育现代化的核心使命。

2. 创新学习能力发展的心理机制

创新学习能力的发展需要一定社会心理环境的支持，已有的心理学研究表明，心理自由和心理安全感是其最必要的条件。在教学条件下，教师的关怀、悦纳和积极期待至关重要。这里，我们只就教学活动中学生创新学习能力发展的心理机制做一个重点分析和相应的教学提示。教师必须意识到教育在培养学生创造性方面的责任。1972 年，联合国教科文组织国际委员会提出了一份报告——《学会生存》，告诫人们："人的创造力，是最容易受文化影响的能力，是最能开发并超越人类成就的能力，也是最容易受到压制和挫伤的能力。"并由此警告说："教育具有开发创造精神和窒息创造精神的双重力量。"

（1）好奇心与想象力

好奇是儿童的一种天性，好奇心蕴蓄着一种创造的趋力，教师要十分珍视它。保护儿童的好奇心与求知欲的最好办法就是给予他们呵护和鼓励。其实，我们在课堂上经常会遇到学生对某一问题产生异议、困惑甚至出现争议的现象，这恰恰是我们引导学生展开想象和创造的契机。在这个时候，教师要充分展现自己的教育智慧，恰当引导，适时点拨，激励学生对问题做出大胆猜测，甚至是奇"思"妙"想"，使学生充分利用想象力这一最富创造性的认知因素。

古罗马教育家普鲁塔克认为，儿童的心灵"不是一个需要填满的罐子，而是一颗需要点燃的火种"。心理学的研究也表明，鼓励学生大胆猜测、奇"思"妙"想"是培养学生探究兴趣以及开发其智慧潜能的教学良方。当然，学生们的想法可能是巧妙的、奇特的，也可能是幼稚的、平淡的，甚至可能是错误的。这些都不重要，重要的是教师要有意识地引导和鼓励学生自己去思、去想、去问。

有时，我们也可以运用新颖的信息造成的惊异感来刺激学生的好奇心。高尔基曾说过："惊奇是了解的开端和引向认识的途径。"爱因斯坦也说过："妨碍青年人用惊奇的心情去观看世界的那种学校教育，完全不是通向科学的阳光大道。"著名心理学家皮亚杰在他的儿童认知发展研究中曾提出过一个适当新颖的原则，他认为，呈现给学生的材料与学生的已有经验既要有一定的联系又要足够新颖，能产生不协调和冲突（根据他的学说，冲突是认知结构重新组织和发展的基础），这样才能引起学生的好奇心，激发他们的认识兴趣，启迪思维。在教学中适当提供与教材紧密联系的新奇有趣的材料，可能会收到出乎意料的效果。新颖的信息还可能是一种起到组织作用的"注意线索"，它能发挥对认知的引导作用。

鱼有耳朵吗

　　实验室宽敞明亮，实验桌上摆放着晶亮透明的玻璃缸，几条鱼在水里摇头摆尾，游来游去，孩子们在自己的桌旁七嘴八舌地议论着。

　　这是小学常识课"鱼"的一个教学片段。

　　生：老师，鱼有耳朵吗？（学生哄堂大笑）

　　师（十分赞赏地、肯定地）：问得好！想一想，如果鱼是聋子，它能听到声音吗？

　　生：我用铅笔敲了敲玻璃缸，它好像一惊，很快游开了，这证明它不是聋子。可是鱼儿明明没长耳朵呀！

　　师：那它是靠什么感觉振动的呢？

　　生1：可能是靠眼睛吧？

　　生2：不大可能，虽然鱼儿的眼睛圆溜溜的，但是它的视力却不大好。我拿铅笔戳它，它眼睛一眨也不眨。

　　生3：这条鱼可能患了近视眼，为什么用光照它，它好像没发觉似的呢？

　　生4：我把酒精棉球给它闻，它也没什么反应。

　　师：对，鱼的视力很弱，只能看到近处的物体。

　　生1：我发现了！鱼鳃后面隐隐约约有一条线，你们看，是不是这条线呢？

　　生2：我也找到了！跟书上画的一样。

　　生3：鱼的两边都有一条线！

　　师：（让孩子们用放大镜看）你们要仔细观察一下！

　　生：不是线，是一个个小孔，长在鳞片上。

　　师：完全正确！长在鳞片的小孔连成了一条线，叫侧线，它与神经相通，鱼儿就是靠它感知水流和振动的。不过，鱼也有耳朵，只是藏在头骨里面，我们看不见，但它是有听觉的。

　　生：老师，动物的耳朵大多长在头上，鱼的耳朵为什么藏在头骨里呢？

师：这是不是与鱼的生活环境有关呢？（鼓励学生课后继续研究）

（2）冲突感与探求欲

黑格尔曾经说过："凡事追本求源，这是思维的一个普遍要求，也是思维的一个特性。"在教学过程中，如果给出的新事实、观念和理论与学生原有的知识经验产生了矛盾，那么就会出现"冲突感"。学生进入这种问题情境时，会感到困惑，觉得头脑中的概念在"打架"，这就会激发他们探索的愿望，唤起学生的求知欲。此时，教师只要稍加点拨，就收到水到渠成的效果。我们常讲的"认知冲突"是指认知发展过程中，原有的认知结构与现实情境不相符时，在心理上所产生的矛盾或冲突。皮亚杰认为，顺应或调节是解决认知冲突的一种有效方法，即个体在遇到新的情境，原有的认知结构不能适应现实环境要求时，他只能改变自己已有的认知结构，以符合现实环境的要求。只有通过调节不断解决认知冲突，才能促使人的认知活动不断丰富和发展。

在课堂教学中，教师要根据课堂教学目标，抓住教学重点，联系学生已有的经验，设计一些能够使学生产生认知冲突的"两难情境"或者看似与现实生活和已有经验相矛盾的情境，以此激发学生的参与欲望，启发学生积极思维，引导学生在探究问题的过程中领悟方法、学会知识、发展能力，主动完成认知结构的构建过程。

实验中引发的认知冲突

在一堂关于金属膨胀的课上，教师先让学生观察一个由两块不同金属合在一起的金属条，当用小火慢慢加热时，这个金属条开始向下弯曲。教师要求学生解释为什么金属条向下弯曲，对学生的回答教师只说是或不是。当学生一致同意金属条加热变软后由于重力作用而向下弯曲时，教师就把金属条反过来加热。这时学生发现金属条继续向上弯曲，并未向下弯！紧接着的问与答引发了学生的许多不同假设，直到最后剩下一个合理的解释。此时，全班同学得出一个结论：不同金属的受热膨胀程度是不同的。

思维总是从问题开始的。由认知冲突引发的问题情境，有利于引起学生的好奇心与求知欲，这对任何学科都适用。

一位特级教师讲"摩擦力"

课堂开始时，教师提出了一个有趣的问题："把一个一吨重的铁球放在地上，一只蚂蚁能不能推动它？"话音刚落，学生大笑，齐声答："推不动！""如果地面非常光滑呢？""也推不动！"仍有几个学生不服气地说。陈老师没有笑，而要大家再考虑一下。忽然有人醒悟过来："推得动推不动不是看大铁球的重量，而是主要看它与地面摩擦力的关系……"教师肯定了这个学生的回答，并开始逐步引导学生研究推力与摩擦力的大小是怎样影响物体在水平方向的运动的。

将一个问题放在一种极端的情况下来引起学生的思考，这既制造了"问题情境"，又与物理的"理想化"思维方式相切合，这样的教学真是妙不可言。

（3）求异性与创造力

创新能力的基础是思维能力。特级教师李吉林认为：要培养学生的创新能力，首先要培养、发展学生的思维能力。但这种思维能力并不是传统意义上循规蹈矩式的一味注重抽象、概括、归纳、演绎的单一的逻辑思维，更不是由于长期追求统一答案而形成的定向思维。培养学生的创造性思维品质，通俗地说，就是引导、鼓励学生们想得远，想得快，想得与过去不一样，也就是有意培养学生思维的广阔性、流畅性以及独创性。所有这些都需要教师为孩子创造一个宽阔的思维空间。所谓思维空间的"宽阔"，就是学生可以随意地想，甚至可以想入非非，想错了也无所谓，不受约束，没有规定，不需剪裁，让学生的思维活动在无拘无束中自由自在地进行。[①]

实际上，很多题目都难以找到甚至不可能找到标准答案，如作文题、论述题等。也有很多时候学生回答的可能不是最佳答案，但也绝不是错误答案。多元化的标准应更多地考查学生思考问题的独创性和合理性，而不是与标准答案的一致性。如果以标准答案苛求学生，稍有偏差就判为错答，那么学生就只能谨小慎微，按照课本来做标准答案，也就需要他们用大量的时间背"标准"答案。这样，他们的思考、求异思维、创造精神都会被限制和扼杀。[②]

---

① 李吉林. 教育的灵魂：培养学生的创新精神（下）[J]. 人民教育，2001（10）.
② 臧铁军. 中小学考试改革研究报告 [M]. 北京：人民教育出版社，2003：475.

3. 创新学习能力发展的生成取向

教学作为一种课程实施的具体形式，本身存在"忠实取向""相互适应取向"和"创生取向（或称生成取向）"。这里提到的"生成"，在《教育大辞典》中的解释是："强调学习过程是学习者原有认知结构与从环境中接受的感受信息相互作用、主动建构意义生成的过程。"生成的特征是动态性、开放性、过程性、发展性。

从心理过程看，创新本质上是一种生成活动，只是由于生成的产物有适用性，才称为创新。这意味着，要想促进创新，就必须更多地引导生成活动，必须让学习者生成更多观念。反之，如果忽视生成与创新之间的蕴含关系，过多地关注生成带来的无意义思维产物，那么在抑制生成活动的同时就会窒息创新。事实上，发散性思维之所以更容易带来创新，是因为它要求"想出多个观点""想出不同观点""想出非凡观点"，从而使个体生成了多种可能的问题解答方法。头脑风暴之所以被作为促进创新的手段，也正是因为它要求"延迟评判""提出尽可能多的想法""团体工作"，从而引发了更多新观念的生成。[1]

（1）推行生成式学习

20世纪70年代中期，维特罗克在阅读研究中明确提出了生成学习理论，率先把学习的关注点从信息贮存转向关系生成，从知识的结构特征转向理解的实质。维特罗克指出，学习并不是被动地接受和记录信息，而是主动地建构意义、解释经验。在阅读过程中，人们选择性地注意信息，并通过在新信息与已有信息之间建构关系来生成意义。这些主动的动态生成过程，产生了知识重组、概念重构，从而产生了一些能促进理解的有意义的关系。在维特罗克看来，生成是理解的基本认知过程。良好的阅读与有效的写作一样，主要是通过在文本的各构成部分、文本与个人知识和经验之间建立关系来创造意义的。

生成作为一种独特的学习过程，并非无条件的。从内部条件看，生成首

---

① 庞维国. 课堂中的创新学习：生成论的视角 [J]. 华东师范大学学报（教育科学版），2009（04）.

先必须有"素材"，即头脑中必须具备一定的知识基础。斯滕伯格指出，专家与新手相比更容易生成新颖、适当的问题解决办法，是因为他们头脑中储备了更多领域的具体性知识，更容易进行"选择性编码""选择性组合"和"选择性比较"。其次，生成必须有动因。在大多数情况下，生成与动机性活动相关联。解决问题的需求、兴趣或动机，是有意识生成活动的主要动力。最后，生成必须有"空间"。过度的认知负荷会限制观念之间的成功关联，学生难以解答综合程度较高的复杂问题就属于这种情形。

从外部条件看，生成通常是在问题情境的刺激下发生的。在解决问题的过程中，个体头脑中如果没有现成的知识可供提取应用，就需要生成新的观念或解答办法。阿基米德正是在检验皇冠含金量这一问题的驱动下，通过综合密度和浮力原理生成了解决问题的办法。此外，人际情境对观念的生成也具有显著的助长作用。在人际互动的过程中，个体可能因为受到他人的启发、激励或者为了展示自己观念的新颖性而生成更多的新观念。[①]

（2）倡导生成性教学

当前，人们对于生成性教学的认识主要表现在教学哲学与教学方法两个层面。作为教学哲学，生成性教学不是一种具体的教学方法、教学模式，而是一种融教学价值观、认识论、知识观和方法论于一体的教学哲学。[②] 作为教学方法，表现在课前，生成指的是教师的"空白"意识，要为教学活动留下拓展、发挥的空间；表现在课堂上，生成指的是师生教学活动离开或超越了原有的思路和教案；表现在结果上，生成指的是学生获得了非预期的发展。有学者认为，如果对"生成性教学"的认识与探讨仅停留于"教学方法"的层面，那么就会导致教学的"唯生成性"行为，其结果仍有使生成性教学沦为预成论的现实危险。[③] 实际上，任何一种教学方法都是一种教学哲学的反映。因此，我们不能把错误归咎为教学方法的认识层面。生成性教学既是一种教学哲学，又是一种教学方法，两者只是层次不同而已，并无优劣之分。

---

① 庞维国. 课堂中的创新学习：生成论的视角 [J]. 华东师范大学学报（教育科学版），2009（04）.

② 孟凡丽，程良宏. 生成性教学：含义与价值 [J]. 课程·教材·教法，2009（01）.

③ 李雁冰，程良宏. 生成性教学：教学哲学的分析视角 [J]. 教育发展研究，2008（08）.

生成性教学的过程是动态的，然而其目的指向的是"成"，即促进学生的认知发展，因此，生成性教学有三层含义：作为教学目标，是指学生应达到的发展目标；作为教学原则，是指教学要让课堂充满生命活力，激发主体活动的基本教学要求；作为教学方法，是指学生在教师主导下以探究问题为导向而展开的探究、合作、对话等学习方式。三者是统一的过程，共同体现于生成性教学的课堂实践中。①

事例点击

生成教学（二题）

1. 主题对话，各抒己见

示例：这是一位教师在教学《詹天佑》一课时的精彩片段。

师：京张铁路提前竣工，全国上下欢欣鼓舞。詹天佑不愧为中华民族的优秀儿女，他没有辜负全国人民的期望，用铁一样的事实，给了藐视中国的帝国主义者一个有力的回击，一记响亮的耳光！现在，请同学们为这条京张铁路取一个有意义的名字，并说说理由。

学生情绪激昂，踊跃举手。

生1：詹天佑路。因为这是詹天佑主持修筑的，为了纪念他，取这个名字。

生2：争气路。这条铁路的成功修筑，实实在在是为中国人争了一口气。

生3：爱国路。爱国热情是詹天佑克服困难的动力，修筑成功又是他爱国精神的具体表现。

生4：中国路。这是中国人自己设计施工的第一条铁路。

生5：成功路。这项艰巨的工程，外国工程师都不敢轻易尝试，虽然当时中国科技落后，但詹天佑克服艰难险阻成功修筑了京张铁路。

生6：智慧路。这条铁路充分体现了中国人民的智慧和力量。

生7："人"字路。这是詹天佑创造性精神的集中体现，也是这条铁路的主要特征。

---

① 张俊列. 生成性教学的兴起、失范和规范 [J]. 中国教育学刊，2011 (6).

生8：光荣路。这条铁路使每一个中国人都感到无上光荣、无比骄傲。

师：你们给京张铁路取的名字真好，尽情赞颂了詹天佑的杰出才能和爱国热情，也表达了同学们对詹天佑的怀念、崇敬以及作为一个中国人的自豪。现在，选一个你最喜欢的名字，填在课文的插图上。

2．小组合作，相互交流

示例：一堂电学讨论课。

教师在课堂上提出了下面的问题来让学生讨论：用"220 V　50 Hz"的交流电源来使"12 V　5 W"的小灯泡发光，要使灯泡正常发光，该怎么办？

这个问题富有启发性，且有多种解答方法。回答这个问题要求学生思路开阔，充分运用学过的知识。同时，因为这个问题可以用实验来验证，所以能激发学生的兴趣，便于学生理解记忆，并且可以检查和加强学生的实验能力。

教师先让学生独立思考，再以四人为一组进行讨论，然后指导全班展开讨论。

生1：如果实验室里有很多"12 V　5 W"的小灯泡的话，那么我们就可以先把18个这样的灯泡串联起来，然后再与220 V的交流电源相连。

师：对，有一种小灯泡的连接方式就是这样。

教师拿出了很多这样的小灯泡，让甲组学生四人到前面连接，并在一旁指导学生安全操作。当小灯泡都亮起来时，学生都笑了。

师：如果只要点亮一盏"12 V　5 W"的灯，该怎么办？

生：可以用变压器。需要一台把220 V变成12 V的变压器，且它的功率不小于5 W。

师：好。交流电源的电压高，小灯泡的额定电压低，用变压器来使灯泡正常发光是一种常用的方法。使用电源变压器时必须注意规格，这一点提得非常好。

教师让学生上来做这个实验，并提醒他注意变压器初级和次级线头的区别。当学生做完实验后，教师再进一步引申问题。

师：你们还有什么办法？想一想，怎样用交流电的基本知识来解决这个问题？

生：可以用一个一定规格的电阻器或电容器与这个灯泡串联，然后接到"220 V 50 Hz"的交流电源上，这样灯泡也能正常发光。

教师点了点头，肯定了这个学生的回答。接着他便让大家计算电阻器和电容器的规格参数。

（3）采用生成的策略

在生成的视野中，课程包括两个层次：一是预设形式上的文本课程，它包括课程纲要、课程标准、教科书和教师的教案；二是课堂上的生成课程，是教师和学生在课堂教学过程中，以文本课程为中介和基础，由教师和学生通过对话共同建构起来的，与文本课程是交叉关系。也就是说，生成课程有一部分内容是文本课程所规定和计划好的，但生成课程还包括教师和学生在课堂教学过程中建构起来的知识、方法、情感、态度和价值观。

生成性教学要求教学要成为学生在场的探究实践，课堂成为师生共同探究、构建知识和共享观念的场所。生成性教学认为知识是由学生自己生成的，学生是知识的现实生成者。一方面，学生是生成的主体，即生成行为的承担者，因此学生必须亲历生成的过程；另一方面，学生是生成结果的拥有者，生成结果存在于学生的内部结构之中。[①]

教学中不确定性的客观存在，要求教学活动要突破既定计划的限制而走向生成的天地。在教学中，教师一般可采取以下两个维度的策略，通过迂回的方式完成教学任务。

从学生的维度说，从"先让学生开口"中生成——找准起点，从"巧用学生的话"中生成——由此及彼，从"妙用学生的错"中生成——因势利导（将错就错），从"善用学生的问"中生成——顺势延伸，从"活用学生的题"中生成——趁热打铁。

从任务的维度说，当课堂出现"预设意外"时，教师不仅要沉着冷静，而且要牢记围绕教学任务这个内核，调整预设，持续"生成"：一是伺"机"而动，价值引导；二是随"机"应变，顺应学情；三是借"机"施教，放大生成，从而实现"柳暗花明又一村"的效果。[②]

---

① 李祎. 教学生成：内涵阐释与特征分析 [J]. 全球教育展望，2006（11）.

② 林乐珍. 在生成与预设间寻求平衡 [J]. 小学教学参考，2006（Z1）.

三、 深度学习： 提高教育质量的诉求

深度学习的提出有着深刻的时代背景。高度信息化背景下的知识习得以知识的创生与意义实现为目标，需要深度的理解和基于境脉的价值考量与研判。学习不再是被动接受知识的过程，而是作用于情境的信息深度加工与知识建构过程。传统的以接受定论性知识为主的积累式学习以及快餐文化下的浅表化学习，均以了解和掌握前人的知识为目的，主要涉及知识符号表征层面的学习，很难适应知识经济时代背景下知识建构与创生的新要求。当今时代，学会学习比掌握知识更重要。学习者需要具有善于思考、敢于质疑的学习品质和勇于创生、不断超越的探究精神以及运用高阶认知技能开展深度学习的能力，以便形成顺应社会发展的适应能力和竞争力。[①]

（一）深度学习的含义剖析

信息时代的到来，逼迫着教学必须从农耕时代朴素的"教学即传递"的观念中走出来，也要从非此即彼的各种形式化改革中走出来。我们要重新认识教学的任务与功能。[②] 就学科教学而言，学科素养的培育是基于学科教育与养成教育实践的。一方面，课程教学需要针对学科特点有目的地培养学生的知识、能力和综合素质；另一方面，学生需要具备深度学习的心向和学力，积极主动地内化知识和习得能力，通过深度思考与研修，形成科学的思维方式和合理的素养结构。可以这么说，学生深度学习能力的发展与其学科素养的培育密切相关，深度学习的发生离不开学习个体的学科背景，而学科素养的培育在很大程度上需要通过深度学习来实现，即需要学习者通过思考、探究、推理、反思等深度学习过程的直接和间接学习体验与感悟，形成个体的

---

① 康淑敏. 基于学科素养培育的深度学习研究 [J]. 教育研究，2016（07）.

② 郭华. 新媒体时代的教学及教学变革 [J]. 中小学管理，2014（12）.

知识结构、专业智慧和解决问题的实际能力。

关于"深度学习"的理解

学习是"一种在人类行为或行为潜力方面的持续改变，'这种改变'一定是学习者的经历及其与世界相互作用的产物"。无论是标榜"向45分钟要效率"，恪守"颈部以上"教学逻辑的题海战术和满堂灌的传统"人灌"课堂，还是推崇信息教学，形成技术控制下知识包装的标准化、程式化和机械化的现代"机灌"课堂，都很难说是学习真正发生的地方。单纯学习形式的改变，只会导致学习对象的"伪学习"。艾根认为，只有在充分广度、充分深度和充分关联度上发生的学习，才是有"深度"的学习。深度学习是一种丰富学生精神生命的学习，是学生自觉而自为地建构意义的学习。[①]

关于"深度学习"有两种理解：一是机器模仿人的深度结构学习或多层级学习；二是与人的浅层学习相对应的深层学习，是人通过学习认知触及事物本质的程度。在本文中，我们讨论的主要是第二种理解。当然，从长远看，这两种"深度学习"必将随着人工智能和人学习科学的日益结合而实现融通，必将引发学校教育教学的深度变革。事实上，这种变革正在发生。

在中国，关于两种深度学习的研究与运用都在进行，一方面，人工智能已成为国家未来重大发展战略；另一方面，深度学习在学校教学中正在引发变革。就后者而言，2005年，我国学者黎家厚教授率先介绍了国外深度学习的成果；2006年，郭元祥教授与李坤崇教授联合推进了能力导向的深度学习实验研究，深化了课堂教学改革；2011年，田慧生教授也以深度学习为切入点推进了课程改革。如今，关于深度学习及其与学科核心素养养成结合的研究项目层出不穷。[②]

1. 深度学习的内涵特质

有别于以单纯的知识获取与记忆为主要特征的浅层学习，深度学习是一

---

① 钱旭升. 论深度学习的发生机制 [J]. 课程·教材·教法，2018 (08).

② 伍红林. 论指向深度学习的深度教学变革 [J]. 教育科学研究，2019 (01).

种以高阶思维为主要认知活动的持续性学习过程，具有高投入性和建构性的内涵特质。

① 从学习性质来看，深度学习源于学习者对未知的探索和对已知的验证与运用，是一种包含复杂学习过程的高级学习阶段。

② 从认知角度来看，深度学习是一种运用高阶思维能力（如分析、综合、评价和创造等）对复杂概念或知识进行理解与运用的复杂的心智活动，需要学习者对所接触的信息和知识进行深度加工与意义生成。

③ 从情感维度来看，深度学习是基于学习者的学习热情、学习内驱力和积极状态的保持的，属于高投入的主动性学习。

④ 从学习过程来看，深度学习的发生基于对问题的理解与解决，具有建构性学习特征。

⑤ 从学习目标来看，深度学习以知识的多维意义实现为目标，旨在促进非结构性知识的习得和高阶认知能力的形成与提升。

⑥ 从学习成效来看，深度学习能形成复杂的认知结构，且能促进学习结果的质变和高阶思维能力的发展。

不难看出，深度学习是学习的高级阶段，属于复杂的认知过程和高投入的学习方式。追求知识的建构、意义的生成和能力的发展是深度学习的内在要求。掌握深度学习的技能，可以促进学习者深入理解所学内容，形成问题意识和探究精神，逐步掌握解决问题的思路与方法。这种高质量的学习品质可以改变学习者的存在状态和发展方式。总之，深度学习是一种基于理解的有意义的学习，是以知识建构、意义实现和能力发展为目的的。学习个体的学习经验、原有的知识结构和认知水平，是深度学习发生的基础和前提，学习的主动性、学习投入程度和学习保持力是深度学习的内源保障，学习者在知识积累、技能发展以及问题解决方面发生的质变结果或学习迁移，是学习目标达成、学习增值的具体体现。①

2. 深度学习的意涵辨析

要想深刻揭示深度学习的意涵，首先要明确它不是什么。

---

① 康淑敏. 基于学科素养培育的深度学习研究［J］. 教育研究，2016（07）.

显然，深度学习不是表层学习、浅层学习，不是机械学习，不是死记硬背。这是比较好回答的，难回答的是深度学习的本质以及深度学习与有意义学习、理解学习、探究学习等的区别与联系。与以上所列举的表层学习、机械学习相比，这些学习更强调学习者的主动参与，强调理解，但只有这些还不是深度学习。

从教学的角度说，我们所说的深度学习，必须满足以下几个要点：① 深度学习是教学中学生的学习，而不是一般的学习者的自学，它必须有教师的引导和帮助；② 深度学习的内容是有挑战性的人类已有的认识成果；③ 深度学习是学生思维、情感、意志、价值观全面参与且全身心投入的活动；④ 深度学习的目的指向具体的、社会的人的全面发展，是形成学生核心素养的基本途径。

从学习的角度说，虽然深度学习同样强调学生的主动参与、积极建构，强调发展，但深度学习超越了心理学的一般学习理论，它不仅强调心理学意义上的个体参与、个体建构，而且强调社会意义上的个体参与，强调社会建构、历史建构。同时，深度学习超越了一般心理学对学习者发展的期待，例如，赞可夫的发展性教学强调教学要促进学生以思维能力为核心的动手操作能力与观察能力的一般发展，而深度学习则强调要在这样的一般发展之上，促进学生作为具体的社会历史实践主体的成长和发展，形成有助于学生未来自主发展的核心素养，它还强调学生作为社会主休所必须具备的健康的身心、高水平的文化修养及高尚的精神境界。

总的来说，所谓深度学习，就是指在教师引领下，学生围绕着具有挑战性的学习主题，全身心积极参与、体验成功、获得发展的有意义的学习过程。在这个过程中，学生能掌握学科的核心知识，理解学习的过程，把握学科的本质及思想方法，形成积极的内在学习动机、高级的社会性情感、积极的态度、正确的价值观，成为既有独立性、批判性、创造性，又有合作精神且基础扎实的优秀学习者，成为未来社会历史实践的主人。

3. 深度学习的操作定义

深度学习主要包括以下几个方面。

（1）深层的认知加工

按照布卢姆认知领域学习目标分类所对应的"记忆、理解、应用、分析、评价及创造"这六个层次，浅层学习的认知水平只停留在"记忆、理解"这两个层次上，主要是知识的简单描述、记忆或复制。而深度学习的认知水平则对应"应用、分析、评价、创造"这四个较高级的认知层次，它不只涉及记忆，还注重知识的应用和问题的解决。因此，这种现象可以较为直观的表达为：浅层学习处于较低的认知水平，是一种低级认知技能的获得，涉及低阶思维活动；深度学习处于高级的认知水平，面向高级认知技能的获得，涉及高阶思维活动。高阶思维是深度学习的核心特征，发展高阶思维能力有助于实现深度学习，同时，深度学习又有助于促进学生高阶思维能力的发展。深度学习是一种以促进学生批判性思维和创新精神发展为目的的学习，它不仅强调学习者积极主动的学习状态、知识整合和意义联结的学习内容、举一反三的学习方法，而且强调学生高阶思维和复杂问题解决能力的提升。深度学习不仅关注学习结果，而且重视学习状态和学习过程。鉴于以上认识，本研究认为，深度学习是一种基于理解的学习，是指学习者以高阶思维的发展和实际问题的解决为目标，以整合的知识为内容，积极主动地、批判性地学习新的知识和思想，并将它们融入原有的认知结构中，且能将已有的知识迁移到新的情境中的一种学习。

（2）深刻的情感体验

在深度学习中，伴随着知识学习的认知过程还会产生一定的情感体验。这些情感体验不仅有直接反映出来的情绪，如愉悦、兴奋、满足等，而且还有更为深刻的高级情感，如道德感、美感、理解感等。有时，这些高级情感会融合成为崇高、敬仰、和谐等复杂的形式。对于各学科的学习来说，理智感更具现实意义。理智感，即学生对客观世界和智力活动的兴趣，通称认识兴趣或智力兴趣，是一种带有明显情感色彩的对学习的喜好。理智感（认识兴趣）是一种追求精神丰富、价值崇高的不竭动力。在学科教学中，认识兴趣是推动学生自主学习的最直接、最活跃的因素。无论是课堂教学内容所揭示的关于客观世界的宏图美景与奇思妙想，还是教学活动所推进的智慧探险与主动实践，抑或是学生在学习过程中所获得的超越困境与功败垂成的体验，都会使学生逐步形成智力兴趣，并受益终身。

特别值得注意的是，体验是一种全身心投入学习并在亲身经历中感悟的心理活动，是丰富的、真实的情境生成中的一种心领神会。体验是个体以生活经验为基础，立足于精神世界，对事物的意义进行的自我建构，是"对经验带有感情色彩的回味、反刍、体味"。它通过个体的想象、移情等，使经验生命化和个性化。在体验的世界中，一切客体都是生命化的，都是充满着生命的意蕴和情调的。① 体验具有过程性、亲历性和不可传授性，是充满个性和创造性的过程。

体验是在教师的指导下，把知识对象化为可获得的客观、精确的知识的过程，更是一个学生联系自己的生活，凭借自己的情感、直觉、灵性等直接地、直观地感受、体味、领悟，然后再认识、再发现、再创造的过程。

通过体验，人类经验和个体经验实现了融合，情感与理性直接对话。知识经生命化、个人化真正变成了个体的精神食粮，只有这样，教育才算真正走进了学生的内在精神世界，在学生的心灵与人生中留下了有意义的痕迹，也才能实现其精神建构和个性形成。

（3）深切的价值领悟

知识的意义体现着特定文化的价值观念、思维方式、情感态度和生存境遇。揭示知识的意义有利于提升学生的文化理解力和包容力，有助于培养学生对自由、平等、正义、尊严等民主社会的价值观念和情感态度的认同。通过文化的开启，学生可以学习如何生活、如何做人。

在课堂教学中，"教"的方面可能生成的是某种课程资源、某种教学活动过程，"学"的方面主要是生成对所学内容的种种意义方面的领悟。我国道德教育研究专家曾讲过："意义即是价值。"实际上，这些由实体性知识引起或触发的意义领悟，有时甚至超越了知识本身，如产生的对人生的哲思、价值的追问、生活的思考、社会的关切、美善的追求以及自我的审视等。它发生的心理机制也不只是推理或迁移，还可能有联想、启示、感悟、创生等。这些伴随知识生成的意义，会深深烙印在学生的意识中，甚至成为其终生的价

---

① 石欧，侯静敏. 在过程中体验：从新课程改革关注情感体验价值谈起［J］. 课程·教材·教法，2002（08）.

值与道德信条。

（二）深度学习的实施要求

深度学习要求我们重新认识教师的价值。深度学习要求教师要自觉地赋予自己更丰富的职责，把社会的期望转化为学生个人的愿望，把教学内容转化为教学材料，引导学生思考和体会教学材料所蕴含的复杂而丰富的思想和情感内容，带领学生从自在的个体成长为有思想、有能力、有高级的社会性情感、有积极的态度和正确的价值观的未来社会的主人。这样的教师，是为学生成长服务的教师，也是成就自己、实现自己存在价值的教师。[①]

1. 理解深度学习的意义

学生学习的最终目的并不是掌握已有的知识（虽然掌握知识是必要的途径），而是为了参与社会历史实践。因此，在学习中，学生要以明辨是非、独立思考的方式，把人类已有的实践（认识）成果转化为自身将来参与社会历史实践的能量，成为有能力、有担当、有责任感的社会成员。

深度学习不是把知识（人类认识成果）平移、传输、灌输给学生，而是由教师带领学生进入知识发现发展的情境与过程中，引导、帮助学生成为知识发现的参与者，而不是旁观者。换言之，学生不应该静待接受知识，而是应该主动进入知识发现发展的过程，经历知识的（再）形成和（再）发展过程。因此，学习的过程不仅仅是学习知识，更不止于学习知识，它的目的在于使学生能够作为主体"参与"（虽然只是简约地、模拟地参与）到人类的伟大历史实践，了解并认同知识背后所蕴含的情感、态度、价值观，提升学生的文化水平与精神境界，使其成为具有高级社会性情感、积极的态度、正确的价值观以及社会责任感、勇于担当的未来社会的主人。

在深度学习中，学生是学习的主体，教师是引导者而非学生学习的替代者，教学内容也不是只需学生记忆的外在于学生的静态客观知识，而是需要学生全身心投入去理解、领会、评判、体验、感受才能"活"起来、"动"起

---

① 郭华. 深度学习及其意义 [J]. 课程·教材·教法，2016（11）.

来的知识。在教师的引导下，学生不仅能够掌握知识的文字符号表达以及文字符号表述的逻辑，而且能够理解文字符号所传达的意义内容，即能对教学内容进行深度加工。深度学习就是要引导学生透过符号来感受和理解符号背后的内容与意义，理解知识最初发现时人们面临的问题以及解决问题的思路和所采用的思维方式、思考过程，理解知识发现者可能有的情感，判断评价知识的价值。只有经历这样的过程，知识才有可能通过学生的主动操作化为学生的精神力量及其认识世界的方式。

2．依循知识构成的理论

学生的学科学习总是围绕学科知识展开的。我国学者郭元祥提出，[①] 从知识的价值和意义实现的角度看，认识论立场中的知识对任何人而言，都仅仅具有假定性、可能性、公共性，教育的作用便在于变知识的价值与意义的假定性、可能性、公共性为生成性、现实性和个人性。[②] 教育即启发，教育即解放，教育即发展。启发什么？解放什么？发展什么？毫无疑问，是新的意义，是智慧、心灵和价值观等构成的新的意义系统。

郭元祥认为，从内在构成上看，知识具有三个不可分割的组成部分。

（1）符号表征

作为人类的认识成果，任何知识都是以特定的符号作为表征的。符号所表征的是人类对世界的认识所达到的程度或状态。认识论立场中的知识其实反映的是人类认识的成果，是以理论化的符号形式呈现的。

对教育而言，这些符号表征是值得传递的，需要通过教学活动来让学生获得。任何严格意义上的教学，都必须首先保证能让学生获得人类的认识成果。但如果教育工作者把符号表征看作知识的全部，那就过于狭隘了。因为人类的知识生产凝结了人类的理性智慧和德性智慧，尽管它所承载的智慧和意义对每个人的发展而言是假定性的和预设性的，需要教育过程的转化活动才能将假定性转向现实性，将预设性转向生成性，但我们应该思考符号表征的背后隐含的是什么或知识的背后是什么等问题。只有这样，知识教育才能

---

①　郭元祥. 知识的性质、结构与深度教学［J］. 课程·教材·教法，2009（11）.

②　郭元祥. 知识的性质、结构与深度教学［J］. 课程·教材·教法，2009（11）.

走向深刻。

（2）逻辑形式

知识的逻辑形式是指人认知世界的方式，具体包括知识构成的逻辑过程和逻辑思维形式。任何知识的形成，都经历了分析与综合、归纳与演绎、分类类比与比较、系统化与综合化等逻辑思维过程，都包含着概念、判断和推理等逻辑思维形式。如果说符号表征表明的是人对世界的具体看法或认识结果，那么，逻辑形式则体现的是人认识世界的方式和过程。总之，没有逻辑形式的知识是不存在的。

赫斯特之所以认为最有价值的知识是认知知识的逻辑形式，就是相比较于知识的"符号表征"这一要素而言的。所有知识都反映了人认知世界的方式，这种认知知识的逻辑形式是隐含在符号表征之中的。正是因为知识中内在隐含着认知知识的逻辑形式，我们才能够转识为智，知识也才可能具有认知价值。人获取知识，最重要的不是知道它是什么，也不仅仅是作为一个名词来接受它，而是要作为一个动词来经历它。

（3）知识的意义

知识的意义是其所具有的促进人的思想、精神和能力发展的力量，是知识与人的发展之间的一种价值关系。作为人类认识成果的知识，蕴含着对人的思想、情感、价值观乃至对整个精神世界具有启迪作用的普适性的或假定性的意义。这种普适性或假定性意义的存在，使得学生通过知识的习得建立价值观成为可能。

知识的意义是知识的内在要素。之所以说知识就是力量或知识改变命运，就是因为知识意义的存在。费尼克斯就曾经明确指出，知识就是意义的领域。从认识论立场来看，知识的意义是假定性的；从教育立场来看，知识的假定性意义不是用来让学生直接接受的，而是学生建构新的意义系统的基础。对每个学生的发展来说，知识的现实意义是多元的，意义的实现方式也是无限的，正如费尼克斯所说："从理论上说，意义的多样性没有止境。意义形成的不同原理也被认为是无限的。"知识的意义存在，使教育理所当然地要承担起价值观教育的使命。

在知识的内在结构中，符号是知识的外在表达形式，也是知识的存在形式。离开了符号，任何人都不可能生产或创造知识，也不可能理解知识。同时，逻辑形式是知识构成的规则或法则，是人的认识成果系统化、结构化的纽带和桥梁，是认识的方法论系统。此外，没有了特定的逻辑形式，同样不能构成知识。意义是知识的内核，是内隐于符号的规律系统和价值系统。只有把握住符号、逻辑形式、意义之间的内在关联，才能从整体上理解知识和掌握知识。

3. 优化教学运行的条件

深度学习并不能自然发生，它需要促发条件。其中，先决条件是教师的自觉引导，此外，至少还依赖于以下几个条件：

第一，学生思考和操作的学习对象，必须是经过教师精心设计、具有教学意图的结构化的教学材料。也就是说，教材内容并不等同于教学内容，更不等同于学生的学习对象。学生的学习对象，必须隐含着知识极其复杂而深刻的意义，也必须是学生当下水平能够理解的。因此，它需要经过两个转化：由抽象的知识转化为含有学生品质发展目标的教学内容，由教学内容转化为学生可以操作的具体教学材料。

第二，教学过程必须有预先设计的方案，要在有限的时间内有计划、有序地实现丰富而复杂的教学目的。

第三，要有平等、宽松、合作、安全的互动氛围。教学活动本身是严肃紧张的，因此更需要为学生营造安全的心理氛围。给学生充分表达自己见解的机会，不以任何理由压制、嘲讽、打击学生的积极性，善于倾听、给予回应，与学生平等地展开讨论等，都是保证学生全身心投入教学活动、开展深度学习的重要条件。

第四，依据反馈信息及时对教学活动进行调整与改进。教学过程虽然是预设的，但依然是流动的、即时的，因而必须依据现场情形进行及时调整。当然，这需要教师有清晰的评价意识，有明确而细化的教学目标。只有这样，教师才能收集到有意义的教学反馈信息，并依据这些信息对教学做出进一步调整。

（三）深度学习的教学谋划

我国研究者从"教"的角度提出了"丰富性教学"的理念，并通过"深度教学"这一概念，认为知识的性质和内在结构决定了有效教学必须是完整的教学。有效教学必须超越表层的符号教学，由符号教学走向逻辑教学和意义教学的统一，我把这种统一称为深度教学。深度教学并不追求教学内容的深度和难度，也不是指教学内容越深越好，它是相对于知识的内在构成要素而言的。

1. 明确深度学习的教学事项

对学科教学来说，所有关于教的问题的思考和设计，都应以对学的理解和把握为基础，否则，教就可能成为背离学的规律、脱离学的目的的无实际效果和意义的活动。[①] 深度学习的教学策略正是在深入研读深度学习理论的基础上，通过批判当前课堂学习中存在的浅层学习问题而提出的一种引导教师调整教学理念和教学行为的建议。

（1）确立高阶思维发展的教学目标

着眼深度学习的教学，要突破三维目标分类陈述的限制，将学生高阶思维能力的发展作为教学的首要目标。三维目标中的每一类目标都有思维发展的要求，但思维的发展也有高低之分，高阶思维能力的发展程度是深度学习与浅层学习的最大区别。当前，我国中小学生的学习大多数停留在"记忆、理解和简单应用"的层面，这个层面上的教学也只能教会学生认识世界和按图索骥地执行任务，并不会成为他们改造世界和创造性工作的助推器。因此，教师应该将高阶思维的发展作为教学目标的一条暗线，伴随课堂教学的始终。无论是在知识与技能方面、过程与方法方面，还是在情感、态度与价值观方面，始终都要将分析、评价和创造作为教学目标的重点关注对象。当然，这种对高阶思维能力发展的关注一定是基于记忆、理解、应用基础上的关注。

---

① 向葵花，陈佑清.聚焦学习行为：教学论研究的视域转换［J］.课程·教材·教法，2013（12）.

此外，这种高阶思维的发展必然伴随内向性的反省思维和活跃，这将促使学生将所学的知识与自身的发展需求联系起来。

（2）整合学习内容

深度学习实质上是结构性与非结构性知识意义的建构过程，也是复杂信息的加工过程，就是对已激活的先前知识和所获得的新知识进行有效和精细的深度加工。然而，许多中小学的课堂教学都是教师先将孤立的、非情境性的知识呈现给学生，然后通过举例、活动等方式让学生记忆和理解。这种知识的表征方式不利于促进学习者对知识的有意义的整体感知。学生以孤立、零散、碎片的形式将知识存储于记忆中，当遇到新问题时，他们仅会机械地运用片段化的知识解决问题。由于知识的学习过程没有在新旧知识之间建立联系，新知识没有进入学生原有的认知结构，因此就会出现解决问题的效率低、效果差的现象。深度学习的内容特点是基于问题的多维知识整合，因此，在进行教学内容分析和设计时，教师要全面地分析教材、深入地挖掘教材、灵活地整合教材，即将教材的内容打散重新组合，使内容具有"弹性化"和"框架式"特征，将孤立的知识要素联结起来，引导学生将知识以整合的、情境化的方式存储于记忆中。这样不仅有利于学生进行有意义的知识建构，而且有利于学生对知识进行提取、迁移和应用。这就要求教师不仅要深入了解学生先前的经验、理解新知识的类型，指导学生在新旧知识、概念、经验间建立联系，而且要引导学生将他们的知识归纳到相关的概念系统中，并在批判反思的基础上建构属于自己的新的认知结构。

（3）创设促进深度学习的真实情境

从深度学习的内涵来看，它注重知识的迁移运用，要求学生不仅要理解学习内容，还要深入理解学习情境。只有把握了情境的关键要素，才能弄清差异，对新情境做出准确的判断，从而实现原理方法的顺利迁移运用。如果不能将知识运用于新情境中来解决问题，而仅仅是肤浅的理解、机械的记忆、简单的复制，那么这种学习就仍停留在浅层学习的水平上。情境认知理论认为，学习的终极目标是要将自己置于知识产生的特定情境中，通过积极参与具体情境中的社会实践来获取知识、建构意义并解决问题。作为一种建构性学习，深度学习不仅要求学习者懂得概念、原理、技能等结构化的浅层知识，而且要求学习者理解、掌握复杂概念、情境问题等非结构化知识，最终形成结构化与非结构化的认知结构体系，并能将其灵活地运用到各种具体情境中来解决实际问题。[①] 这就要求教师一定要根据学习内容的特点、教学目标的要求、学生思维的发展状况适时创设能够促进学生深度学习的课堂情境，并引导学生积极体验，最终达到将所学知识与情境建立联系并实现迁移的目的。

2. 提供深度学习的活动载体[②]

深度学习的发生，要基于具有一定思维空间和挑战性的学习任务或活动载体。课程教学需要在传授知识的同时，引导学生应用知识并探求未知，赋予学生更广阔的学习空间，引发他们深入思考、亲身体验，不断促进其知识的生成与能力发展。

（1）倡导问题化学习

问题化学习是用问题主线贯穿学习过程，将核心问题转化为系列学习任务的高投入性学习活动，它强调在深入理解基础上的知识获得，重点培养学生的探究意识和能力。问题化学习以知识的关联为思考前提，依据具有内在联系的驱动性问题，创设具有思维空间的学习任务，将学生置于真实情境中并围绕针对性问题展开学习。同时，教师要引导学生学思结合，推进学习持续深入，学会把问题探究结果转化为合理的知识结构，实现知识的连续建构与学习的有效迁移。

（2）推进实践性学习

实践性学习注重将学生置于具体的实践情境中，强调学生的亲身体验，使学生能通过观察性学习和参与性实践获得真实的学习体验，实现理论与实践的有效联通以及知识的建构与转化。实际上，许多专业教育（如师范、法律、医学、建筑等）都强调"知行合一"，注重实践性学习，这种学习符合情景认知理论。情景认知理论认为，学习是学习者获得知识和经验的过程。学

---

① 阎乃胜. 深度学习视野下的课堂情境［J］. 教育发展研究，2013（12）.
② 康淑敏. 基于学科素养培育的深度学习研究［J］. 教育研究，2016（07）.

习的实质是在主客体相互作用的基础上，不断内化知识、增长实践能力的社会化过程。所以，专业教育需要融通理论与实践，强调课程教学的实践取向，既要注重学科理论的实践性理解，又要注重学科知识的实践运用。专业教育还需要引导学生用科学的方法验证理念或理论，使学习成为经历分析、推断、概括的思维活动和真实体验，使学生在边学边实践的过程中获得知识与能力。

（3）开展主题性学习

主题性学习是以主题为引领，或围绕主题开展学习的一种学习形式，强调探索基础上的知识生成。主题可以是专业学习中的某个知识点、某个有争议的学科概念或师生共同关心的具有实际意义的问题。教师可以围绕主题确定开放性学习任务和学习预期，引导学生以融会贯通的方式整合多渠道知识，进而完成学习任务。例如，可以让学生把所学的课程内容或课程模块的知识体系用思维导图的形式展示出来，学生需要认真梳理知识的脉络和关键知识点，通过分析与综合来编制专业知识结构图。这一学习过程既可以引导学生以科学的方式领悟学科知识体系和教材体系的纵向脉络，把握课程灵魂，将所学的内容提炼出来，发展概括能力，又可以促进学生自我反思，发现自己在哪些层面或知识网络节点上还有欠缺与不足，以便及时采取补救措施，优化知识结构。这种归纳总结式的提炼过程可以深化学生对学习内容的理解，促进知识结构化。

（4）强化拓展性学习

拓展性学习将探究的内容和范围由课内延伸到了课外，注重探究过程的经历体验和知识的拓展性生成，追求知识运用的实践创新。教师可以根据专业特点开放学习内容，拓展学习渠道，渗透相关现实课题，设计体现学习广度和深度的启智性学习任务，引导学生以合作的形式进行科学探究，以此来激发他们的学习热情和探究欲望。教师也可以以竞赛为载体，引导学生运用多学科知识、多层次技能解决实际问题，以此来激发他们的创新意识与创造潜能。教师还可以以项目学习的形式，让学生围绕探究课题广泛搜集资料，寻求问题解决的方法与思路，探索知识形成的过程，培养学生尊重客观规律、追求真理的严谨态度与科学精神。

3. 掌握深度学习的指导要领

深度学习是学生高度投入的自主性学习。为了保证深度学习的效果，教师应当发挥教学的睿智，对学生进行有效指导。这种指导要抓住深度学习中的主要矛盾和问题症结，有的放矢，精准发力。

（1）增强课程内容的切身性

就每一门学科的知识内容而言，学科知识本身就是一套逻辑体系。但是，这套逻辑体系是由该学科领域中的科学家群体，经过长期研究而建构起来的，是科学发展的产物，体现的是学科专家得出的结论，这些结论大都是概括性的、抽象的、静态的、省略了探究过程的符号框架。如此一来，它就不一定适合学生的发展心理和学习心理特征。正如杜威所指出的：儿童的世界是一个与他们个人兴趣紧密相连的人的世界，而不是一个事实和规律的符号世界。在他们的世界中，事物不是以抽象概括的方式呈现出来的，而是以具体、形象、个别、生动的方式存在于儿童的经验中。[①] 因此，他特别强调教材的心理化，即把各门学科的科学知识还原到它被抽象出来之前的样子。

杜威所倡导的课程知识的心理化，从某种意义上说，就是使课程知识对于学习者来说具有切身性。这种切身性主要体现在三个方面：一是课程的知识要与学生切身的经验与体验相融合，即学习者用自身的经验来解读课程知识；二是课程知识要与学生切身的境遇相联系，即知识是与学习者当下的情境、所遇到的问题相适应的；三是课程知识要激起和推动学习者的自我反思和自我审视。

（2）彰显学习活动的建构性

对于深度学习，美国学者加里·鲍里奇主张采用建构主义学习法。

建构主义学习理论认为，知识由经验得来。在建构知识的过程中，我们通过自身经验的积极参与，形成观点、建立理论、发现关联。换句话说，教师所准备的不是将条理化的知识直接灌输给学习者，而是要让学生在一个连

[①] 约翰·杜威. 学校与社会·明日之学校 [M]. 赵祥麟，任钟印，吴志宏，译. 北京：人民教育出版社，2005.

续的学习过程中自己完成深度学习。

这种深度学习必须遵循如下三个原则：

第一，孩子天性好奇，要让他在没有成人干预的情况下探索外部世界。在释放了外部压力后，学生的注意力会集中到感兴趣的东西上，给学生的压力越大，他们参与到所学习的事物中的程度就越低。

第二，人类的智慧是分阶段呈现的，尤其在早期，孩子是通过与世界进行有意义的互动来达到最好的学习效果的。

第三，一种好的学习经验，能使孩子自主地沉浸在学科中，从而达到最佳状态。

鲍里奇认为，基于经验的意义建构在质量上有三个标准：一是开始于学习者现有的理解水平，相同年龄和年级的不同学习者的理解水平应该是不同的；二是与其他经验之间具有持续性的联系；三是一种教育经验的质量不只是孩子体验到了什么，而是孩子能够对所体验到的做什么。

综观建构性学习的具体实践，大体上分为三个方面：一是知识的个人意义建构，主要是依靠个人经验与学习内容的相互作用和融合，实现对知识的个人化理解；二是在学习中通过合作互动达到知识意义的共享；三是把学习视为新的实践，以情境性学习推动意义的建构。

（3）突出学科知识的意义性

当前学科教学的困境之一，就是将学科知识看成一堆经过学者们加工过的、抽象的、普适性的、静态和自足的体系。在学习者的切身经验与体验割裂时，知识对学习者的意义就丧失了。

与一般性的知识经验相区别，被纳入教育领域中的课程知识具有非常明显而强烈的意义性，它与学习者的个体生存意义建构紧密关联，对学习者而言它具有强烈的切身性。课程知识的这一特性恰恰体现了教育学的内在规定性。课程知识意义性的内涵就是，它是课程知识所具有的能够对学习者个体精神世界和生存意义建构给予关照、护持、滋养的一种价值性特征。①

---

① 周浩波. 教育哲学 ［M］. 北京：人民教育出版社，2000：141.

课程知识作为人类思想观念形态的一部分，对学习者的精神世界也起着引导和建构的作用。从形成上看，它虽然是一种符号性逻辑体系结构，但它同时蕴含着人类对世界进行理解的方式、路径与结果，是一套思想方式，而在这套思想方式的背后，实际体现着的恰恰是人类自身的生存方式。因此，只有通过它，我们才能够从个体经验的狭隘性、单一性和局限性中走出来，才能够从无根据的习俗、意识形态的限制中解放出来，进而去探讨其他的意义领域，也才能够用更加全面的角度来理解这个世界与自己的人生。因此，从这个意义上说，课程知识的学习"就是学会以还不知道的方式来观察和体验世界，并由此获得更充分意义上的心智"。